KB119688

미인별곡

미인별곡

세상을 흔든 여인들의 불꽃 같은 삶

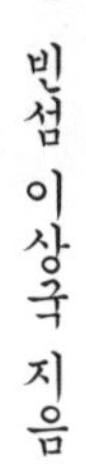

빈섭 이상국 지음

WISDOM HOUSE 역사의아침

■ **일러두기**

· 인용된 번역은 원문에 충실하되, 독자의 이해를 돕기 위해 풀어 썼다.
· 인명을 포함한 외국어표기는 국립국어원 외국어표기법과 용례에 따라 표기했으며 최초 1회 병기를 원칙으로 했다. 단, 주요등장 인물과 외국 작가, 외국 작품을 제외한 인명 또는 왕, 부인들의 성씨 같은 경우에는 가독성을 위해 한자 병기를 생략했다.
· 본문에 전집이나 총서, 단행본 등은 《 》로, 개별 작품이나 편명 등은 〈 〉로 표기했다.

저자의 글

열일곱 여인과 썸을 타다, '열애 시간여행'

나는 여자를 모른다. 그저 보이는 것, 경험이나 지식으로 이해한 것을 바탕으로 여자를 헤아리고 있을 뿐이다. 여자와 남자 사이에는 심연深淵이 있다. 태생적인 이해불능. 같은 인간으로 태어났으나 같은 길을 걸을 수 없는 존재인지도 모른다. 남과 여 사이에는 건널 수 없는 강이 내내 흐른다.

물론 섬광처럼 사랑이 닥쳐들고 알 수 없는 피가 들끓어, 마치 암수 한 몸으로 돌아간 것처럼 하나로 느껴지는 날이 찾아와 그 강이 일순간 모세의 기적처럼 건힐 수 있음을 인정한다. 강의 차안此岸과

피안彼岸에서 서로 손을 내밀어 맞쥐며 죽을 때까지 해로할 수 있음도 믿는다. 그러나 그토록 사랑하는 사람 사이에도 강물은 흐른다. 둘을 떼어놓으려는 강물이 아니라, 서로 다른 길을 가며 이쪽과 저쪽에서 서로를 응시하는 두 길의 흐름이 그 사이에 강물을 만드는 것인지 모른다.

지난 20년간 옛 여성의 삶에 매달린 건, 나도 알 수 없는 일이었다. 당대의 여자들을 이해하는 일도 번번이 실패하면서, 남긴 기록도 부실하고 남자들의 객설 속에 유통되는 여담女談이 대부분인, 그 머나먼 시간 저편의 여자들을 만나겠다고 나선 만용을 어떻게 설명하겠는가. 그들과 나 사이에는 성적 차이라는 심연뿐 아니라 시간이라는 심연까지 끼어들어 있으니, 뭘 제대로 알았겠는가.

그런데도 용기를 얻을 수 있었던 것은, 그들의 시 속에 들어 있는 마음을 발견하면서였다. 여인들이 남긴 일상의 감회와 다양한 심경들은, 마치 그들을 지금 내 앞에서 만나는 것처럼 생생한 감동으로 다가왔다. '아, 이 시 속에 들어 있는 여인을 찾아내서 복각復刻하면, 남자 세상에서 왜곡되고 축소되고 희화화된 그녀들의 삶의 진상을 지금보다 조금은 더 생생하게 만날 수 있지 않을까' 하는 생각을 하게 된 건 그즈음이었다. 나는 미친 듯이 옛 여성들의 시를 찾아나섰다. 한시를 나름으로 치밀하게 번역해보니, 그녀들의 삶이 알려진 것과는 상당히 다르다는 것을 발견했다. 시에는 시간이 숨어 있고 장소가 제시되기도 하고 인간관계나 삶의 상황과 맥락이 행간에 흐른다. 이것은 그녀들의 팩트fact다.

4년 전 여인들의 시詩를 통해서 삶을 재구성한 책《눈물이 빗물처럼》(대원사, 2009)을 펴내면서, 마치 그녀들과 잠깐이나마 생을 같이 한 듯한 친근감을 느꼈고, 이 시대를 초월한 교유의 욕망은 더 커졌다. 《월간중앙》에 〈미인별곡〉 연재를 시작한 것은 그때부터다. 도서관과 서점을 뒤지고 시에 등장하는 현장을 출장 답사하면서 2년간 스토리를 쌓았고, 그것을 다시 촘촘하게 정리하고 새롭게 보완한 것이 이 책의 알맹이다.

아내에겐 미안하지만 이 책에 실린 열일곱 여인과 한바탕씩 정념情念을 나눈 느낌이다. 내가 말을 건네면 여인들은 기다렸다는 듯이 기구한 삶의 굽이굽이들을 털어놓았고, 숨겨진 이야기와 뒤틀린 소문의 진상을 밝혀주었다. 물론 끝까지 침묵하는 이도 없지는 않았지만, 그래도 그 붉어진 눈시울과 애써 다문 입술에서 많은 것을 짐작해내기도 했다.

이 책에서는 내가 만난 여인들을 네 개의 그룹으로 나눴다. 첫 번째 그룹은 무용가 최승희, 기생 가수 왕수복, 독립투사 남자현, 시인을 사랑한 여인 자야다. 이 네 사람은 근대의 여인들로, 불확실한 시대를 그야말로 온몸으로 살아낸 용감하고 아름다운 이들이다. 시대의 흐름에 몸을 맡겨 닥치는 생을 받아들인 것이 아니라, 남자들도 감히 선택하기 어려운 위험을 대담하게 감수하면서 자기만의 생을 펼쳤다. 그 주체성과 고유의 향기를 나 또한 사랑하지 않을 수 없었다.

두 번째 그룹은 김부용과 매창, 자동선과 황진이다. 이 여인들은 일세를 풍미한 기생들이다. 그들은 오만과 열정을 지닌 줏대 강한 여인들이었다. 남자들은 이들을 심심파적의 만필漫筆류에 넣어 다루면서 당시 남자들의 시각과 취향을 담아 기이한 연애담만 늘어놓았다. 하지만 나는 시를 통로로 삼아 기생들의 내면을 들여다보고자 했다. 부용의 천재적인 면모에 매료됐고 매창의 순정한 열정에 깊이 젖어들었으며, 자동선의 국제적 미색美色과 황진이의 삶에 대한 진지한 고뇌와 성찰에 빠져들고 말았다.

세 번째 그룹은 김삼의당과 장계향, 임윤지당과 완월 이씨 부인이다. 이들은 조선의 규방을 지키면서 독자적인 삶을 개척한 놀라운 여인들이다. 무능하지만 선량한 남편을 깊이 사랑하면서 시적 세계를 열어간 김삼의당, 퇴계의 학통을 일구고 조선 음식조리법을 쓴 장계향, 철학자로 명성을 날린 임윤지당, 인기 장편소설로 궁궐까지 소문난《완월회맹연》의 작가 이씨 부인. 이들의 삶을 접하면서 우리는 조선 여인들의 예상치 못했던 적극성과 치열함을 발견하게 된다.

네 번째 그룹은 조금 다양하다. 초월과 마혜 두 여인은 독특한 사람이다. 초월은 관료인 남편을 왕에게 고발한 여인이고, 마혜는 죽은 남편을 위해 미투리와 애절한 편지를 담아 무덤에 함께 넣은 여인이다. 앞의 여인은 당차고 뒤의 여인은 순정하기 그지없다. 통렬한 풍자로 속을 후련하게 하는 초월, 죽어서도 남편과 함께하고 싶었던 조선판 〈사랑과 영혼〉의 주인공 마혜의 이야기는 너무나 매력적이었다. 숙빈 최씨, 인현왕후, 장희빈은 숙종의 아내들이다. 사랑을 쟁취하고 아내 자리를 얻기 위해 그야말로 죽기 살기로 싸웠던 이들은 많은 문학작품과 드라마, 영화에 단골로 출연해온 여인들이다. 하지만 이 책에서는 세 사람 중 어느 한쪽을 편들지 않았다. 선악의 구도로 나누지도 않았다. 그들의 입장에서, 그럴 수밖에 없었던 상황을 오히려 냉정하고 담담하게 다뤘다. 세 사람의 말을 공평하게 귀담아 들어주는 것이야말로, 숙종 당대의 격정적인 소용돌이를 다시 읽어내는 힘이 될 수 있다고 생각했다. 특히 희대의 악녀로 낙인 찍힌 희빈 장씨에 대해서는, 그간의 역사적인 단죄를 잠시 제쳐두고 그 '존재'와 '삶'을 살피기 위해, 직접 그녀를 만나 인터뷰를 하는 방식을 취했다. 장희빈의 입으로 자신을 말하게 하는 것만이 그녀가 뒤집어쓴 무거운 선입견의 굴레를 벗길 수 있지 않을까 하는 배려였다.

미인이란 말은 여인의 미색美色에 인간적 가치의 무게를 모두 싣던 남성중심사회의 때 묻은 낱말로 볼 수도 있지만, 이 책에서 미인美人은 여성의 본질적인 아름다움에 대한 경탄을 담았다. 미인이란 말에는 여성이라는 단서가 전혀 없고, 그냥 '아름다운 사람'이란 뜻일 뿐이지만, 그 말이 지칭하는 대상에서 자연스럽게 남성이 배제되는 까닭은 미美의 대표성을 여성에게 주었기 때문이 아닐까. 여하튼 미인은 삶의 아름다움, 열정의 아름다움, 용기의 아름다움, 재능의 아름다움, 치열한 사랑의 아름다움까지를 싸안는 표현이다.

별곡은 고려시대 중기 이후에 등장한 시의 한 형태이며, 원곡과 내용이 전혀 다르게 만들어진 노래라는 의미다. 자유분방한 이야기들이 많이 담긴 한글 고려속요들이 이에 해당된다. 조선시대의 별곡은 자연과 인간사를 다룬 민요체 자유시와 귀족들의 향락적인 생활과 심상을 담은 경기체가로 나뉘어 맥을 이었다. 이 책에서 말하는 별곡은 시대적인 개념과 아주 다르다고 말할 수는 없지만, 조금 특화된 의미가 들어갔다. 여인들의 삶에 대한 지금까지의 이야기들이 있지만, 이 책에서는 다른 이야기를 하고 싶다는 의욕이 담긴 말이다. 그리고 그녀들의 특별하고 진실한 노래를 찾아주고 싶다는 마음을 불어넣었다.

이번 책은 준비하는 시간이 오래 걸렸다. 손에 붙들리지 않는, 저쪽에서 사물거리는 여인과 소통하는 일은 고요하고 예민한 귀가 아니면 불가능하다. 나직한 목소리가 끊길 듯 이어지는 그 착잡하고 미묘한 독백을 나 같은 무딘 귀가 들어내기에는 역부족이었다. 이것은 '여심의 고고학考古學'이다.

책을 펴내면서 서문을 쓰려고 아이들을 돌아보면, 그때마다 성큼성큼 자라버렸음을 느낀다. 힘겨웠던 시절을 통과해온 아내의 눈빛에 든 해그림자도 길어졌다. 나날이 책상에 오래 붙어 앉아 있을 수밖에 없는 글쟁이 가장을 견뎌주는 가족에게 늘 고맙다.

2015년 1월 향상재에서

빈섬 이상국 쓰다

차례

제3장 ◈ 규방 안에서 자신의 삶을 개척한 여인들

제4장 ◈ 은폐된 기억 속에서 되살아난 여인들

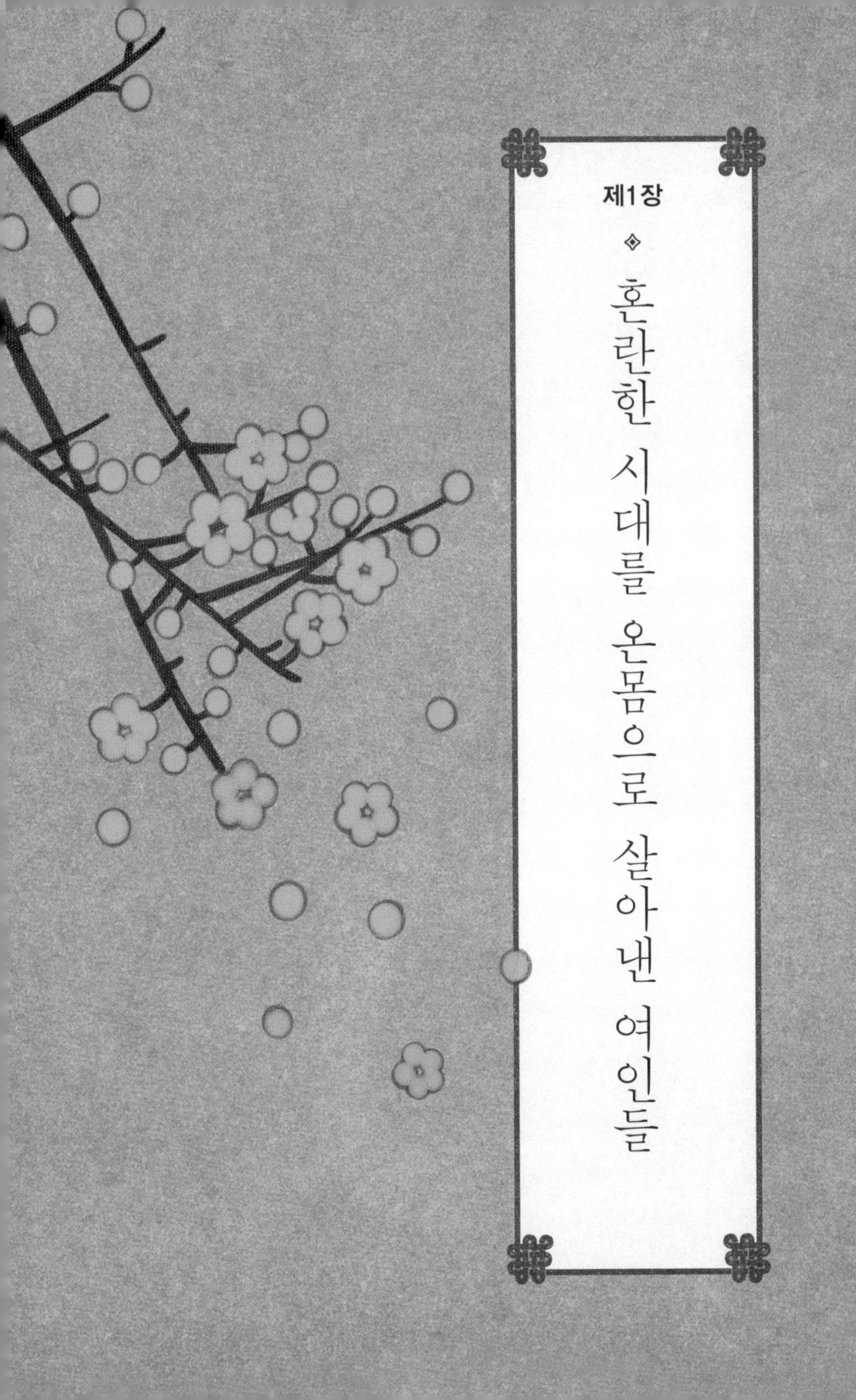

제1장

혼란한 시대를 온몸으로 살아낸 여인들

굴절된 시대를 살아간 전설의 무희, **최승희**

《설국雪國》을 쓴 노벨문학상 수상 작가 가와바타 야스나리川端康成는 1934년 신년좌담회에서 "일본 최고의 여류 신진 서양 무용가가 누구냐"라고 물었을 때 주저하지 않고 "최승희"라고 답했다. 일본의 대문호가 스물네 살의 조선 무용가를 자국의 예술가들을 제치고 최고로 꼽은 까닭은 무엇일까.

가와바타 야스나리는 한 해 전, 일본여류무용대회에서 그녀의 춤을 처음 보았다. 최승희는 〈에헤라 노아라〉를 추었는데, 그는 그 모습을 보고 반했다. 그것은 일본무용이 아니라 조선무용이었다. 한학자이자 시인인 아버지 최준현이 술자리에서 여흥으로 추던 춤에서 창작해낸 작품이다. 그는 "최승희의 무용은 일본의 무용가에게 전통에 뿌리박은 강한 힘을 가르쳐주고 있다"고 말하며 그녀에게 '파묻힌 보석'이라는 찬사를 보낸다. 최승희는 이 점에 대해 이렇게 설명한다.

"조선무용은 슬픔과 괴로움과 성냄 같은 감정의 어두운 면을 표현하는 게 적고, 기쁨이라는 명랑한 측면만이 중요하게 표현되었습니다. 하지만 춤이 조선인들의 생활을 반영하고 있는 만큼, 즐거움 속에도 한 줄기 애수가 서려 있는 걸 무시할 수 없습니다. 조선무용의 특수함은 팔과 어깨에 있고, 그중에서도 팔의 사용은 우아함이 중요합니다. 발을 떼고 내딛는 것 또한 평범해보이지만 우아한 것이 핵심입니다." 전통 춤의 미학과 내면을 이토록 날카롭게 제시한 이가 또 있었던가.

1938년 12월 17일, 파리에서 두 번째로 큰 극장인 살르 플레옐에서 최승희는 초립동 춤을 췄다. 공연 일주일 만에 파리 곳곳에서 초립동 모자가 열병처럼 번졌는데, 최승희 모자를 패션에 도입해 크게 유행시킨 건 프랑스 디자이너 생 시프였다. 브뤼셀 · 로마 · 헤이그를 도는 유럽 공연을 마치고 다시 파리에 있는 프랑스국립극장 샤이오에 섰을 때, 객석에는 파블로 피카소Pablo Picasso, 장 콕토Jean Cocteau, 로맹 롤랑Romain Rolland이 앉아 있었다. 제2차세계대전 중 최승희는 브로드웨이 공연 의뢰를 받고 뉴욕행 비행기에 올랐다. 세인트제임스극장 공연에서는 배우 찰리 채플린Charles Chaplin, 작가 존 스타인벡John Steinbeck이 구경하러 왔다.

우리가 기억하는 일제 치하, 그 암흑기는 조선 여성 최승희에게는 전혀 다른 시대였던 것 같다. 어떻게 이런 삶이 가능했을까. 위인전이나 인물열전에서 찾아보기 어려운 이 여인은 대체 누구인가. 세계적인 스타들이 그녀의 사인을 받기 위해 줄을 섰던 그때 그녀에겐 '조국'도 없었다. 그런데 조선의 신명과 시詩를 담은 〈에헤라 노아라〉와 초립동 춤으로 전 세계의 이목을 집중시킨 1930년대의 이 풍경을 어떻게 해석해야 할까.

최승희는 1911년 11월 24일 해주 최씨 집안에서 4남매 중 막내딸로 태어났다. 출생지는 서울로 알려져 있었으나 강원도 홍천군 남면 제곡리라는 사실이 담긴 당시의 기사(재미동포신문 《신한민보》, 1938년 2월 3일자)가 발견되었고, 홍천에서는 최승희 춤 축제를 비롯해 대대적인 기념사업을 벌이고 있다. 최승희의 어머니인 밀양 박씨(박성녀 혹은 박용경)의 친정이 홍천이었던 것으로 추측된다.

박씨는 홍천 고을의 원님과 그 소실小室의 딸이었다. 최승희는 이곳 외가에서 태어난 것이다. 외할머니의 무덤은 제곡리 초입의 자터라는 곳에 남아 있다. 이곳 주민인 변병덕 씨는 소년 시절, "소실의 딸이 해주 최씨네로 시집가서 낳은 여식 하나가 춤꾼이 되어 일본과 중국까지 이름을 날린다"는 이야기를 들었다. 해주 최씨 족보에는 항렬로는 30세손인 최승희의 아버지 최준현의 이름이 보이지 않는다. 자연히 31세손 최승희도 없다. 제곡리 최씨 문중에 비친 최승희는 망신스런 것이었을까. 그녀의 5촌 조카인 최경희 씨는 이렇게 말한다.

"내가 시집가기 전 열다섯 살쯤(1933) 됐을 때였을 거예요. 어른들이 승희 씨 사진이 실린 신문을 구해오셨어요. 망측스럽게도 삼각팬티 같은 걸 입고 웃통을 벗어제친 모습이더군요."

친족들은 집안 망신을 단단히 시키고 있는 이들 가족이 월북까지 하자 슬그머니 족보에서 그들을 떼어냈을까. 1961년 족보를 정비할 당시, 최승희 집안은 연좌제 때문에 기관원이 자주 출입을 했다고 한다. 그런 때였으니 다시 계보에 넣겠다는 엄두를 내지 못했을 것이다. 문중에 피해를 주지 않으려고 해주 최씨이긴 하지만 자신들은 고죽공파孤竹公派라고 했다. 고죽이 누구던가? 기생 홍낭과 애절한 사랑을 했던 조선의 빼어난 시인 최경창이다. 피리로 난세를 풍미했던 400년 전의 절창絶唱, 최경창의 예술혼이 최승희에게로 이어졌던가.

최승희는 일곱 살 때까지 홍천에서 살다가 서울로 온 것으로 보인다. 그녀는 어린 시절의 기억을 떠올리며 공연 중에도 자주 강원도에 들러 하룻밤을 묵었다. 부친은 일제의 토지 몰수로 곤경을 겪었지만 자식들을 공부시키는 데는 열심이었다. 큰오빠 최승일은 배재중학교와 니혼대학교 문과를 졸업하고 박영희 · 한설야 · 임화와 함께 계급문학 운동을 펼쳤고 작은오빠 최승오는 경성사범대를 졸업하고 교편을 잡았다. 언니 최영희는 서울 진명여학교를 졸업했다.

그 시절 집안에는 맏아들 최승일이 원고료로 몇 푼 벌어오는 것 외에는 별다른 수입이 없었다. 하루에 두 끼도 먹기 어려웠다. 아침식사 때 부모와 자식은 서로 밥을 사양하면서 먹지 않았다. 나무걸상에 걸터앉은 어머니가 식사를 거른 채 자기에게 밥을 떠먹이던 그때를 기억하며 최승희는 자주 울먹였다.

아버지에게는 둘째 부인이 있었다. 양반집 규수로 과부가 된 그녀는 주위의 속임수에 재혼도 실패하고 여러 가지 곤경을 겪던 끝에 아버지를 만나 의지하게 되었다고 한다. 이 '작은어머니'에 대한 최승희의 심경은 애틋하고 복잡하다. 도쿄로 가는 날 최승희는 서모가 살던 달동네의 낡은 방에서 함께 손을 쥐고 잠을 잤고, 이튿날 눈물을 흘리며 겨우 헤어졌다. 두 어머니에게서 느꼈던 모성母性은 나중에 그녀의 작품 〈어머니〉를 이루는 오브제가 되었을 것이다.

이제 이 천재 춤꾼이 운명의 줄 위에 오르게 되는 '결정적 순간'의 부근으로 다가가보자. 1925년쯤 됐을까. 최승희가 숙명여고보 4학년이 된 겨울 때의 일이다. 오빠 승일은 인사동 수운회관 자리에 있던 개벽사에서 원고료 봉투를 받고는 시인이자 소설가인 박영희와 선술집에서 몇 잔 마시고 집으로 오는 길에 양쌀(거친 쌀) 두 말과 팥 두 되를 산다. 종로구 적선동 잡화매장에서 검은 양말 한 켤레를 사고 건너 과자 가게에서 찹쌀떡 이십 전어치를 사서 든다. 경복궁 서쪽에 있는 체부동 집에 오니 그럭저럭 저녁 10시다. 불쾌한 얼굴로 승일은 승희를 부른다. 몇 번 부르자 "예" 하는 소리가 작게 들리고 남폿불 켜는 기척이 난다. 당시 이 집은 전기도 켤 형편이 아닐 만큼 가난했다. 어머니가 어두운 마루로 나와 쌀을 받아들고 쌀독에 붓는다. 사남매는 남폿불 주위에 쪼르르 앉는다. 승일은 호기롭게 이렇게 말한다.

"영희는 이 양말을 신어라. 그리고 승희! 너는, 자 여기 찹쌀떡."

며칠 전 영희는 양말에 구멍이 나서 천 조각을 대어 신다가 한숨을 쉬었고, 승희는 문득 "아, 찹쌀떡 한번 먹어봤으면 좋겠다"고 중얼거렸었다. 떡을 받으면서 승희는 이렇게 말했다.

"오빠가 만날 술 마셨으면 좋겠다."

"왜?"

"술 마시는 날이면 뭘 사오니까 그렇지."

모두들 깔깔 웃는다. 한참 후 오빠는 목청을 가다듬으며 이렇게 말한다.

"승희야. 나는 소설을 쓰고 이야기책을 번역해 어느 달에는 사오십 원을 벌지만, 그것 가지고는 부모님 모시고 처자를 거느릴 수는 없을 거야. 이러다가는 예술은커녕 생활에만 매달려도 근근히 살 수밖에 없는 처지이고……. 언니는 됨됨이가 훌륭한 주부감이니 말을 않겠다. 너의 작은오빠는 벌써 중학교에 다니는 몸으로 처자식이 있고. 마지막으로 남은 것은 너 한 사람인데 다행히 월사금을 면제받아 학교에 다니고 있지만, 내년에 졸업하면 어떻게 될지 걱정이구나."

1926년 3월19일 저녁, 쌀쌀한 바람이 불 때 승희는 골목길을 올라간다. 아현동 고개 너머에 있는 사범학교 마당에서 벌써 많이 울었기에 빰이 얼룩져 있다. 전차를 타고서도, 혹은 길을 걸을 때도 주저앉아 울고 싶었지만 꾸욱 참는다. 집 대문을 열자 어머니와 언니가 반갑게 맞는다.

"어떻게 됐어?"

승희는 대답 대신 어머니의 치마를 잡고 고개를 묻은 채 흐느낀다.

"떨어졌구나? 그것도 운수지 뭐. 어쩔 수 있니."

그러면서 어머니도 울고 곁에 있던 언니도 운다. 그때 대문을 들어오던 오빠가 세 사람의 울음소리에 놀란다.

"왜들 이래요? 승희야, 너 낙제한 모양이구나? 울긴 왜 울어. 자식, 못난 거 같으니라고."

승일의 목소리는 뜻밖에 밝다.

"떨어진 거 맞니?"

승일이 다시 캐묻는다. 승희는 눈물을 닦으며 대답한다.

"아냐, 떨어진 게 아냐. 시험은 100명 모집에 860명이 왔는데, 내가

7등이었어."

"그런데 왜?"

"선생님이 나이가 어려서 1년 놀다가 내년에 오라셨어."

"응?"

식구는 서로 얼굴을 번갈아 보면서 웃음을 터뜨린다.

"하긴 지금 열여섯 살이고, 2년 뒤에 교원 임명이 되면 열여덟인데 그 나이로 학생들 가르치기는 좀……."

"오빤 참, 그게 문제야? 내가 당장이라도 돈을 벌어야 하잖아?"

승일은 잠깐 말을 멈췄다가 가만히 이렇게 말한다.

"오늘 도서관에서 《경성일보》를 봤는데, 일본 무용가 이시이 바쿠石井漠가 경성에 왔는데 오늘 내일 이틀간 공회당에서 공연을 연다네. 기사를 보니 끝부분에 이분의 말을 적어놨더군. 조선에 처음 왔는데 이곳에 예술가가 많이 날 것 같다는 생각이 든다면서, 무용 예술을 배울 마음이 있는 조선사람 두엇을 일본에 데리고 갔으면 좋겠다는 거야."

그때 승희는 가만히 물었다.

"근데, 오빠. 무용이란 게 도대체 뭐야?"

그때까지도 승희는 그런 공연을 한 번도 본 적이 없었고 춤이란 말은 들어봤지만 무용은 생소했다. 승일은 도쿄 유학 시절 존경을 키웠던 무용가 이시이 바쿠에 대해 찬탄을 늘어놓았고, 무용의 매력에 대해 열심히 설명했다. 어머니와 영희가 저녁밥을 지으러 나가자 승일이 다가와 어깨 너머로 이렇게 말한다.

"너, 일본 가고 싶지 않니?"

그때 운명이 닥쳐오는 소리처럼 승희의 가슴이 쿵덕쿵덕 뛴다. 오빠는 이렇게 묻는다.

"오늘밤 우리 구경 갈래?"

여동생은 상기된 얼굴로 말한다.

"가요!"

공회당. 종소리가 울리자 불이 꺼지고 코발트색 빛과 녹색 빛이 교차하는 가운데 무거운 피아노 멜로디가 시작되면서 이시이 바쿠의 독무 〈수인囚人〉이 시작되었다. 쇠사슬을 발에 두른 채 지친 걸음으로 한 발자국, 두 발자국 무대를 밟는 죄수. 승희는 깜짝 놀랐다. 춤은 즐거울 때만 추는 것인 줄 알았는데, 뭔가 무겁고 괴로운 것을 표현하고 있지 않은가? 그렇게 생각하고 있을 때 이시이 바쿠는 굵은 쇠사슬을 뚝 끊고 하늘을 향해 두 팔을 벌리고는 고개를 들고 환희에 젖은 채 무대에 고꾸라진다. 종소리가 울리더니 조명은 꺼지고 천장의 전등이 들어온다. 다음 춤은 〈등산〉이었는데 젊은 남녀가 끝없이 올라간다. 어깨를 기대며 잠깐 쉬다가 다시 올라간다. 마침내 산꼭대기에 다다른 듯 두 사람은 마주 보며 웃고, 주저앉는다. 이 장면을 보면서 최승희는 곁에 있는 오빠에게 몸을 살짝 기울이며 속삭였다.

"나도……. 나도 한번 해보고 싶어요."

"그래? 좋다. 한번 가보자."

승일은 동생의 손을 이끌고 무대 옆에 붙어 있는 방으로 들어갔다. 여기저기 무대의상들이 무더기로 놓여 있고 테이블 위에는 거울이며 분과 연지, 주전자 따위가 어지럽다. 거의 다 벗어 젖힌 처녀들과 지금 막 춤을 끝내고 돌아온 이시이 바쿠가 보인다. 승일이 다가가 인사를 하고 최승희를 소개하자, 이시이 바쿠는 한참 동안 최승희를 살피더니 곁에 있는 《경성일보》 기자에게 이렇게 말한다.

"참 꿈이란 이상하네. 어젯밤 꿈에 조선 소녀를 한 사람 만났는데, 자꾸 나를 따라가겠다고 그러더라고. 그래서 그러라고 하고 잠을 깼는데……. 어디 한번 이야기해봐주세요. 당신은 조선사람이니까 보증을 해주면 내가 데리고 갈게요. 내가 보기엔 자격이 훌륭한 것 같은데."

이시이 바쿠는 다음 무대를 위해 다시 사라졌다. 기자는 최승희에게 "가려는 동기가 뭐냐"고 물었다. 이때 오빠 최승일이 나서서 대답을 한다.

"사실은 이시이 바쿠의 예술은 도쿄에 있을 때부터 잘 알았습니다. 독일 유학을 마치고 일본에서 신무용 운동을 전개하고 있음도 알고 있고요. 오늘 신문을 읽고 내가 동생에게 권유를 했습니다. 동생은 똑똑하고 창의적이어서 무용을 잘 할 수 있을 거 같아서……. 기자님이 주선해서 도와주십시오."

공연이 끝난 뒤 이시이 바쿠를 만났을 때 그는 부모의 동의가 꼭 필요하다고 말했다. 이야기를 듣고 난 뒤 어머니는 "나는 모르겠다, 아버지와 상의하렴"이라고 말해놓고는 돌아서서 눈물을 흘린다. 아버지에게 말을 하니 펄쩍 뛴다.

"춤이란 게 다 뭐냐? 기생들이나 하는 짓거리를? 1년만 더 놀고는 사범학교에 가는 것이 낫지 않겠느냐."

승일은 굴하지 않고 설명을 한다.

"조선에 교사가 될 사람은 많지만 무용가가 될 수 있는 사람은 많지 않습니다. 예술계를 위해서 누군가 선구자가 되어야합니다."

그 말에 아버지는 누그러지면서 이렇게 말한다.

"승희를 가르쳤던 성 선생(성의경), 김 선생(김영환)과 한번 의논해봐라."

두 사람을 찾아갔을 때 성 선생은 "무용도 예술이니까 상관없겠지요"라고 동의를 하고, 김 선생은 "안 그래도 승희가 장래성이 보여서 내년에 교비지원으로 도쿄에 있는 사범학교나 음악학교에 보낼 예정인데……"라며 반대를 한다. 그러나 오누이는 말을 맞춘다. 아버지에게 두 선생이 모두 찬성했다고 말한다. 그리고 이튿날 아침 최승희는 이시이 바쿠를 따라 떠난다.

21일 안개가 자욱한 아침, 경성역 플랫폼엔 기차가 긴 꼬리를 물고 서 있었다. 이시이 바쿠 일행은 짐을 받고 싣느라 분주했고, 창밖에 선 승일은 창 안에 있는 승희를 향해 소리친다.

"가거든 편지 자주해라. 건강 조심하고 무엇보다 열심히 해야 해. 알았지?"

최승희는 안에서 고개를 끄덕인다. 주르륵 흐르는 눈물을 매단 채. 플랫폼 기둥에 달린 종이 울자 차장이 손을 든다. 승일은 모자를 벗어들어 흔든다. 끼이이익 기차가 움직이기 시작한다. 그때 저편 층계 위에서 어머니가 달려오고 있다.

"안 돼, 안 돼. 내려라, 내려."

그 곁에는 김 선생과 성 선생이 함께 달려오고 있다. 열차는 미끄러지듯 속도가 빨라진다. 어머니는 털썩 주저앉는다.

열여섯 살 소녀 최승희. 시원스런 미모에다 키가 170센티미터로 체격도 좋았던 그녀는 이시이 바쿠의 지도를 받으며 눈부시게 성장한다. 하루 열한 시간씩 연습을 거듭하며 준비했던 그해 6월, 도쿄 호가쿠에서 가진 첫 무대는 폭발적인 반응을 얻는다. 한 신문은 "일본 무용계에 별이 나타났다"고 적었다. 이시이 바쿠는 이렇게 평가했다.

"최승희의 무용은 눈으로 보기만 하는 무용이 아니라 마음과 마음의 접촉을 시도하는 무용이다. 무용을 통해서 자신의 마음을 만나고 비로소 관객의 마음을 뛰게 하는 무용으로 보는 사람의 마음을 두드리고야 마는 그 기백은 그녀의 무용을 접하는 사람이라면 누구나 알 수 있다."

최승희는 이시이 바쿠의 무용을 이렇게 말한다.

"내가 선생님의 춤에 매료된 것은 그의 춤이 보여주는 어두움 때문이었습니다. 거기에는 인생의 고뇌를 표현한 억센 힘이 있었어요. 오랫동안 기구한 운명에 시달려온 조선민족의 고뇌를 무용으로 세상에 호소하고 싶은 생각이 작은 가슴에 가득차기 시작했습니다."

그녀의 자존심은 대단했다. 다이쇼 천왕의 장례 행렬이 지나갈 때, 최승희는 전철을 타고 있었는데 승객들은 모두 고개를 숙였지만 그녀는 머리를 들고 그 행렬을 쳐다보고 있었다. 그때 이시이 바쿠가 가만히 말했다.

"승희야, 일본 천왕이라고 생각하지 말고 그냥 죽은 사람이라고 생각하고 예를 표하는 게 어떻겠느냐?"

그 말에 그녀는 곧 고개를 숙였다.

1927년 최승희는 고국의 우미관에서 〈세레나데〉라는 작품으로 첫 무대를 가졌고 '조선의 꽃'이라는 명성을 얻는다. 이듬해 초 언론에 기고한 칼럼에서 "우리나라에 시가 있는 것처럼 무용이 있음을 알리고 싶다"면서 "조선 여성을 아름답게 발육시키고 아름다운 조선 여성의 무용을 창작하겠다"라는 포부를 밝힌다.

그 무렵 고국에 있는 오빠에게 이런 편지가 당도한다.

"요즘 저는 예술가의 양심이란 것을 깨달아갑니다. 이시이 선생님이 처음 독일에서 돌아와 만들던 작품과 요즘의 작품이 왜 이다지도 감흥과 정신이 다른지요. 차차 선생님에게 환멸을 느낍니다. 지금 그의 예술에는 시詩가 없어요. 물론 무리는 아니지요. 춤을 춰서 수십 명의 식구를 먹여 살려야 하고, 집이 없으니 집을 지어야 하고……. 하지만 저는 이제 이곳에 더 있을 수가 없습니다."

1929년 7월, 그녀는 도쿄를 떠난다. 이시이 바쿠는 눈병을 심하게 앓고 있었고 누이동생도 그를 떠나던 때였다. 최승희는 이 결별이 "배반도 아니며, 돈 때문도 아니며, 오만이나 다른 이의 충고 때문도 아니다"라고 밝힌다. 진짜 이유는 그녀가 오빠의 편지에도 적었던 '스승의 타협주의에 대한 반기'였을 것이다.

조선에 돌아온 최승희는 경성 러시아영사관의 후원으로 러시아로 떠날 꿈에 부풀어 있었다. 하지만 일은 뜻대로 되지 않았다. 그 무렵 어느 날 깊은 밤에 최승희는 오빠 승일 앞에서 오랫동안 춤을 추었다. 프리츠 크라이슬러Fritz Kreisler가 연주한 안토닌 드보르자크Antonin Dvorak의 〈인디언 애상곡Indian Lament〉을 틀어놓고 못다 핀 러시아의 꿈을 그렇게 접고 있었던 것이다.

대신 그녀는 경성에 '최승희 무용연구소'를 설립하고, 1930년부터 네 차례에 걸쳐 경성일보사 주최로 발표회를 가졌다. 하지만 《동아일보》를 비롯한 다른 신문들이 "기대에 못 미치는 공연"이라고 혹평하면서 흥행에 실패했고, 연구소는 점점 경제적으로 어려워졌다. 그 무렵 힘겨운 그녀를 돈과 권력으로 유혹하는 사내들이 늘었다. 실제로 당시 벡타 축음기를 선물하고 용산에 무용연구소를 차려준 부자 청년이 있었다. 그녀의 예술을 이해한다고 접근한 그는 곧 "당신을 사랑합니다"로 말을 바꾸었고, 이후 최승희는 그를 철저히 따돌렸다. 이때 오빠 승일은 와세다대학교 러시아어과 학생인 안필승을 여동생에게 소개한다. 그리고 두 사람은 결혼했다. 당시에는 사회 활동의 무덤이라고 할 수 있는 여성의 결혼이 무용가 최승희를 어떻게 변모시켰을까.

"나는 절대로 돈 많은 사람과는 결혼을 하지 않을 거예요. 왜냐고요? 돈 많은 사람과의 결혼은 항상 도박이거나 정책 결혼이 되기 쉬우니까요. 나는 생활만을 위해 노예 같은 결혼을 하긴 싫어요."

안필승과 결혼한 뒤 그녀는 "아무것도 변한 게 없다"면서 "오히려 무용에 대한 열정이 갈수록 더 커진다"며 기염을 토했다.

남편은 1931년 9월에 일어난 만주사변 이후 시위에 가담한 혐의로 투옥된다. 그다음 해에는 스승 이시이 바쿠가 경성으로 와서 공연을 가졌고, 그를 만난 최승희는 다시 일본에 가고 싶다는 뜻을 밝힌다. 임신 7개월의 몸으로 제작발표회에 당당히 출연하던 최승희는 이듬해 봄 마침내 일본으로 건너가 이시이 무용연구소 2층에서 딸 안성희를 낳는다. 이 무렵 남편은 스승의 이름을 따서 안막安漠으로 개명했다.

두 번째 도쿄 생활은 최승희가 일대 절정기를 맞게 되는 시기다. 이시이 바쿠는 이 무렵 승희에게 조선춤을 권유했다.

"자기 고장의 전통과 정서를 작품 속에 소화하는 것이 바람직하지 않겠느냐?"

"그 천한 기생춤을 추란 말입니까?"

그때 그녀는 대경실색大驚失色했다고 이시이 바쿠는 말한다. 최승희가 처음 일본에 건너올 때 아버지에게서 들었던 바로 그 말이 아닌가. 이때만 해도 그녀에겐 조선춤에 대한 거부감이 깊었다. 어느 날 이시이 바쿠가 〈캐리커처〉라는 제목으로 조선옷을 입고 추는 춤을 보고는 마음이 언짢았던 최승희는 가야금산조 진양·중모리에 안무를 넣어 '우리 캐리커처'라는 조선 리듬의 춤으로 바꿔 추었다. 이런 가운데 최승희의 의식이 내부에서 거세게 움직이기 시작했다. 그녀는 조선무용 속에서 세계적인 경쟁력을 찾아내려고 애썼다.

"조선무용은 원래 퍽 원시적인 것인데, 선이 고운 것이 특색입니다. 일본무용처럼 부분적인 움직임이 아니고 전신을 이용하는 아름다움이 있습니다. 그러나 안타깝게도 단순하고 내용이 빈약한 게 흠입니다. 내가 추는 춤은 모두 어렸을 때 본 것입니다. 기생춤도 그렇고 민족무용도 그렇고……. 이제야 발표했지만 오래전부터 생각해온 것들입니다."

도쿄에서 두 차례의 발표 이후 최승희는 지방순회공연에서 큰 성황을 거뒀다. 그녀를 소재로 하고 그녀가 주연한 영화 〈반도의 무희〉는 도쿄에서 4년간이나 상영될 만큼 큰 인기를 끌었다. 내용은 그녀의 실제 삶과 비슷하다. 소녀 백성희가 부모의 반대를 무릅쓰고 애인을 찾아 상경했으나 우연히 유명 무용가의 눈에 띄어 무용가로 성장한다. 아마도 최승희와 백성희는 이 무렵 분신 같은 삶을 살면서 스스로를 반추하기도 하고 분열된 자아를 느끼기도 했을 것이다.

1936년 10월, 종로 명월관에서는 손기정의 마라톤 세계제패를 축하하는 자리가 있었다. 몽양 여운형과 고하 송진우 등 정치가들도 많았고 최승희도 그곳에 와 있었다. 가와바타 야스나리, 시인 마종기의 부친인 마해송 등과 함께 최승희 후원회의 발기인이었던 여운형은 손기정과 최승희 앞에서 "자네들이야말로 조선을 빛내고 있는 애국자들"이라고 치하한다.

최고의 전성기를 구가하던 그녀는 세계 각국에서 몰려오는 초청장을 받았다. 최승희는 제일 먼저 미국부터 가고 싶었다. 1937년 11월, 뉴욕 브로드웨이에 있는 지금의 버지니아 극장인 길드 극장에서 공연을 하기로 되어 있었으나 포스터에 '일본인 댄서'라고 소개되는 바람에 재미동포들의 거센 항의를 받아 미국 무대에 설 수 없었다. 그녀는 경성으로 돌아오지 않고 1년간 뉴욕 빈민촌 할렘가에서 그림 모델을 하며 버텼다. 그러고는 파리로 건너가 드디어 유럽에서 대성공을 거뒀다. 150회에 달하는 공연은 매번 매진이었다.

1940년 일본에 돌아왔으나 태평양전쟁으로 분위기가 험악해지고 있었다. 이듬해 2월 가부키좌 공연으로 경시청의 조사를 받고 공연의 일부를 제국주의 소재의 작품으로 채우라는 지시를 받는다. 1942년 2월에는 전선위문공연단으로 동원되어 조선 · 중국 · 만주 일대에서 190회 공연을 하게 된다.

이런 상황에서도 최승희의 천재성은 꿈틀거렸다. 그녀는 중국에서 1,500년 전 북위시대 석굴사원에서 51,000개의 불상을 보고 감동을 받았다. 그녀는 이 다양한 자세와 표정을 무용으로 표현해낸다. 걸작으로 손꼽히는 〈석굴암의 벽조〉는 수만 부처가 일시에 환생한 듯 선과 움직임과 표정이 생기를 찾았다. 최승희의 전통춤은 동양정신 전체를 아우르기 시작하면서 그 미학적인 심도와 보편성을 확장해간다. 한·중·일에서 공히 큰 인기를 모은 보살춤은, 부처에 대한 참신한 해석이다. 최승희는 부처가 여성으로 표현되는 등 중성적인 이미지를 지닌 것을 보고, 동양이 꿈꾸는 모성의 원형을 생각해낸 것이다. 열반의 황홀과 부드러운 미소, 우아한 몸과 부드러운 선, 차분한 색조, 정적인 것 속에 들어 있는 약동감을 떠올렸다. 최승희의 보살춤은 남녀 모두가 보살이 될 수 있다는 불교적 평등의 사유를 무용의 철학으로 삼은 것이다.

1943년 도쿄 제국 극장에서 펼친 최승희 공연은 23회 모두 매진 사태를 빚었고 인파가 몰려 줄이 건물을 세 바퀴 반이나 돌았다. 이후 일제의 압박이 더욱 심해지자 이듬해 그녀는 북경에 동양무용연구소를 연다는 핑계로 중국으로 들어가 다시는 돌아오지 않았다.

해방 이후 안막은 중국 내 공산주의자들과 함께 평양으로 갔다. 최승희는 이듬해인 1946년 인천항으로 가는 배를 타고 남쪽으로 온다. 오자마자 반민특위에 의해 친일 명단에 오른다. 당시 그녀는 어느 신문에 이렇게 기고했다.

"일본이 우리 민족의 정신과 전통을 빼앗으려 할 때 나는 민족의 정신을 북돋우려 했습니다. 국내에서건 국외에서건 조선의 딸로 나의 길을 걸어왔습니다."

그래도 여론은 들끓는다. 최승희는 그해 7월 20일 도망치듯 8톤짜리 발동선을 타고 북으로 간다. 김일성은 최승희에게 이렇게 물었다.

"동무, 살러 왔소? 다니러 왔소?"

그녀는 살러 왔다고 말했고, 김일성은 대동강변에 위치한 요정이던 동일관 자리에 무용연구소를 차려준다. 한국전쟁이 발발했을 때 그녀는 당시 중국의 수상이던 주은래周恩來의 도움으로 북경에서 중앙희극학원 교수로 추대되었다. 이 무렵 딸 안성희가 예술단의 일원으로 남한 낙동강 부근으로 공연을 갔고 다른 무용가들은 돌아왔지만 딸은 오지 못했다. 《인민일보》에서는 전사했다는 보도까지 나왔다. 최승희는 슬픔과 분노에 차 북경에서 〈어머니〉라는 작품을 만든다. 전쟁 속에서 모성이 각성하는 스토리를 담은 것으로, 막심 고리키Maxim Gorky의 《어머니The Mother》와 맥을 같이 한다. 또한 미군에 대한 적개심이 작품에 가득하다.

1955년 평양에서 그녀는 인민배우가 된다. 1954년 남편 안막은 문화부와 문화선전부 부부장에 오르지만 1959년 대대적인 숙청 때, 강제노동형을 받고 사라진다. 1967년에는 최승희의 미국 공연 30주년을 맞아 제자들이 축하하기 위해 닭 30마리를 잡았다. 이 일이 '개인숭배'로 낙인 찍혀 줄줄이 소환되었고, 최승희는 최악의 환경으로 알려진 평남 북창 정치범 수용소의 18관리소에 잡혀 있다가 죽음을 맞았다는 증언이 있다. 2003년 북한의 조선중앙텔레비전은 1969년에 그녀가 사망했다고 밝혔다. 이 해에 김정일은 최승희의 복권을 지시해 그녀의 묘를 애국열사릉으로 이장한 것으로 알려져 있다.

한국 부채춤을 일궈낸 김백봉은 최승희의 수제자이다. 그녀의 부친이 어느 날 자는 어린 딸을 깨워 최승희의 장구춤, 보살춤, 화랑춤 등 세 장의 사진을 보여준 것이 계기가 되었다. 1937년 최승희의 진남포 공연에서 부친은 열한 살 딸을 인사시킨다. 1941년 김백봉은 최승희에게 무용을 배우러 일본에 건너간다. 이후 최승희 남편인 안막의 동생 안제승과 결혼함으로써 동서지간이 된다. 최승희와 함께 월북해 평양 최승희 무용연구소 부소장을 맡았으나 한국전쟁 때 월남했다. 그녀는 최승희가 추었던 보살춤을 〈만다라〉로 재현하기도 했다. 그 예술적인 유전자는 김백봉의 딸이자 무용가인 안병주 교수, 그의 조카인 안귀호 교수로 이어져 한국 신무용의 역사를 써내려가고 있다.

평생 315종의 춤을 창작한 어마어마한 열정의 세계적인 예술혼, 식민지의 굴절과 이념의 굴레 속에서 몸부림치다 결국 남과 북 어느 곳에서도 의미 있게 들어앉지 못한 채 역사의 바깥에 버려진 노숙의 천재에게 우리는 무엇을 말해야 할까. 나는 그녀의 이 말이 사무치도록 좋다.

"숨이 막힐 듯한 열정과 고뇌하는 인생, 완벽한 예술, 완전한 예술의 극치라고 말할 수 있는 저 독일의 무용가 하랄트 크로이츠베르크Harald Kreutzberg의 춤을 보고 나는 그 위엄에 완전히 압도당했습니다. 지금도 그 어두운 인생을 내다보는 듯한 무용이 내 눈앞에 어른거립니다. 정말로 존경할 만한 무용가입니다."

자유무용에 연극적 요소를 도입해, 깊이 있는 정신을 표현해낸 안무가 하랄트 크로이츠베르크. 아마도 최승희가 독일 유학파 스승 이시이 바쿠에게서 들었을 당대 무용가에 대한 선망을 엿볼 수 있다. 하지만 이 예찬은 지금 우리가 고스란히 최승희에게 바쳐야 할 오마주가 아니던가.

한 시대를 풍미한 유행가의 여왕, 왕수복

한 시대는 다양한 인간의 얼굴을 품는다. 1933년의 왕수복王壽福(1917~2003)과 남자현을 보면 더욱 그런 느낌이 든다. 그해는 만주의 독립투사인 여걸 남자현이 하얼빈 감옥에서 단식으로 죽어가던 해다. 나이 예순한 살. 그해 정월부터 만주국의 일제 전권대사를 암살할 목적으로 총기를 전달받으러 갔다 체포되었다. 한편 그해 경성京城의 왕수복은 기생가수로 데뷔해 일약 스타가 되었다. 나이 열일곱 살. 그녀가 부른 노래 〈인생의 봄〉, 〈고도의 정한〉이 실린 음반은 120만 장이 팔려나가면서 '대박'을 터뜨린다.

남자현은 그해 죽어가면서 해방되면 독립정부에 주라며 꼬깃꼬깃 넣어둔 돈 200원을 자손에게 건넸고, 왕수복은 지역 기생본부인 권번

券番에서 차린 평양기생학교의 우등생으로 연예인이 되어 조선의 노래 〈아리랑〉을 비롯한 민요의 가치에 눈을 떴다.

그녀의 한 달 수입은 800원이었다. 당시로서는 어마어마한 돈이었다. 잡지사 기자들이 그녀를 만나려면 몇 시간은 기다려야 했다. 그녀는 바쁜 일정을 소화하고 늘 낮 12시쯤 되어야 깨어났기 때문이다. 하지만 이 인기가수에게 불평하는 기자는 없었다. 만나주기만 해도 감지덕지였다.

두 여인의 얼굴을 겹쳐 보면 시대의 비원悲願과 그 속에서도 문화적 싹을 틔우는 또 다른 삶의 양상이 생생하게 보인다.

우리나라 최초로 10대 가수 1등을 '먹은' 왕수복의 삶은, 그 시대 다른 쪽인 만주벌의 처절한 사투와 맞물려 녹록하지 않은 긴장감이 생겨난다.

그런데 시대는 가끔, 이렇게도 이질적인 얼굴들을 극적으로 만나게 한다. '살벌한 만주'와 조선 인기가수의 만남을 적은 기록 하나가 보인다.

왕수복은 어느 날 간도 연길延吉로 만주 조선인 위문공연을 떠난다. 1년 후배인 유명 기생가수 선우일선과 함께였다.

극장에서 노래를 부르는데 중국 마적들이 습격했다. 갑자기 총소리가 들리고 비명이 터져 나왔다. 관객으로 꽉 찼던 극장은 금방 아수라장이 되었다. 왕수복은 군중에 떠밀려 알지도 못하는 낯선 골목으로 미친 듯이 뛰어 달아났다.

그녀는 동료도 모두 잃어버렸다. 이제 죽었구나 하고, 어느 허름한 집 밑에서 낙담하는데 문득 작사가 왕평의 얼굴이 보였다. 그의 얼굴을 보자 갑자기 공포감이 되살아나 덜덜 떨면서 그에게 안겨 엉엉 울었다.

두 사람은 동료들을 찾아 나섰다. 겨우 곳곳에서 헤매던 이들을 찾아내 일본인이 경영하는 여관에 묵었다. 그런데 문제는 거기서 끝나지 않았다. 그날 밤 마적단이 다시 이 여관을 급습했다. 황망한 지경에 처한 조선 연예인단은 어떻게 되었을까?

여관 주인인 일본인이 달려와 그들에게 총 몇 자루를 건넸다. 함께 싸우자는 제의였다. 두 여가수도 엉겁결에 총자루를 메고 담벼락에 붙었다. 그들은 무서움을 진정시키려고 아무렇게나 마구 쏘아댔다. 다행히 이 불꽃 튀는 접전 끝에 마적들이 도망가버렸다.

그런 홍역을 치른 이튿날 다시 공연을 했다. 목숨을 걸고 노래를 부르는 셈이었다. 동포들의 환호가 조마조마한 왕수복의 가슴을 진정시켜주었다. 그렇게 무사히 공연을 끝내고 돌아오는 길이었다. 밤중에 자동차를 타고 달리는데, 인적 없는 으슥한 길에서 육혈포(권총)와 몽둥이를 든 사내 두 명이 고함을 지르며 뛰어나와 차를 세웠다.

그들은 당장 흉기로 내려칠 듯 위협하면서 돈과 패물을 내놓으라고 요구했다. 어떤 사람들이냐고 물어보니 "우리는 공산당원이다"라고 대답했다. 자동차 뒤쪽에 탔던 왕수복과 선우일선은 담요를 뒤집어쓰고 떨었다. 혹시 여자들을 붙잡아갈까 걱정했던 까닭이었다. 앞쪽에 탔던 남자 동료가 바깥의 공산주의자들에게 더듬거리며 "우리는 …… 조선민족 위문공연단이오"라고 말했다.

그러자 바깥에서 "그럼 돈이 많겠네" 하며 팔뚝을 내밀어 차에 탄 동료의 멱살을 잡았다. 그때 마침 뒤에서 자동차 전조등이 비쳤다.

앞에 서 있는 차가 이상하게 여겨졌던지 뒤쪽 차에서 고함소리가 들려왔고 총성도 울렸다. 그러자 차에 막 올라탔던 공산당원들은 당황해 급히 뛰어내려 옆으로 펼쳐진 깜깜한 숲 속으로 도망가버렸다.

자동차는 달리기 시작했고, 뒤에 두 여인을 덮은 담요는 꿈틀꿈틀거렸다. 왕수복과 선우일선이 줄줄 흐르는 눈물을 주체하지 못해 흑흑댔기 때문이다. 이 사건은 어쩌면 훗날 공산당의 영웅이 되는 왕수복의 생애를 암시하는 하나의 복선이었는지 모른다. 이렇게 한바탕 혼쭐난 뒤 그들은 경성으로 돌아왔다.

1930년대 최고의 인기가수 왕수복. 그의 사진을 들여다보면 전형적인 미인의 얼굴은 아니다. 눈이 크고 약간 통통하고 귀여운 모습이다. 그는 목이 보이지 않을 만큼 짧아, 요즘의 미인 기준에는 못 미친다고도 할 수 있겠다. 하지만 가슴이 크고 하체도 균형 있게 발달해 육감적이라는 평판을 들었다. 유명세 때문이었는지 그녀가 곰보라는 소문도 돌았다.

사람들은 그녀가 공연을 마치고 나오면 극장 문 앞에서 기다렸다가 진짜 곰보인지 확인하려고 눈을 비볐다. 군중이 몰려들 때 왕수복은 이렇게 말했다.

"아니, 왜 길을 막아요? 제가 곰보인가 해서요? 자 어서 가까이 나와서 자세히 좀 보세요. 내가 진짜 곰보인지 째보인지……."

그러자 한 중년 부인이 다가왔다. 그러더니 "실례하겠습니다" 하면서 왕수복의 얼굴을 손으로 쓸어본다.

"아이고머니나! 내가 헛소문을 듣고 속았구나. 여러분, 곰보가 아니에요."

이쯤 되면 좌중에 폭소가 터져 나온다. 당시 그가 큰 인기를 누렸던 까닭은 외모 때문이 아니라 그의 재능 덕분이었다.

그의 아버지는 평안남도 강동군 입석면에서 화전을 일구는 농부였다. 아버지가 지어준 첫 이름은 '성실成實'이었다. 그가 태어난 이듬해 아버지가 병사하자 할머니는 오래 사는 게 최고라면서 '수복'으로 바꿨다.

살림이 어려워지자 가족들은 평양 시내에 있는 큰 이모네에 얹혀 살았다. 일곱 살 때부터 왕수복은 일자리를 얻는다. 교회에 일을 다니는 어머니를 따라갔다 부잣집 아이를 시중드는 일을 맡았다. 그는 그 아이를 '모시고' 유치원에 따라갔는데, 거기서 풍금을 치는 교사를 보고 감탄한다. 그녀는 교실 바깥벽에 붙어 아이들의 노랫소리를 들으며 가만히 따라 불렀다. 수복이 어느 날 창문 너머로 배운 노래를 읊조리는 것을 그 교사가 우연히 들었다.

"어머나. 너 노래 참 잘하는구나. 목소리도 곱고!"

교사는 그를 명륜여자공립보통학교 음악선생인 윤두성에게 소개한다. 오디션을 해본 윤두성은 고개를 크게 끄덕였다. 수업이 끝난 뒤에도 수복을 따로 불러 발성 연습을 시켰다. 하지만 그의 집안은 가난해 공립보통학교의 학비를 낼 여유가 없었다. 어머니는 한숨을 푹 내쉬었지만, 수복이 그 학교에 다시는 가지 않기로 결론이 났다.

그녀는 대신 먼저 기생이 된 언니를 따라 기생이 되기로 했다. 언니는 평양에 '방가로放街路다방'을 열어 유명해진 여인이다. 하지만 그녀는 언니와 조금 다른 길을 선택했다. 당시 평양 권번이 기생학교를 정식으로 허가받아 학생들을 뽑았는데, 거기에 1기생으로 들어갔다.

그곳은 일종의 예술종합학교였다. 전통노래인 가곡·가사를 전공했고, 가야금·장구·무용·미술을 배웠다. 왕수복은 이곳에서 명창 김미라주와 이산호주, 해금산조의 명인 류대복, 묵죽화의 대가 김유탁을 만난다.

열네 살, 그녀가 수석 졸업생이 되었을 때 김미라주는 왕수복을 실습 보조선생으로 일하게 했다. 나이가 많아 후계가 필요했던 김미라주는 2년 정도 그에게 서도민요의 진수를 전해준다. 김유탁은 제9회 조선미술전람회에 입선한 사군자 화가였는데, 그에게서 왕수복은 대국大菊 그림을 배워 '평양기생 그림선수' 9인에 뽑히기도 한다.

그녀는 왜 다른 꽃보다 국화를 좋아했을까? 어린 시절의 뼈저린 고난과 가난에 대한 강박이 풍성하고 화사한 국화처럼 살고 싶은 마음을 낳지 않았을까?

왕수복은 끊임없는 자기계발로 경쟁력을 높여, 일생을 성공의 무대에서 화려하게 살아간 점에서도 돋보인다. 시절이 왕수복을 기다렸다. 1930년대 접어들면서 조선사람들은 일제에 억눌린 민족감정을 전통음악으로 변용해 표출하기 시작했다. 이른바 신민요 바람이었다. 기생학교는 체계적으로 신민요를 가르쳤고, 왕수복은 민요 속에 꿈틀거리는 이 나라의 정한情恨을 절묘하게 포착해내는 가수가 되어 있었다.

그때 유성기留聲機가 보급되기 시작한다. 레코드를 가장 많이 사는 사람들은 그것을 매일 써먹어야 하는 기생들이었다. 레코드사와 기생들은 생산자와 소비자 관계로 만나 서로 호감을 높였다. 1933년 미국계의 콜롬비아 레코드사는 눈에 띄는 기생가수인 왕수복을 점찍어 아홉 곡의 노래를 취입해 음반으로 발매한다.

인기는 폭발적이었다. 워낙 반응이 빨라 평양 권번에서는 이듬해 기생 음반취입 금지령까지 내놓는다. 후배 기생들이 정상적인 업무를 소홀히 하고 가수로 출세하는 데 넋이 나가 있었기 때문이다. 한편 기생가수가 뜨자 레코드사끼리 쟁탈전이 벌어졌다. 독일의 폴리돌사는 콜롬비아사를 제치고 왕수복을 낚아챈다. 왕수복의 대표곡인 〈고도의 정한〉은 옮겨간 레코드사에서 빅히트를 친다.

잊지 못할 놀라운 행운은 1934년에 찾아왔다. 당시 유일한 방송이던, 경성방송국의 라디오 방송은 그해 1월 제이오디케이JODK라는 호출부호를 사용해 일본에 한국어 방송을 중계하기 시작한다. 1월 8일, 이 라디오를 통해 왕수복의 목소리가 일본 전역에 중계된다. 〈눈의 사막〉, 〈고도의 정한〉, 〈아리랑 조선민요〉가 울려 퍼지면서 일본 열도에서 상당한 반향을 불러일으킨다. 〈아리랑〉을 일본인들에게 불러준 이 일은 열여덟 살 식민지 소녀에게 민족적 자부심을 깊이 느끼게 한 계기가 되었다.

1935년 잡지 《삼천리》 10월호는 레코드 취입 가수 인기투표 결선을 발표한다. 남자가수 다섯 명과 여자가수 다섯 명이었는데, 남자는 총 5,888표 중 채규엽이 1,844표를 얻어 1등을 하고, 여자는 총 4,243표 중 왕수복이 1,903표를 얻어 1등을 한다. 왕수복은 그해 남녀를 통틀어 가장 많은 표를 얻었고 득표율에서도 압도적으로 1위를 차지했다. 그야말로 10대 가수 여왕이었다. 그해 사람들은 모였다 하면 인기투표 이야기를 했고, 왕수복의 레코드판은 불티나게 팔렸다. 지방공연을 하고 돌아오면 팬레터가 소나기처럼 쏟아졌다.

잡지에 기사가 실리면서 왕수복이 사는 집을 "평양부 신창리 어느 석판인쇄소 옆집"이라고 기록했는데, 이 때문에 '석판인쇄소 옆집 왕수복 씨'라는 주소로 편지가 몰려왔고, 하루에도 열 몇 명씩 문제의 석판인쇄소를 찾아와 이 가수가 사는 곳을 물어 인쇄소 주인이 넌더리를 낼 정도였다.

그녀는 권번에서 레코드 취입을 말리는 터여서 기생을 접었다. 그리고 1937년에는 폴리돌 레코드회사에서도 퇴사한다. 대신 유학을 가기로 결심했다. 어린 시절 풍금이 울려 퍼지는 교실 벽에서 느꼈던 그 선망의 공간과, 기회가 왔으나 가난 때문에 가지 못했던 공립보통학교를 떠올렸기 때문인지도 몰랐다.

처음에는 도쿄의 음악학교에 입학했지만 곧 벨칸토성악연구원으로 옮겨 벨트라멜리 요시코ベルトラメリ能子의 개인지도를 받는다. 당시 일본 악단에서는 최고 권위자로 꼽히던 사람이었다. 1938년 10월 도쿄 조선인 자녀 단체가 개최한 공연에 참여한 왕수복은 '벨트라멜리의 제자'로 소개되었고, 일본의 중심에서 펼쳐진 그 무대에서 〈아리랑〉을 가곡으로 불러 큰 화제를 불러일으킨다. 그때 그는 이렇게 말했다.

"제 향토에서 태어난 노래를 가지고 세계적 성악가가 되어야 합니다. 아무리 이탈리아어로 노래를 잘 불러도 이탈리아인을 따라갈 수 있겠습니까? 제 향토의 것이 아니면 생명 있는 음악이 생겨날 수 없다고 생각합니다. 나는 조선의 무용을 세계무대에 소개한 최승희처럼 조선의 민요를 크게 알리고 싶습니다."

왕수복에게는 궁박한 여건에 굴하지 않는 씩씩한 낙천성과 재능을 향해 열정을 멈추지 않는 도도한 에너지가 느껴진다. 그 바탕에는 세상에서 막 눈을 뜨자마자 겪은 실부失父의 뿌리 깊은 불안감이 있지 않았을까 짐작해본다. 남의 집에 얹혀살며 존재 자체가 눈치꾸러기였던 그는 재능이 있으면서도 남들처럼 교육받지 못하고 살았던 날들을 늘 되돌아봤을 것이다.

사랑 또한 이런 무의식을 비켜갈 수는 없는 법이다. 돈 잘 버는 인기 절정의 스타가 작가 이효석과 애틋한 눈길을 나누게 된 데는 그녀가 삶에서 채우지 못한 부분에 보상심리가 작동했을 법하다.

그녀의 나이 스물네 살 때인 1940년, 도쿄에서 서른네 살의 이효석을 만난다. 당시 일제는 우리말 사용금지 정책을 시작했고, 대중가요에서도 우리말 노래가사를 쓰지 못하게 했다. 왕수복은 은퇴하기로 결심하면서 실의에 차 있었다. 이효석은 그해에 아내 이경원과 사별하고 젖먹이 아이마저 잃은 뒤 충격으로 만주를 돌아 일본을 방황하던 때였다.

이효석은 1934년 이후 평양의 숭실전문학교 교사를 지내면서 1936년에서 1940년까지 왕성한 작품활동을 했다. 〈모밀꽃 필 무렵〉, 〈장미, 병들다〉를 비롯한 대표작이 대부분 이 시기에 나왔다. 향토적이면서도 이국적 느낌을 지닌 에로틱한 장면들이 당시 독자들을 사로잡았다. 이효석의 소설에 깊이 매료된 왕수복은 이국에서 우연히 만난 작가에게 한눈에 반해버렸다.

세상을 모두 잃어버린 듯한 상실감에 빠져 있던 이효석에게 왕수복은 구원처럼 다가왔다. 그녀는 당대의 인기가수가 아니라 작고 가여운 문학소녀였다. 그녀는 이렇게 말했다.

"나는 늘 걱정이에요. 당신과 대화할 때 나의 지식이 짧아 혹여 답답해할까봐. 그리고 당신 친구들과 함께하는 자리에서 천하고 무식한 기생 애인으로 여겨 당신이 나를 잠시라도 부끄럽게 여길까봐서요."

이효석은 그에게 가만히 월트 휘트먼Walt Whitman의 시를 들려준다.

태양이 그대를 버리지 않는 한
나는 그대를 버리지 않겠노라
파도가 그대를 위해 춤추기를 거절하지 않는 동안
나뭇잎이 그대를 위해 속삭이기를 거절하지 않는 동안
내 노래도 그대를 위해 춤추고 속삭이기를 거절하지 않겠노라

왕수복은 이효석을 따라 평양으로 돌아왔다. 숭실전문학교가 폐교되자, 그는 대동공전으로 자리를 옮겼다. 아직 아내의 상중喪中인지라 이효석은 왕수복과의 관계를 감추려고 했다. 왕수복의 언니가 하는 '방가로다방'에 이효석은 자주 들렀지만, 서로 말 없이 잠깐 응시만 하다 돌아갈 뿐이었다. 그는 어느 날 전화를 걸어 이렇게 말했다.

"내가 수화기를 들기까지 얼마나 많이 고민하고 걱정했는지 아세요? 오래오래 가슴 뛰는 터널을 지나온 것 같아요. 다방 한편에서 서양 고전음악에 젖어 있는 모습을 본 뒤, 잊어버리려고 할수록 당신 얼굴이 떠올랐어요. 야윈 모습, 퀭한 눈이 아프도록 내 가슴을 헤집고 들어왔어요."

몰래 얼굴만 보는 사이라고 해도 소문은 나기 마련이다. 어느 날

이효석의 제자 일곱 명이 왕수복이 사는 집으로 찾아왔다. 학생들은 한참을 망설이다 이렇게 말했다.

"부탁입니다. 우리 교수님을 사랑하지 마세요."

"왜요? 사랑하면 안 되나요?"

"선생님이 사모님을 잃은 뒤 몸이 많이 약해지셨어요. 폐가 좋지 않으시고……. 사랑하지 않으면 안 되겠습니까?"

"참 고마운 학생들이네요. 교수님의 건강까지 근심하시니……. 하지만 교수님은 여자가 사랑해야 더 건강해지세요. 마음이 약해지고 정신이 허기지고 삶이 힘겨울수록 사랑이 필요한 거 아닐까요? 학생들 무슨 차를 드릴까요, 커피 어때요?"

학생들은 가만히 차를 마시고는 돌아갔다. 그러나 학생들의 충고가 맞았던 듯하다. 1942년 이효석은 뇌막염으로 병석에 눕게 되고, 20여 일 만에 서른여섯 살로 숨을 거둔다. 이효석의 임종 앞에서 그는 이렇게 흐느꼈다.

"나는 오래전부터 소설가 남편을 만나 소설처럼 결혼생활을 해보고픈 소원이 있었지요. 꿈처럼 당신을 만나고 나는 그 꿈속에 들어가 2년을 살았습니다. 내가 태어나 오로지 존경하고 사랑했던 유일한 사람이었습니다. 당신의 교양과 인격을 생각한다면, 나는 감히 당신 곁에 잠시 머무르기도 벅찬 존재였지요. 짧았지만 나를 깊이 아껴줘서 고맙습니다.

그런데 왜 당신은 나를 좋아했을까요? 돌아간 아내에게서 느꼈던 모습과 향기를 나에게서 느낀 것 같다고 당신은 말씀했지만, 그것은 아내에게 미안해서 그러신 것일 테죠. 그래야 내게 쉽게 다가올 수 있으니까요. 당신은 나를 정말 사랑하셨나요? 아내가 아닌 여인 왕수복으로 나를 예뻐했나요?"

그런데 그녀의 인생에서 사랑은 그게 끝이 아니었다. 그녀는 1942년 보성전문학교 경제학 전임교수인 김광진을 만나게 된다. 이효석은 소설가이자 정치가인 유진오와 친했는데, 유진오는 보성전문학교 법학 전임교수로 있었다. 유진오와 만난 자리에서 우연히 김광진과 동석하게 되었는데, 당시 왕수복은 스물여섯 살, 김광진은 마흔 살이었다.

그는 평안도에 이미 아내를 두었고, 도도함의 대명사였던 시인 노천명과 떠들썩한 연애를 하기도 했다. 유진오는 김광진과 노천명 연애사건을 소설 속에 녹여 문학적으로 형상화해 또 다른 화제를 불러일으키기도 했다.

노천명은 당시 잡지 《여성》의 기자로 활동했는데, 극예술연구회라는 연극단체에도 가입했다. 노천명은 1938년 시인 모윤숙과 함께 안톤 체호프Anton chekhov의 작품인 〈앵화원櫻花園〉에 출연했다. 김광진은 귀여운 딸 '아냐'로 열연하는 노천명을 무대 아래에서 보고 반했다. 두 사람은 평양의 개운사開運寺에서 처음 만났고, 주위에서는 두 사람의 결혼을 빌어주었다.

본처와 헤어지기로 한 김광진은 노천명과 약혼했다. 하지만 이혼은 본처의 강력한 반대로 지연되었고, 결국 약혼은 깨지고 말았다. 그런 가운데 왕수복을 만난 것이었다.

김광진이 왕수복과 만난다는 소문을 들은 노천명은 큰 충격을 받았다. 애인을 잃은 실의와 더불어, 기생 출신에게 사랑의 성채를 양보해야 했다는 자괴감까지 겹쳐 그를 방황하게 했다. 신문사를 때려치

우고 해외 도피를 기도했던 노천명의 행동에는, 왕수복에게 느낀 패배의식이 숨어 있었는지도 모른다.

두 여자가 한 남자를 두고 동시에 웃기는 참 어려운 법이다. 하지만 모든 불가능한 조건과 복잡한 상황을 쾌도난마하고 사랑에 골인한 왕수복은 당연히 승자의 단맛을 누렸다. 그녀는 확실히 복 많은 여자였다. 그러나 그들의 삶은 남쪽이 아니고 북쪽에서 펼쳐졌다.

왕수복과 재혼한 김광진은 해방 후 건국준비위원회 평남지부 무임소위원을 거쳐 1949년 김일성대학 교원으로 임용된다. 1952년에는 경제법학연구소장을 맡는다. 왕수복은 딸 김정귀와 아들 김세왕을 낳았고, 전란과 이념의 소용돌이 와중에서도 비교적 평화로운 생활을 한다. 김광진은 1953년 모란봉 극장에서 있었던 러시아 10월혁명 기념 모임에서 문화선전상 부상인 정율에게 아내 왕수복을 소개한다.

"저의 처입니다. 오랫동안 가정생활에 파묻혀 있었는데 다시 노래를 부르고 싶다고 하네요."

이후 왕수복은 중앙라디오방송위원회 전속가수가 되어 출연한다. 그녀는 1955년 북한이 러시아에 파견할 예술단 열여덟 명을 선발할 때 최승희의 딸 안성희와 함께 뽑혀 순회공연을 나갔다. 우즈베키스탄에 갔을 때 그는 〈봄맞이 아리랑〉을 불러 타슈켄트 동포들에게서 열렬한 환호를 받고 '조선가요의 여신'이라는 호칭을 얻기도 했다. 앙코르 무대에서 관객 한 명이 꽃다발을 들고 올라와 그 앞에 큰절을 하며 손수건으로 눈물을 닦는 감동적인 장면도 있었다. 그는 이때를 기억하며 이렇게 말했다.

“모국어를 전혀 모르는 러시아의 조선족이 저토록 환호하고 박수갈채를 보내는 것은 무엇 때문일까 깊이 생각하게 되었습니다. 민족의 얼이란 것은 피와 함께 흐르는 모양입니다.”

왕수복은 1955년 국립교향악단 가수로 김일성 앞에서 노래를 부른다. 그는 경기민요 〈긴아리랑〉을 불렀다. 김일성은 아낌없이 박수를 치고 재청했다. 그러고는 옆에 앉아 있던 외국인들에게 “민족적 감정이 풍부해 참 좋은 가수”라고 그를 설명했다. 이후 김일성은 왕수복을 거론하며 “조선사람은 조선노래를 들어야 구수하고 듣기가 좋다. 왕수복의 노래는 모두 좋아하니 연구해볼 필요가 있다”고 칭찬한다. 이것이 신호였는지 그는 당원이 되고 공훈배우로 인정받는다. 1965년 신문 가십난에는 다음과 같은 기사 하나가 실렸다.

> 북괴 고위층 부부 한 쌍이 10일 판문점에 관광차 나타나 이채. 이 바람에 북괴 기자들은 애써 유엔 측 기자들과 회견을 주선하기에 분주. 남자는 북괴 학습원 회원으로 교수이며 경제학 박사로 소개된 김광진이고, 북괴 기자들이 사모님이라고 소개한 여인은 공훈배우라는 왕수복. 고 이난영 여사와 동갑네 가수였다는 왕은 전옥 씨 등 옛 연예 동인들의 안부를 물었으며, 보전普專(보성전문대학) 때 10년간 경제학을 가르쳤다는 김은, 유진오, 홍종인 씨 등이 자기 친구라고 자랑. 시원찮은 우리 기자들의 대꾸에 회견을 주선한 북괴 기자들은 두 사람 보기가 민망했던지 하나 둘 꽁무니.

이후에도 왕수복은 북한에서 극진한 대우를 받는다. 그의 환갑날 김일성은 그에게 환갑상을 차려 보내준다. 1997년 팔순에는 김정일이 생일상을 보냈다. 이해에는 독창회를 갖기도 했는데 2~3대 제자들이 함께 출연해 스승과 무대를 함께했다. 2003년 왕수복은 여든여섯 살의 나이로 눈을 감고 북한 애국열사릉에 묻힌다.

기생으로 출발해 성공과 사랑을 쟁취해가며 한 시대를 풍미했던 여인. 그녀는 행복했을까? 그녀의 노래 〈봄맞이 아리랑〉을 가만히 새겨본다.

아리랑 넘는 길 몇 만 리던가
가면은 오지도 못하는가요
아리랑 스리랑 마음이 변해서 소식 없나요
아리아리 얼싸 스리스리 얼싸
아리랑 고개는 님 가신 고개

잘라낸 무명지로 쓴 대한독립, 남자현

남자현南慈賢(1873~1933)을 아는가? 모른다면 오늘, 스스로 일제 치하를 가장 격렬하고 치열하게 살다 간 한 여인이 되어, 함께 고난과 영광의 길을 떠나보자. 그녀의 생을 다시 살아내면서 그녀가 그토록 갈구하고 염원했던 해방과 독립이 무엇이었는지, 우리가 누리고 있는 이 당연해보이는 자유와 번영이 어떤 의미인지 곱씹어볼 수 있으면 좋겠다.

남자현은 경북 영양군의 양반 집안에서 태어났다. 부친 남정한은 정3품 당상관에 해당하는 통정대부에 오른 인물이었다. 열아홉 살 때인 1891년에 김영주와 결혼했고, 5년 뒤인 1896년 7월 남편은 의병전투에 참가

했다가 진보의 홍구동 전투에서 전사했다. 이때 남자현은 임신 중이었다. 그녀는 유복자 김성삼을 낳아 기르면서 시부모를 극진히 봉양해 진보면에서 주는 효부상을 받기도 했다.

_〈독립운동사상 홍일점 여걸 남자현 여사〉, 《부흥》, 1948년 12월

1919년 3·1만세운동 직전에 그녀는 서울로 올라왔다. 《조선중앙일보》 1933년 8월 26일자에는 1913년부터 5년간 독립운동가들과 연락하면서 활동해왔다는 기록도 있다.

3·1운동이 끝난 뒤 그녀는 만주로 건너가 독립운동에 본격적으로 가담했다. 그녀는 1927년 2월 안창호를 비롯한 독립운동 지도자들이 중국 관헌에 붙잡혀 일제에 넘어갈 위기에 처했던 길림사건 때 비상대책반을 꾸려 활약을 펼쳤다. 그녀는 당시 중국 동포들로부터 구명운동을 이끌어냈고, 사실상 안창호를 구해낸 일등공신이었다. 그해 4월 남자현은 권총 한 자루와 탄환 여덟 발을 받아서 사이토 총독을 암살하러 서울로 잠입했다. 혜화동 28번지에서 교회 신자로 위장해 살해 계획을 진행해나갔으나 실패했다. 그녀는 삼엄해진 경계망을 빠져나가 다시 만주로 갔다.

1932년, 그녀는 일제의 만주 침탈을 조사하러 온 국제연맹 일행에게 자신의 손가락 두 마디를 잘라 보냈다. 그들은 "대한은 독립을 원한다"고 혈서로 쓴 흰 손수건에 손가락을 싸서 들고 만주국의 신경新京(일제는 장춘을 만주국의 새 수도로 선언하며 이렇게 이름을 붙였다)에 침투했지만 경계가 삼엄해 전달에는 실패하고 말았다. 이듬해인 1933년, 남자현은 만주국의 일제 전권대사를 암살할 계획을 세웠다. 무기를 인수

하는 과정에서 내부 밀고로 일제 경찰에 붙잡혀 하얼빈 감옥에 투옥됐다. 그녀는 단식을 결심하고 보름 동안 일제가 건네는 식사를 거부한 뒤, 보석으로 풀려나 조선인 여관에서 순국했다. 눈을 감으며 그녀는 아들에게 "내가 가진 돈 200원을 조선이 독립하는 날 축하금으로 바쳐라"라고 유언했다. 이것이 그녀의 숨가빴던 생의 흐름이다. 이제 그 의열義烈의 심장 속으로 구체적으로 들어가볼 차례다.

1933년 2월 27일 오후 3시 45분 중국 하얼빈 도외정양가道外正陽街 거리. 삐이익, 호각소리가 울렸다. 순간 급박하게 뛰는 발소리 뒤로 일제 경찰 10여 명이 추격하고 있었다. 골목을 돌아섰을 때 저쪽에서 다시 튀어나오는 경찰들. 두어 발의 총성이 울렸다. 총을 겨누며 에워싼 무리 한복판에서 거지 행색의 한 사람이 쓰러졌다. 모자를 깊이 눌러쓰고 있던 그는 여인이었다. 쌍꺼풀 없는 강인한 얼굴의 조선 여인. 그녀의 품에서 비수匕首 하나가 나왔다. 성명 남자현. 놀랍게도 그녀의 나이는 환갑을 넘긴 예순한 살이었다. 그녀는 피 묻은 의병 군복을 속에 껴입고 있었다. 오래전 남편이 전사할 때 입었던 옷이었다(이 내용은 《조선중앙일보》 1933년 8월 26일자에 보도되었다. 또 《독립혈사血史》(대한문화정보사, 1956) 중 〈남자현 여사 약전略傳〉 281쪽에도 실려 있다. 피 묻은 의병 군복을 입었다는 것은 1991년 손자인 김시련 씨의 증언이다).

대체 이 여인은 왜 걸인 차림으로 하얼빈 거리를 걷고 있었을까? 일제는 왜 이 여인을 긴급 체포했을까? 우선 시계를 거꾸로 돌려 한 달여 전인 그해 1월 초로 가보자. 남자현은 부하 정춘봉과 이야기를 나누고 있었다.

"일제가 허수아비 만주 정부를 세우고 난(1932) 뒤 중국 깊숙이 침

공할 준비를 하고 있답니다."

"죽일 놈들! 저들이 저렇게 날뛰는 것을 대한독립군들이 지켜만 보고 있어서야 되겠는가. 저들을 겁내지 않는 이들이 있음을 보여줘야 겠다. 저들의 심장에 일격을 가할 방도가 없을까?"

"있긴 합니다만……."

"말해보아라."

"만주에서 일제 최고 인물인 무토 노부요시武藤信義 전권대사를 처단하는 겁니다."

"그놈에게 접근하는 것이 쉽지 않을 듯한데……."

"오는 3월 1일은 우리 대한이 만세운동을 벌인 지 14년이 되는 때이기도 하지만, 만주국 수립 첫돌이기도 합니다. 이날 이들은 신경에서 거창한 기념식을 벌일 겁니다. 거기서 거사를 벌이면 역사의 방향을 돌릴 수 있습니다."

"음……. 무기 조달이 가능하겠느냐?"

"잘 알고 지내는 중국인 몇 명을 통하면 폭탄까지 준비할 수 있습니다."

"그래, 고맙구나. 이 일은 내가 처리한다. 환갑을 맞은 몸이니 나는 두려움이 없다. 무토 노부요시를 처형한 뒤 내 몸을 하얼빈 허공에 어육魚肉으로 갈기갈기 날리리라."

1933년 1월 20일, 이들은 몇 명의 조선인 동지를 규합한 뒤 중국인들과 함께 다시 모였고 권총 한 자루, 탄환, 폭탄 두 개를 준비하기로 했다. 무기를 조달받는 날은 27일 오후 4시였다. 남강 길림가 4호 마기원馬技遠 집 문 앞에 붉은 천을 펄럭이면 그때 무기가 든 과일상자를 옮기기로 했다. 일정이 정해진 뒤 행동대장 남자현은 마음의 정리를 하기 위해 최후의 기념사진을 찍었다. 그녀가 간 곳은 도외구도가의 무송도사진관이었고, 사진 찍는 비용은 권수승이라는 동지한테서 빌린 대양 3원이었다고 한다. 그녀는 23일 오전 10시에 거사 장소를 확인했다. 그리고 27일 오후 3시 혹시 있을지 모를 상황에 대비해 거지로 변장한 뒤 절뚝거리며 길림가 4호로 향하고 있었다. 일제 경찰이 덮친 것은 이때였다. 거사를 논의했던 사람 중에 조선인 밀정이 끼어 있었던 것으로 추측된다. 함께 일을 벌이기로 했던 손보현이 봉천에서 먼저 체포되었지만 이 사실을 알지 못한 남자현이 무기를 받으러 갔다가 붙잡힌 것이다. 남자현은 하얼빈 감옥에 투옥되어 이루 말할 수 없는 고문을 받았다.

1932년 3월 1일, 일제는 만주국을 세웠다. 만주사변에 대한 국제적 비난 여론이 커지자 국제연맹은 현장조사단을 파견하기로 했다. 이 소식을 들은 남자현은 우리 민족의 독립 의지를 전할 수 있는 호기라고 판단했다. 9월 19일에는 국제연맹 만주사변조사위원장 빅터 리턴Victor Lytton이 하얼빈에 오기로 되어 있었다. 1932년 9월 17일, 그녀는 왼손 무명지를 자르며 다음과 같이 글을 남겼다.

> 사랑하는 나의 아들아, 오늘 왼쪽 무명지 두 마디와 이별하려 한다. 이름이 무명지無名指라 한들 어찌 쓸모없는 손가락이겠느냐. 제 나라를 잃고 무명민無名民이 되어 떠도는 나보다는 실한 것이었느니, 어쩌면 평생을 가만히 붙어 내 손을 채웠던 이 작은 것이 나라를 위해 큰일을 할 수도 있겠다 싶구나. 중지와 약지 사이에 어중간하게 여기도 붙었다 저기

도 붙었다 살아온 줏대 없음을 논죄하는 준엄한 심판이 아니겠느냐. 아들아, 오늘 하얼빈 남강(마기구에 위치) 어느 중국인 음식점에서 가만히 내 왼손을 들여다보나니, 성경에 나온 대로 왼손이 하는 일을 오른손이 알 수 없을 만큼 쥐도 새도 모르게 처리해야 할 일이 있구나. 며칠 전 국제연맹에서 일제의 만주 침략 현장을 조사하는 대표단을 파견한다는 첩보를 입수했다. 서럽고 아픈 이 나라의 뜻을 만천하에 알릴 수 있는 절호의 기회가 아니더냐. 우리는 일제의 지배를 원하지 않으며 독립국가로 살아가기를 원한다는 것을 그들에게 알려준다면 세계에서도 여론이 생겨나지 않겠느냐. 일본은 우리의 입을 틀어막고 우리가 마치 그들을 자발적으로 받아들인 것처럼 세상을 속이고 있지 않더냐. 오늘 이 무명민의 무명지가 비로소 제 할 말을 할 것이다. (중략)
아들아, 이제 칼을 가지고 왔다. 내 손가락이 먼저 알고 피가 뛰는구나. 이것을 잘라 모레 국제연맹 조사단장인 리턴에게 전할 것이다. 지금 내게 두려운 것은 없다. 나라를 잃고 남편을 잃었다. 더 이상 잃을 것이 무엇이 있겠느냐. (중략)
양반가의 할머니가 독립운동을 한다? 일견 우습게도 들릴 일이지만, 현실은 그런 모양을 가릴 때가 아니다. 이 늙어가는 육신의 일부를 끊어, 절규를 내놓아야 할 때도 있는 법이 아니냐. 이제 칼을 들었다. 영양 산골에서 자라난 푸른 초목 같은 육신의 한 가지를 잘라내어 이 몸이 살아 있음을, 이 나라의 백성이 아직 피를 철철 흘리며 살아 있음을 보여야겠다. 나, 남자현의 무명지. 세상을 위해 날아가거라. 내 오른손가락이 왼손가락을 들었구나. 피를 뚝뚝 흘리는 무명지를 붓자루처럼 들고, 이 겨레붙이의 소원을 한번 적어보려 한다.

대한은 독립을 원하오[大韓獨立願]. 이제 이 잘린 손가락을 혈서와 함께 리턴에게 보내리라.

1933년 8월 26일자 《조선중앙일보》는 이 거사가 실패로 돌아갔음을 전하고 있다. 국제연맹조사단은 도리중앙대가에 있는 마디얼호텔에 묵었다. 일제는 집집마다 바깥에는 만주국 국기를 걸게 하고 안에는 황제 부의溥儀의 사진을 걸게 함으로써 하얼빈 시민이 만주국을 환영하는 분위기를 내려고 애썼다. 이에 반발하는 '혐의분자'들은 체포해 송화강 건너에 있는 송포집 중영에 가뒀다. 조사단이 하얼빈에 머무른 14일간 중국인 다섯 명, 러시아인 두 명, 조선인 한 명(김곡)이 조사단에 편지를 넘기려다가 일경에게 붙잡혀 총살당했다. 이 같은 삼엄한 분위기 속에서 남자현은 손가락과 혈서를 전달하기 위해 안간힘을 다했다. 결국 그녀는 조사단이 머문 마디얼호텔에 드나드는 인력거꾼에게 대양 1원을 주고 그것을 리턴 측에 전해달라고 맡겼다. 《동아일보》 1946년 3월 3일자에 따르면 이때 대한 여성들의 독립운동 현황에 대한 보고서도 함께 보냈다고 한다. 그러나 고개를 끄덕이고 사라진 중국인은 어디로 갔는지 알 수 없었다. 배달 사고로 끝난 무명지는 만주국 신경의 어느 구석진 곳에서 혈서와 함께 흩어졌을 것이다.

영양 시골에 묻혀 살던 마흔일곱 살 아줌마 남자현이 만주 망명길에 오른 것은 1919년 3월 9일이었다. 왜 그녀는 그 나이에 그때까지의 삶과는 전혀 다른 험난한 역경 속으로 뛰어들었을까? 이 점을 곰곰이 생각해보았다. 그녀가 일본 무토 대사 암살에 실패하고 붙잡혔을 때, 옷 속에 남편의 피 묻은 옷을 껴입고 있었던 사실은 그녀의 내면을 엿보게 해준다.

남자현은 열아홉 살에 결혼해 스물네 살에 남편 김영주를 잃었다. 뱃속에 아이를 키우고 있었던 그녀에게는 청천벽력과 같은 일이었을 것이다. 남편을 죽인 것은 일본이었다. 1896년 창의한 을미의병은 그 전해 10월, 경복궁 건청궁에 난입한 일본군이 국모인 명성황후를 무참히 시해한 것에 격분한 민초의 항거였다. 그녀는 남편에 이어 나라가 서서히 죽어가는 것을 바라보았다.

그런 가운데서도 남자현은 분노를 숨기고, 반가班家의 규율을 지키며 10여 년을 살아낸 것이다. 3·1운동은 마침내 그런 그녀의 깊은 의분義憤을 폭발시킨 기폭제였다. 그녀의 무장투쟁을 들여다보면 도무지 목숨을 아끼는 기색이 없다. "남편과 나라가 죽었을 때 나는 이미 죽었다"는 그 생각이, 근현대사에서 가장 용기 있는 한국 여인을 탄생시키지 않았을까.

초기 만주에서의 활동은 교육활동과 독립군 운영을 위한 자금 모집이었다. 쉰 살이 되던 1920년대 중반까지 그녀는 교회를 설립하고 여자교육회를 조직해 민족의식을 고취하는 활동을 했다.

남자현의 활약이 돋보이기 시작한 것은 1927년 길림사건 때다. 도산 안창호는 1926년 북경에서 좌파와 연합해 '대독립당'을 위한 촉성회를 열었다. 이른바 대한독립을 위해 좌·우파가 합작하자는 유일당 운동이었다. 이듬해 2월 국내에서는 신간회가 결성되었다. 안창호는 만주에서도 이 같은 분위기를 이끌어내기 위해 중국 길림성을 방문했다. 그런데 길림성 당국이 이들을 무더기로 구속하는 사태가 발생

했다. 여기에는 안창호를 비롯해 김동삼·오동진·고할신·이철·김이대 등 지도자들이 대거 포함되어 있었다. 만약 길림성 당국이 이들을 일제에 넘길 경우, 독립운동 진영은 치명타를 입을 위기에 처했다. 도산 안창호가 일제 경찰에 넘어갈까 모두 간을 졸였다. 대한민국 임시정부도 발을 벗고 나서 구명운동을 펼쳤다. 이 무렵 남자현이 등장해 길림사건 비상대책반을 구성하고 적극적으로 활약했다. 그녀는 투옥된 지도자들의 옥바라지에도 힘을 쏟았다. 그녀는 독립운동사에 획을 그은, 길림사건을 해결한 숨은 별이었다. 그녀는 이 사건 이후 무장투쟁가로 변모했다.

1926년 4월, 그녀는 길림에서 박청산·김문거·이청수 등과 함께 사이토 총독 암살을 모의했다. 그달 중순에 남자현은 김문거로부터 권총을 받아 서울로 잠입했다. 혜화동에서 고씨 성을 가진 주인의 집에 기거하며 교회 일을 보며 기회를 노렸다. 그런데 공교롭게도 그해 1월에 송학선이라는 청년이 총독 암살을 시도한 사건이 일어나 일제 경찰의 경계와 감시가 더 삼엄해져 있었다. 몇 번이나 붙잡힐 위기를 겪은 뒤 남자현은 서울을 떠날 수밖에 없었다. 당시의 잡지 《부흥》에는 이런 기사가 하나 실렸다.

> 왜적들은 선생을 붙잡으려고 대활동을 개시하였는데 선생이 호탄현 지방을 지나다가 홍순사라는 자에게 걸렸다. 선생은 그를 향해 책망 절반 설유說諭 절반으로 "내가 여자의 몸으로 이같이 수천 리 타국에 와서 애씀은 그대와 우리의 조국을 위함이거늘 그대는 조상의 피를 받고 조국의 강토에서 자라나서 어찌 이 같은 반역의 죄를 행하느냐?" 홍순사는

> 그 심장과 골수를 찌르는 선생의 일언일구에 감동되어 그 잘못을 사과하고 도리어 갈 길을 인도해 여비까지 70원을 내어 드리니 이로써 선생의 강한 의지와 크나큰 인격의 감화력이 어떠함을 가히 짐작할 수 있는 것이다.

그녀는 하얼빈 무송도사진관에서 마지막으로 찍은 그녀의 사진을 기억했을까? 그 비장한 표정의 사진은 어디로 갔을까?

1933년 2월 27일, 변장한 거지 차림으로 일제에 붙잡힌 남자현은 하얼빈 주재 일본영사관에 설치된 감옥에서 봄과 여름을 보냈다. 잔혹한 고문에 시달리던 그녀는 곡기를 끊기 시작했다. 일제가 식사를 넣어주자 그녀는 이렇게 소리쳤다.

"이제 너희가 주는 것은 먹지 않겠다."

이후 9일(단식 기간에 대해서는 이견이 다양하다)이 지나고 그녀가 사경을 헤매자, 당황한 일제는 인사불성인 그녀를 병보석이라는 이름으로 적십자병원으로 옮겨 가족에게 인계했다.

이후 10월 12일 오후 4시, 외국인 공동묘지(지금의 문화공원. 하얼빈 시 남강구 동대작가 1호, 남강 러시아 공동묘지 서쪽 한인묘역에 있다)에 자리 잡은 남자현 묘 앞에 비석이 세워졌다.

1988년 여름, 그녀의 손자 김시련은 아버지 김성남이 동지들과 남자현의 묘지 앞에서 찍은 기념사진 한 장을 들고 묘지를 찾으러 이곳으로 갔다. 묘지는 평지가 되어 있었다. 1958년 하얼빈 시 도시건설 대약진 때 시내에 있던 묘지가 모두 황산묘지로 옮겨졌다고 한다. 김시련은 이때 "할머니의 묘지는 찾을 수 없으나 할머니가 싸우다 세상을 뜬 하얼빈을 보고 가는 것만 해도 만족합니다"라고 말했다.

한편 남자현 사후 1년 뒤 교하 김성삼의 집에서 1주기 추도회가 열렸다. 1934년 9월 5일자 《동아일보》는 다음과 같이 보도했다.

> 도만到滿 십여 년에 쓰러져가는 조선민족사회를 위해 일향분투하던 고 남자현 여사는 작년 가을 하르빈(하얼빈) 감옥에서 나오자마자 옥중고초의 여독으로 마침내 세상을 떠난바 지난 8월 22일은 동 여사의 1주기이므로 현재 교하에 거주하는 김성삼 씨 자택에서 1주년 추도회를 거행하였다더라.

해방 이후 1946년 8월 22일, 남자현을 기리는 행사가 열렸다. 독립촉성 애국부인회가 추념회를 가진 것이다. 13년 전 단식으로 옥사한 남자현 여사를 추념한다는 취지를 내걸고 오후 2시부터 서울 인사동 승동 예배당에서 벌어진 기념행사였다. 남자현의 기억은 당시 여성들에게도 큰 울림을 주었던 것 같다. 전통적인 규범 속에서 자란 구여성이 나라를 구하기 위해 목숨을 초개草芥같이 버린, 인상적인 궤적은 그 이후 너무나 까마득히 잊힌 감이 있다.

남자현의 생은 불가사의하다. 그녀의 가슴속을 가득 메운 신념과 열정은 어디에서 태어난 것일까? 그녀가 태어난 경북 영양군 석보면 지경리로 가보자.

1873년 12월 7일, 그녀는 통정대부 남정한과 이씨 부인 사이에서 둘째 딸로 태어났다. 언니를 일찍 여읜 데다가 어려서부터 무척 총명했던지라 당시 문하에 70여 명의 제자를 가르치고 있던 아버지가 소녀 남자현을 무척 아꼈다. 그녀는 일곱 살에 한글은 물론 한자까지 읽고 쓸 줄 알았다 한다. 그리고 열두 살 때는 소학과 대학을 읽었고, 열네 살에는 사서를 독파하고 시를 지었다.

남자현은 열아홉 살이 되던 해에 아버지의 제자 중 한 사람이었던 열한 살 많은 김영주와 결혼했다. 김영주 또한 안동의 전통적 유학자 집안인 의성 김씨의 아들로 학문이 빼어나 부친이 맺어준 인연이었다. 1895년 10월 을미사변 이후 망국의 징후를 개탄하며 근왕창의勤王倡義를 표방하고 일어선 을미의병전투에 남정한의 제자들이 대거 참전했다. 김영주는 김도현 의진義陣의 소대장으로 활약하다가 진보와 일월산을 연결하는 산줄기를 오르내리며 전투를 벌이다가 숨졌다.

남편이 순국할 무렵 남자현은 어렵사리 가진 첫 아이를 임신하고 있었다. 삶이 와르르 무너진 스물세 살 과부는 일본에 대한 분노와 증오를 새겼다. 그러나 그녀는 의병활동을 하기에는 역부족인 여자였고, 또 모셔야 할 시부모와 키워야 할 아이가 있었다. 하지만 그녀는 운명에 순응하며 묵묵히 집안일을 감내하고만 있지 않았다. 어쩌면 스스로 해야 할 더 크고 중요한 일을 떠올리며 오랫동안 기회를 기다라고 있었는지 모른다. 그랬기에 어수룩한 촌부村婦로 사는 듯 보였던 그녀는 독립운동을 펼치는 영양 일대의 운동가들과 교류하기 시작했고 마침내 경성을 지나 만주로까지 활동무대를 넓혔다.

1919년 3·1운동이 일어나기 직전인 2월 말, 마흔일곱 살 남자현은 보따리를 싸서 홀연히 고향을 떠났다. 이때 남대문동에 사는 김씨 부인이 그녀를 불렀다고 한다. 그녀는 2월 26일 연희전문학교 부근에 있는 교회당에서 김씨 부인을 비롯한 교회 신자들과 함께 조선선언

격문을 읽었다. 그는 열흘 정도 서울에서 활동하다가 3월 9일 만주로 망명했다. 남자현의 만주행에는 남편과 알고 지냈던 당시 만주 지역의 최고 지도자 안동 출신 일송 김동삼의 힘이 있었던 것으로 전해진다. 그녀를 평가한 사람들의 목소리를 들어보자.

한 사대부 집안의 며느리, 의병의 미망인이 적지 않은 나이에 무장 항일 투쟁을 위해 만주행을 자처했다는 것은 당시로서는 가히 혁명적인 일이 아닐 수 없습니다.

_ 김희곤, 안동독립기념관 관장

남자현 여사는 항상 죽은 남편의 피 묻은 옷을 갖고 다녔다고 합니다. 중국인 노파로 변장해 장춘으로 가다 일본영사관 헌병에 체포됐을 때도 지니고 있었지요. 원수의 밥은 사절이라며 끝까지 항거하다 기력이 쇠진해 숨을 거뒀지요.

_박용옥, 전 성신여대 교수

조선 민족의 결점은 당파와 분쟁이라. 이로써 나라를 망하였거늘 조국 광복을 운동하는 그네들이 또 외지에 가서도 당파싸움을 계속하고 있었다. 서북파니 기호파니 안파니 이파니 해 1922년 3월부터 8월까지 남만 화인현 등지에는 동족 간에 피 흘리는 전쟁이 벌어지고 있었다. 이 때문에 상해임시정부에서 김리대 씨가 특파되어 화해공작에 애썼으나 성과를 보지 못하였다. 선생은 이 일을 크게 근심해 산중에 들어가서 한 주일 동안 금식기도 하고 손가락을 베어 그 피로 글을 써서 책임관계자들을 소집하였다. 그 성의와 순국정신에 감격한 소위 독립운동 간부들은 누구나 그 뜨거운 눈물과 죽음을 각오하는 피의 설유에 각각 잘못을 회개하고 완전한 쌍방 간의 화합이 성립되었다. 이로 말미암아 환인·관전 등지의 주민들은 그 은공을 감사해 곳곳마다 나무로 비를 세워 그 공덕을 표창하고 만주 각층 사회에서는 누구나 선생을 존경하게 되었다.

_〈독립운동사상의 홍일점, 여걸 남자현〉, 《부흥》, 1948년 12월호

남자현은 한시도 쉬지 않고 무장투쟁을 했고 꽤 중요한 임무들을 수행했지만 아마도 여자여서 공식 직책이 맡겨지지 않은 것 같다.

_박영석, 국사편찬위원장

아버지(김성삼)와 할머니(남자현)가 길 가다가 왜놈의 밀정을 만났답니다. 할머니가 아버지께 '보자기 있느냐'고 하더니 옆의 가지밭에 들어가 가지를 하나 따 보자기에 싸서 마치 총구인 것처럼 밀정의 등에 들이대고 '손들어' 하더니 집으로 끌고 갔답니다. 할머니는 밀정이 두 시간 만에 울면서 잘못했다고 빌자 내보내주었답니다.
1960년대 초 윤보선 대통령 때 건국공로훈장 복장을 받았어요. 중장·복장·단장의 세 급이 있었는데, 할머니가 여자로서는 최고였지요.

_손자 김시복

평생 가슴에 품은 시 한 구절, 김영한

2010년 3월 법정스님이 입적했을 때 서울시 성북동의 길상사 이야기가 다시 화제가 되었다. 이 절이 있던 자리는 원래 대원각이라는 요정으로 주인이던 김영한金英韓(김진향, 김자야, 1916~99) 여사가 1997년 법정스님에게 시주해 사찰을 세우게 되었다. 당시 40여 동의 건물 포함해 시가 1,000억 원이 넘는 2만4천 제곱미터(7천 평)의 땅을 김 여사가 법정스님의 수필집《무소유》를 읽고 큰 감명을 받아 기부했다는 것이다. 법정스님은 이 여인에게 '길상화吉祥華'라는 법명을 지어주었고, 그녀의 이름을 따서 사찰명을 길상사로 했다. 김 여사가 부각되면서, 그녀와 시인 백석白石(혹은 白奭)의 순애보도 다시 조명되었다.

그녀는 1939년, 그러니까 무려 58년 전(1997년을 기준으로)에 헤어진 애인을 여전히 가슴 절절히 그리워하고 있었다. 이 여인은 어떻게 한 남자에 대한 순정과 열정을 이토록 고스란히 지닌 채 살아왔을까?

대원각 요정을 기증한 이후 인터뷰를 하러 온 기자에게 김영한 여사의 대답은 강렬한 인상을 남겼다.

"1,000억대 재산을 내놓고 후회하지 않으세요?"

"무슨 후회?"

"그 사람 생각을 언제 많이 하나요?"

"사랑하는 사람을 생각하는 데 때가 있나?"

"1,000억을 내놨으니 만복을 받으셔야지요."

"그게 무슨 소용 있어?"

"다시 태어난다면 한국에서 태어나고 싶은가요?"

"나, 한국에서 태어나기 싫어. 영국쯤에서 태어나서 문학할 거야."

"그 사람 어디가 그렇게 좋았어요?"

"1,000억이 그 사람 시 한 줄만도 못해. 다시 태어난다면 나도 시를 쓸 거야."

1987년 월북 문인에 대한 해금解禁 조치 이후 시인 이동순 교수는 9월에 《백석시 전집》(창작과비평사, 1987)을 펴냈다. 한 달 뒤인 10월, 그는 전화 한 통을 받았다. 낮고 조심스런 음성의 할머니였다. 그는 처녀 시절 백석과 사랑을 나눴던 사람이라고 자신을 소개했다. 이 교수는 대구에서 서울로 올라와 이 여인을 만났다. 그녀가 김영한 여사였다. 김 여사는 이 교수에게 자신을, 백석이 붙여준 이름인 '자야子野'로 불러 달라고 부탁했다. 그리고 천천히 오래된 이야기를 털어놓기 시작했다. 이동순은 이때 들은 이야기를 정리해 잡지 《창작과 비평》에 〈백석, 내 가슴 속에 지워지지 않는 이름〉이라는 제목의 글로 내놓았다.

이후 이 교수는 '자야'에게 백석과 지낸 이야기를 직접 써보라고 권유했다. 자야는 원고를 집필하다가 무리를 해서 두 차례나 병원에 입원할 만큼 의욕을 보였다. 《내 사랑 백석》(문학동네, 1995)이 나온 것은 그런 결과였다. 자야는 1997년 창작과비평사에 2억 원을 출연해 '백석문학상'을 제정토록 했고 2년 뒤인 1999년부터 수상작을 발표하고 있다.

여인은 백석의 생일인 7월 1일이 되면 하루 동안 일절 음식을 먹지 않았다. 사랑하는 사람을 제대로 아껴주지 못한 자신에 대한 질책이라고 했다. 그녀는 백석의 시를 읽는 것이 생애에서 가장 큰 기쁨이라고 말하면서 "백석의 시는 쓸쓸한 적막을 시들지 않게 하는 맑고 신선한 생명의 원천수"라고 표현했다.

이제 두 사람의 삶 속으로 들어가보자. 우선 김영한은 어떤 여인이었던가. 그녀는 1916년 서울 관철동에서 1남 4녀 중 셋째 딸로 태어났다. 아버지를 일찍 여의고 할머니와 어머니의 품에서 자랐다. 김영한의 형제자매는 차례로 중학교까지 다 다녀서 동네에서 개화 가정으로 소문이 났다. 하지만 1932년 할머니의 친척인 탄광업자가 인감도장과 집문서를 위조해 은행에 재산을 저당 잡히고 돈을 뽑아갔다. 이 업자가 사업에 실패하자 차압이 들어왔고 그녀의 집안은 졸지에 빈털터리가 되었다. 더는 학교 가는 일은 꿈도 꿀 수 없었고, 서른두 살인 어머니가 바느질을 해서 생계를 유지했다.

열다섯 살 무렵에 그녀는 거의 팔려가다시피 시집을 갔으나 우물가에서 빨래를 하던 중 남편이 우물에 빠져 죽는 사고가 일어났다고 한다. 이후 고된 시집살이를 견디지 못해 그녀는 도망쳐 나왔다. 하지만 이런 내용은 그녀의 자서전《내 사랑 백석》에는 보이지 않는다. 대신 이모인 정수경과 함께 자신이 만주로 갔다는 이야기가 나온다. 거기에서 김영한은 일본인만 다니는 학교인 '안동고녀'에서 학업을 계속했다고 한다. 하지만 이모가 아들을 낳자 자신은 '아이보게(육아)'를 도맡아야 했고, 이후 집으로 다시 돌아왔다.

그녀가 기생이 된 것은 둘째 언니의 소학교 동창인 김수정을 우연히 길에서 만나면서부터였다. 기생이었던 김수정은 가무의 일인자가 되어 있었는데 김영한은 그것이 몹시 부러웠다. 수정은 다옥동茶屋洞의 큰 집에 화려한 세간을 차려놓고 심부름하는 아이를 두고 연로한 부모님을 모시기까지 하지 않는가. 김영한은 어머니의 꾸중이 두려워 몰래 집을 나와 김수정과 함께 조선 권번으로 갔다.

당시 조선 권번은 고전 궁중아악과 가무의 대가인 금하 하규일이 운영하고 있었다. 그녀는 하규일의 네 번째 양녀로 들어가 가르침을 받는 동기童妓가 되었다. 그녀는 양아버지 스승으로부터 진향眞香이라는 예명을 받았다. 참으로 맑은 물은 향기가 없다는, 진수무향眞水無香의 준말로 잡스러운 냄새를 풍기지 말라는 가르침을 담고 있다고 했다. 김영한(이하 진향)은 예능에 솜씨가 뛰어났다. 전통 궁중가무를 연수하는 3년간 줄곧 으뜸 성적을 받았고 수료식에서는 무산향舞山香과 검무劍舞는 물론이고 고난도의 〈춘앵전春鶯囀〉을 독무로 추는 영광을 누리기도 했다. 춘앵전은 자태와 용모가 8할 이상을 차지하는 춤으로 천품으로 타고나야 제대로 출 수 있다고 한다. 가곡과 무용을 제대로 배운 이에게는 '채맞은 기생'이라는 표현을 쓰는데, 진향은 그

스승 하규일에게 '채맞았다'는 평가를 받았다.

당시 그녀의 어머니는 결핵을 앓고 있었다. 임종 무렵 어머니는 이런 말을 했다.

"아무리 우리 집이 어렵게 되었기로서니 네가 기생이 무슨 말이냐. 하느님도 무심하시지. 나 떠난 후에 비록 구루마꾼이라도 좋으니 마음 착한 홀아비를 만나 가정을 이루도록 해라. 너에게 특별한 당부가 하나 있는데 어떤 자리에서도 너의 아버지 함자와 본은 절대로 말하지 마라. 본관과 집안 어른의 함자만 알면 보학譜學을 따질 때 집안 내력이 모두 드러난다."

어머니가 돌아간 뒤 그녀는 금강산 옥천암에서 한 달 동안 지내다 돌아왔다. 어머니의 병간을 하던 시절, 파인 김동환이 그녀에게 잡지 《삼천리》에 수필 기고를 부탁했다. 그때 쓴 글이 〈눈 오는 밤〉이었다. 한 중년 남자가 눈 위에서 비틀거리더니 넘어지는데 오버코트 호주머니에서 귤이 쏟아지는 상황을 묘사하고 있는 글이었다. 그녀는 이렇게 쓰고 있다.

> 저 남자는 저처럼 취한 중에서도 자기 가정을 생각해서 사랑하는 가족들에게 갖다주려고 귤 봉지를 호주머니 속에서 갈무려 두었던 것이다.

이 글로 해서 그녀는 '문학기생'으로 불렸다. 1933년 중·일간 충돌이 벌어지면서 일제의 압박이 거세졌고 조선어 사용을 금지했다. 그녀는 분노를 느끼면서 신문지에 먹으로 '가갸거겨'를 또박또박 썼고 우리 시조를 필사하기 시작했다. 기생이 조선 글씨를 쓴다는 소문이

나자 조선어학회 학자들이 달려와 지켜보기도 했는데 그중에는 해관 신윤국도 있었다. 그녀는 신윤국의 제의로 일본 유학을 가게 된다. 1935년, 그녀 나이 스무 살 때였다. 그녀는 도쿄의 문화학원 3학년에 편입을 신청했다. 조선어학회에서는 그녀가 성적이 우수한 것을 보고는 하와이로 유학을 보낼 계획을 세우고 있었다.

이듬해인 1936년 가을, 조선어학회 회원들이 구속되는 사태가 일어났다. 신윤국도 함경남도 홍원의 형무소에 수감됐다. 졸업을 앞두고 있던 그녀는 만사를 제쳐 놓고 귀국해 함경도로 달려갔다. 그러나 사상범인 그들을 면회할 수도 없었다.

진향은 기생의 복색을 갖춰 함흥 권번으로 들어갔다. 그런데 여기에서 인생을 뒤흔든 남자를 만나게 되었다. 함흥 권번에 소속되어 그곳에서 가장 큰 요릿집인 함흥관으로 나간 바로 첫날, 함흥 영생고등보통학교의 교사 송별회에서 영어교사인 백석과 한자리에 앉게 되었다. 그때의 상황을 그녀는 이렇게 전한다.

> 당신은 첫 대면인 나에게 대뜸 자기 옆으로 와서 앉으라고 하였다. 그러곤 당신이 마신 술잔을 꼭 나에게만 건네는 것이었다. 말없이 연거푸 기울이는 술잔에 용기를 얻은 당신은 덥석 나의 손목을 잡았다. 꽉 잡힌 내 손목에는 이미 불꽃 튀는 사랑의 메시지가 뜨거운 전류처럼 화끈거리며 전달이 되었다.
>
> **_김영한, 《내 사랑 백석》**

그런데 불쑥 백석은 진향에게 이런 말을 내뱉었다.

"오늘부터 당신은 나의 영원한 마누라야. 죽기 전엔 우리 사이에 이별은 없어요."

그녀로서는 전혀 예상치도 못한 말이었다. 처음 보는 사람에게 '마누라'라니. 그리고 '죽기 전에 이별이 없다'니.

이 말에 진향은 어쩔 줄 몰랐지만 가슴속으로 차오르는 행복감에 깊이 떨었다고 고백한다. 이날 그는 취기에 젖어 느슨히 풀린 육중한 몸을 그녀에게 기대며 이렇게도 말했다.

"오늘부터 마누라 뜻대로 내 몸을 맡아주어야 해요."

백석은 스물여섯 살이었고 진향은 스물두 살이었다. 이제 백석이 어떻게 여기까지 오게 되었는지 좀 돌아가보자.

백석은 1912년 평안북도 정주군 갈산면 익성동 1013호에서 아버지 백시박과 어머니 이봉우 사이에서 3남 1녀 중 장남으로 태어났다. 그의 본명은 백기행白夔行이다. 김영한은 집에서 보내오는 편지 겉봉에 기행이란 이름 대신 기연基衍이란 이름을 쓰는 것을 보았다고 술회했다. 아버지는 조선일보사에서 사진부장을 지냈으며 퇴직한 뒤에는 정주에서 하숙을 치며 살았다. 이 하숙집에서 하숙을 한 사람 중에는 고당 조만식도 있었다. 그는 정주에 있는 오산소학교와 오산고등보통학교를 다녔다. 오산학교는 정주 출신의 상인이던 남강 이승훈이 세운 학교로 3·1만세운동을 주도한 독립활동의 중심지였다. 백석이 학교에 다닐 무렵에는 조만식이 교장으로 있었다. 백석은 이 학교 40여 명의 급우 중에서 10등을 하는 학생이었고, 문학과 불교에 관심이 많았다고 한다.

오산학교 졸업생은 대부분 서울이나 일본의 대학에 진학했는데,

백석은 가난 때문에 1년간 집에 머물렀다. 이 기간 동안 그는 문학에 정진해 1930년 당시에는 신년현상문예라 불리던 《조선일보》 제2회 신춘문예 공모에서 〈그 모母와 아들〉이라는 작품으로 소설부문에 당선됐다. 이후 백석은 정주에서 금광으로 큰돈을 모은 계초 방응모(1933년 조선일보사를 사들여 사주가 되었다)가 지원해준 장학금으로 열아홉 살이 되던 1930년에 도쿄로 유학을 가게 된다. 백석은 1931년 청산학원교회에서 세례를 받은 것으로 알려져 있다. 그는 영어를 전공했는데 일본어·러시아어·독일어·프랑스어도 상당히 잘했다. 학교를 졸업한 뒤 1934년 귀국해 조선일보사에서 교정부 기자로, 잡지 《여성》에서 편집기자로 일한다.

신문사 생활을 시작한 뒤 1년간 그는 산문을 주로 발표하다가 1935년 8월 31일 〈정주성定州城〉이라는 작품을 발표함으로써 시단에 데뷔했다. 이듬해 첫 시집 《사슴》을 100부 한정판으로 간행했다. 당시 이 책의 정가는 2원이었는데 이렇게 비싼 시집은 처음이었다고 한다. 그런데 1936년 백석은 함흥의 영생고보의 영어교사로 자리를 옮긴다. 영생고보는 캐나다 장로교회 선교사들이 세운 영생학교에서 시작한 학교다. 스물다섯 살의 백석이 왜 조선일보사와 서울을 떠나 이곳으로 갔는지는 불분명하다. 1936년 2월 그는 《조선일보》에 〈편지〉라는 제목으로 산문 하나를 싣는다. 당시 일련의 정황을 말해주는 귀중한 자료다.

> 남쪽 바닷가 어떤 낡은 항구의 처녀 하나를 나는 좋아했습니다. 머리는 까맣고 눈이 크고 코가 높고 목이 패고 키가 호리낭창했습니다. 그가

> 열 살이 못 되어 젊디젊은 그 아버지는 가슴을 앓아 죽고 그는 아름다운 젊은 홀어머니와 둘이 동지섣달에도 눈이 오지 않는 따뜻한 이 낡은 항구의 크나큰 기와집에서 그늘진 풀같이 살았습니다.

이 낡은 항구의 처녀는 경남 통영 출신의 박경련이다. 백석은 이 여인을 '란蘭'이라고 불렀다. 1935년 6월 소설가 친구인 허준의 결혼식에 간 백석은 피로연에서 《조선일보》 기자이자 친구인 신현중(항일 학생운동을 했던 독립지사로 1982년 건국훈장 애족장을 받고 대전국립묘지에 묻혔다)의 소개로 당시 열여덟 살인 이화고녀생 박경련을 만났다. 까만 머리, 큰 눈, 높은 코, 깊이 패인 목선, 호리낭창한 키. 아름다운 여인을 본 시인은 첫눈에 반했다. 허준이 처가인 통영으로 신행을 떠날 때, 백석은 신현중과 함께 박경련을 만나기 위해 그곳으로 갔다. 하지만 그녀의 집 명정 396번지에 그녀는 없었다.

백석은 "미역오리같이 말라서 굴껍질처럼 말없이 사랑하다 죽을 듯한" 심정이라며 시 〈통영〉을 썼다. 1936년 1월 초순, 백석은 신현중을 채근해 다시 통영으로 달려갔다. 겨울방학에 그곳에 내려간 박경련을 만나기 위해서였다. 그런데 그녀는 이미 서울로 올라가고 없었다. 허탈하게 귀경한 백석은 1월 23일자 《조선일보》에 시 〈통영 2〉를 발표했다. 두 달 뒤인 3월에 백석은 다시 통영으로 갔다. 조선일보사에 사표를 낸 그는 함흥으로 떠나기 전에 이 여인을 한 번만이라도 만나고 싶었다. 박경련의 사촌오빠를 통해 알아보았으나 이번에도 그녀는 집에 없었다.

백석이 함흥 영생고보에서 기생 진향을 만난 것은 그해 가을이었다. 한 여인에게 이미 마음이 팔려 속을 절절 끓이고 있었을 무렵, 그는 진향을 만나 첫 자리에서 "당신은 나의 영원한 마누라"라고 말을 한 것이다. 스물두 살 여인의 가슴을 뭉클하게 한 그 한마디, 그녀의 인생을 바꾼 그 한마디는 사내가 그저 즉흥적으로 뱉은 낭만적인 표현일 뿐이었을까? 사랑을 이루지 못해 외로웠던 시인이, 문득 지음知音을 발견한 마음에서 순간적으로 깊이 의지하고 싶은 충동이 생겨났기 때문일까? 여하튼 정상적인 맥락으로 보면 고개가 갸웃거려질 수 있는 대목이다. 두 여자를 동시에 사랑했거나 아니면 진향에게 보인 애정의 표현은 단지 현실적으로 위안을 받기 위해 꾸며낸 태도로 읽힐 수 있기 때문이다. 물론 진향은 백석이 자신을 사랑한 점에 대해서는 추호도 의심하지 않았다. 당시 촉망받는 시인이었던 이 남자가 자신에게 서슴없이 말해준 그 '마누라'라는 호칭은 그녀에게 일생일대의 감동이고 영광이었다.

그해 늦가을, 두 사람은 서로 멀지 않은 곳에 하숙을 정했다. 진향은 함흥 반룡산 기슭에 숙소를 정했고, 백석은 중리라는 곳에 있는 학부형 집에서 하숙을 했다. 시인은 학교의 일과가 끝나기 무섭게 진향의 하숙집으로 달려갔다. 함흥 거리의 사진관 앞을 지나면서 진열장 속에 걸린 여자의 사진을 외면하는 백석에게 진향이 이유를 물었더니 이렇게 대답했다.

"나는 당신 말고 다른 여자는 아예 눈도 주기 싫어."

우리는 백석의 전후 상황을 이미 알게 된지라 일견 가소롭기도 하지만 당시 진향에게는 더없이 충직한 사랑의 화신으로 보였을 것이다.

어느 날 책방에서 진향이 《자야오가子夜吳歌》라는 제목이 붙은 당시

선집唐詩選集을 사왔다. 백석은 그 책을 펼쳐 이백李白의 시를 읽더니 진향에게 이렇게 말했다.

"당신에게 아호雅號를 하나 지어줄거야. 이제부터 '자야'라고 합시다."

시 속의 자야는 중국 동진東晋의 여인으로 변방에 병역을 위해 떠나간 남편을 기다리며 애를 태운다. '자야'라는 이름은 진향의 삶에도 비슷한 숙명을 드리우며 기다리고 있었다. 영생고보 시절의 백석에 대해서는 당시 제자들의 증언이 있다.

> 1936년 봄, 어느 오후 시간이었다고 기억된다. (중략) 2층 창가에서 운동장 쪽을 내려다보고 있었다. 그런데 한 양복 차림의 '모던 보이'가 교문으로 성큼성큼 들어오고 있었다. (중략) 그의 옷차림은 일본식 용어로 '료마에'라고 하는 두 줄의 단추가 가지런히 반짝이는 곤색 양복이었다. 모발은 모두 뒤로 넘어가도록 빗어 올린 올백형에다 유난히 광택이 나는 가죽구두는 유행의 첨단을 망라한 세련된 멋쟁이의 모습이었다.
>
> **_김희모, 〈내 고보시절의 은사 백석선생〉, 《현대시》, 1990년 5월**

> 백석 선생은 함흥에 있는 고의국高醫局(고약국)이란 약방에 잠시 하숙하고 있었다. 저녁 같은 때 백석 선생이 술을 마시고 사랑방에서 노래를 부르는 것을 들었다. 자세히 들어보니 안방에서 흘러나오는 레코드 곡에 따라 노래를 부르시는 것이었다. "히토노 기모 시라나이데." 이 곡은 원래 프랑스 샹송곡인데 일본인이 번역해서 부른 곡으로 '남의 속도 모르고'라는 가사의 노래였다.

_이현원, 1938년 당시 5학년 학생

백석의 총애를 받았다는 이현원의 기억은 묘한 감회를 부른다. "남의 속도 모르고"라는 저 가사는 이 시기의 백석을 표현하는 키워드일 수도 있기 때문이다. 어느 날 자야는 시인에게 이렇게 말한다.

"아무쪼록 당신은 사회에서나 가정에서나 남들에게 인정받는 성실한 가정을 이루도록 하세요. 그리고 티 없이 맑은 옥 같은 군자로서 이 나라 문단에 큰 버팀목이 되어주기를 다만 축원할 뿐이어요."

이 말에 백석은 얼굴까지 시퍼레지면서 버럭 큰 소리를 질렀다.

"당신이 어찌 그런 말을 내 앞에서 할 수 있단 말이오. 앞으로 내 앞에선 그따위 문학소녀의 어리척척한 꿈같은 이야기는 두 번 다시 하지 말아요."

겨울이 다가오고 있을 때 자야는 흥남부두를 함께 여행할 꿈에 부풀어 있었다. 그때 백석이 심각한 표정으로 "서울 아버지가 방학이 시작되는 대로 곧장 올라오라는 편지가 왔다"고 말했다. 그녀는 밤 11시 함흥역으로 배웅을 나갔다. 너무나 추운 날이었기에 기차가 오기도 전에 그녀는 손을 흔들고 역사를 빠져나왔다. 그런데 백석이 기차에서 내려 따라왔다. 깜짝 놀라서 자야가 "어찌 된 일이냐"고 묻자 "당신이 혼자 종종걸음으로 달아나는 걸 보니 마음이 쓸쓸해져서 내일 떠나기로 했다"고 말한다.

백석은 떠난 뒤 날마다 편지를 보냈다. 그러다가 한동안 편지가 뚝 끊어졌다. 자야는 밥을 먹어도 식불감食不甘, 잠자리에 들어도 침불안寢不安에 몸져누웠다.

백석은 무엇을 하고 있었을까? 그는 마음에 깊이 두고 있었던 다른 여자와 결혼할 궁리를 하고 있었다. 서울에 온 백석은 친구 허준에게 도움을 청해 그와 함께 통영으로 청혼을 하러 갔다. 이화고녀를 졸업한 경련은 고향집에 내려가 있었다. 서울에서 통영까지 가는 길은 멀었다. 삼랑진행 완행열차를 타고 일곱 시간 이상을 가서 구마산행 시골버스를 갈아타야 했고, 다시 통통배로 통영에 닿으면 거기에서부터 명정까지는 걸어가야 하는 길이었다.

백석은 갓을 쓰고 술을 받아 들고 댕기 한 감을 끊어서 박경련의 어머니를 찾아 청혼례를 올렸다. 그러나 민족지사 집안의 여인인 모친은 가난한 시인이자 영어교사였던 백석을 탐탁지 않게 생각했다. 기생과 사귀고 있는 사실이나 그가 결혼한 경력이 있다는 소문이 귀에 들어갔을 수도 있다. 무참하게도 그는 청혼을 거절당하고 돌아왔다. 자야에게 보내던 편지가 뚝 끊어진 때가 바로 그 무렵이었다.

그런데 돌아온 백석은 다른 사연을 털어놓았다. 자야가 쓴 《내 사랑 백석》에 쓰인 그의 고백이 바로 그것이다. 부모가 강요하는 바람에 백석은 장가를 들었다고 했다.

"그래도 나는 색시 얼굴도 안 봤어. 당신 내 성질 알잖아!"

그는 이렇게 말했다. 어느 날 백석은 《여성》 신간호(2권 10호)에 실린 시 한 편을 자야에게 보여줬다.

바닷가에 왔더니
바다와 같이 당신이 생각만 나는구려
바다와 같이 당신을 생각하고 싶구려

구붓하니 모래톱을 오르면

당신이 앞선 것만 같구려

당신이 뒤선 것만 같구려

그리고 지중지중 물가를 거닐면

당신이 이야기를 하는 것만 같구려

당신이 이야기를 끊은 것만 같구려

통영 바다에서 썼을 이 시는 자야에 대해 돌이키는 그리움이었을까? 아니면 좌절당한 박경련과의 사랑에 대한 진한 미련이었을까? 그의 넘나드는 심사를 종잡기 어렵다. 이후 백석은 자야에게 만주의 신경新京(장춘)으로 함께 떠나자고 제의한다. 1937년 4월 꽃샘바람이 불던 시절이었다. 이 무렵 백석에게 끔찍한 일이 일어났다. 자신에게 경련을 소개시켜준 절친한 벗 신현중이 약혼녀와 파혼하고 경련과 결혼하는 일이 일어난 것이다. 신현중의 누나인 신순정이 통영에서 박경련의 가정교사를 한 적이 있었는데 그 때문에 경련이 포천에 있는 신순정의 집으로 자주 놀러 갔다. 아마도 이때 신현중은 그녀를 보면서 몰래 마음에 두었을 것이다. 자신은 약혼녀가 있어서 마음을 접고 친구에게 소개해줬으나 그 일이 여의치 않자 마음을 바꿔 먹은 것 같다.

샛파란 핏대를 바라보며 나는 가난한 아버지를 가진 것과

내가 오래 그려오든 처녀가 시집을 간 것과

그렇게도 살뜰하던 동무가 나를 버린 일을 생각한다

_백석, 〈내가 생각하는 것은〉

내 사랑하는 어여쁜 사람이

어느 먼 앒대 조용한 개포가의 나지막한 집에서

그의 지아비와 마주앉어 대구국을 끓여놓고 저녁을 먹는다

벌써 어린 것도 생겨서 옆에 끼고 저녁을 먹는다

_백석, 〈흰 바람벽이 있어〉

백석 시의 이 대목들이 가슴을 아리게 한다. 그는 아마도 큰 충격을 받았을 것이다. 불쑥 만주로 갈 결심을 하게 된 것은 이 일을 잊기 위한 몸부림이 아니었을까. 함께 가자는 제안을 받은 자야의 생각은 복잡했다. 그녀는 고민을 하다가 백석의 앞길을 험난하게 하는 존재가 되고 싶지 않은 마음에, 혼자 몰래 서울로 와버렸다.

3개월쯤 뒤 청진동에 숨어 살고 있는 그녀에게 백석의 친필 메모를 든 심부름꾼이 찾아왔다. 그리고 백석이 나타나서 하룻밤을 지내고는 부랴부랴 함흥 천 리 길을 돌아갔다. 그가 돌아가면서 남긴 누런 미농지 봉투에는 친필로 쓴 시 〈나와 나타샤와 흰 당나귀〉가 들어 있었다. 이 시를 읽고 자야는 다시 사랑의 포로가 되었다.

이로부터 20일이 지난 1938년 6월 어느 날 다시 백석이 불쑥 찾아왔다. 조선학생축구연맹에서 주최하는 제2회 조선고등축구연맹전이 경성운동장에서 열리게 되어 경기에 참가하는 대표선수를 인솔하는 교사로 왔다는 것이었다. 학생들은 서울시청 옆에 있는 금당여관에 투숙시키고 백석은 자야의 집으로 찾아왔다. 영생고보 학생들은 교사가 없는 밤에 거리를 쏘다니다가 풍기단속반에 걸렸다. 이런 사실이 본교에 통보되었고 백석은 징계에 회부되었다. 그 일로 인근의 여

자고보로 전근 발령이 났고 그는 사표를 내고 서울로 와버렸다. 그리고 청진동 뒷골목에 방 두 칸이 있는 비좁은 집에서 함께 살면서 조선일보사에 다시 입사했다.

이 시절 함께 명동길을 산책하던 자야는 마루젠丸善양품점에서 엷은 검은색 바탕에 다홍빛 빗금줄이 처진 넥타이 하나를 사서 백석에게 선물했다. 10월 중순에는 두 사람이 함께 광릉으로 놀러 갔다. 개울을 건널 일이 있었는데 백석은 자야를 업겠다며 등을 내밀었다. 물을 거의 다 건널 무렵 백석은 엎어지고 말았다. 옷이 다 젖어 난감해할 때 한 노인이 자신의 집으로 가서 옷을 말리고 가라고 권했다. 두 사람은 아랫목에 옷을 널고는 윗목에서 오들오들 떨면서 서로를 껴안고는 밤을 보냈다.

자야가 기생이라는 사실에 대해 백석의 경계심이나 질투는 없었을까? 한번은 두 사람이 덕수궁 돌담길을 걷다가 신문사 앞에서 백석의 친구를 만나 이야기를 나누었는데, 그때 자야에게 와세다대학교의 모표가 달린 청년을 쓴 청년이 다가와 이야기를 건넸다. 백석은 친구와 대화가 끝난 뒤 자야와 청년을 힐끗 보더니 그냥 지나쳐서 집으로 가버렸다. 자야가 귀가하니 백석은 모로 누워서 책만 보고 있었다. "당신이 어디로 업혀갔나 했는데 이제 돌아왔으니 됐어"라며 그는 활짝 웃었다.

하루는 남산으로 드라이브를 갔는데 택시기사가 서글서글하게 말을 잘했다. 집에 돌아와서 자야는 무심코 "그 운전수 참 친절하고 인상적인 사람이었어요. 나의 오빠였으면 좋겠어"라고 말했다. 그때 백석은 불쑥 "애인이었으면 더 좋았겠지?"라고 내뱉었다. 무안해진 자야는 백석의 등을 콩콩 두들기며 '앙탈을 부렸는데' 그는 시치미를 뚝 뗐다.

또 하루는 단성사에서 상영하는 영화 〈전쟁과 평화〉를 보러 갔다. 자야는 스크린에 나오는 '나타샤'를 보고 기가 죽었다. 여배우 나타샤가 팔등신에다 너무도 요염하고 매혹적이었기 때문이다. 자야는 백석이 준 시 〈나와 나타샤와 흰 당나귀〉를 떠올리며 부끄러움에 그의 등 뒤로 숨었다. 영화를 보고 온 뒤 백석이 그 까닭을 물었다. 자야가 심정을 말하자 그는 이렇게 말했다.

"도대체 여자들이란 쓸데없는 데 신경을 써서 남자의 마음을 단련시킨단 말이야."

백석은 자야의 행동에 왜 긴장했을까? 1938년 백석은 당시 잡지 《삼천리》의 기자였던 최정희에게 사랑을 호소했으나 거절당했다. 2001년 유족들은 이때 보낸 백석의 편지를 《문학사상》에 공개했다.

> 사람을 사랑하다가 사랑하지 못하는 때에 하나는 동무가 되고 하나는 원수가 될 수밖에 없다고 하나 이 둘은 모두 사랑하는 것이 되는 것입니다.

이때 백석은 최정희에게도 이 시를 보냈다고 한다. 그녀의 유족들은 '나타샤'가 최정희라고 주장했다. 시인 안도현과 도종환은 이제 대답할 수 없는 이 선배 시인에게 도대체 나타샤가 누구냐고 묻는 공개편지를 띄우기도 했다. 자야는 키도 작고 곱지도 않은 자신에게 '나타샤'라고 말해준 것이 '황송스럽다'고 했지만 백석은 그녀보다 더 키가 크고 더 고운 여자를 염두에 두고 시를 썼을 수도 있다는 점이 씁쓸한 뒷맛을 남긴다.

자야는 1938년 12월 24일을 기억에서 영원히 지울 수 없는 날이라고 말했다. 여느 때와 같이 아침에 신문사로 출근한 백석이 저녁에 돌아오지 않았다. 10여 일이 지난 뒤 중학교 영어교사인 친구가 찾아왔다. 백석이 두 번째 장가를 들었고 자야에게 면목이 서지 않아 오지 못하고 있다는 것이었다. 자야로서는 기가 막히는 노릇이었다. 이날 밤 늦게 백석이 집으로 들어왔다. 그는 오자마자 전등불을 짤깍 꺼버렸다. 겸연쩍어서였을까? 어둠 속에서 가만히 자신의 처지를 생각하니 서럽고 한심해서 그녀는 그만 엉엉 울고 말았다. 그때 백석은 갑자기 질풍처럼 자야를 꼼짝도 못하게 쓰러뜨리고는 위에서 얼굴을 내려다보았다. 그는 이렇게 말했다.

"나 말이야, 나. 변한 건 아무것도 없어."

이로써 두 사람은 다시 예전으로 돌아갔다. 하루는 영어교사 친구가 다시 그녀를 찾아와 백석의 집이 난가亂家가 되었다고 알려주었다.

"나 같은 보잘 것 없는 사람이 남의 가정을 파괴하다니……. 여러 사람을 울리고 있다니……."

그녀는 명륜동 근처로 숨어버렸다. 한 달 뒤 몹시 추운 겨울밤, 백석이 어떻게 찾아냈는지 자야가 사는 집 안방 뒤창 담 너머에서 그녀를 불렀다.

"자야, 자야!"

놀란 그녀는 숨을 죽이고 있었다. 한참 정적이 흘렀다. 다시 부르는 소리가 들렸다.

"자야, 자야!"

그녀는 이를 악물었다. '그냥 돌아가세요'라고 마음으로 중얼거렸다. 몸이 파들파들 떨려왔다. 다시 백석이 그녀를 불렀다.

"자야, 자야!"

자야는 이 순간을 이렇게 적고 있다.

> 그 순간이었다. 삼수갑산이 바로 내일이라도 아랑곳없다는 듯이 잔뜩 도사리던 나는 일시에 간 곳이 없었다. 나는 버선발로 달려나갔다. 다만 내 혼이 맨발로 뛰쳐나간 것인가. 어느 틈에 나도 모르는 사이에 대문을 박차고 달려나가 당신께 안기고 말았다.

그 뒤로도 백석은 한 번 더 장가를 간 모양이다. 세 번째 결혼을 하고 백석이 돌아온 뒤, 자야는 중국에서 온 친구를 따라 상해로 갔다. 그녀는 가는 길에 윤심덕처럼 바다로 뛰어내려 죽을 결심을 하고 있었다. 하지만 동행한 친구 때문에 기회를 놓쳤다. 상해에서 자야는 그곳에서 최고로 손꼽히는 시로스 댄스홀과 파라마운트 호텔의 무도장에 들렀다. 이곳에서 그녀는 자살할 때 입으려고 가져온 고운 빛깔의 치마저고리와 마른 신 한 켤레로 단장하고 홀에 나섰다. 외국인이 몰려와 인상적인 옷이라면서 엄지를 치켜 올렸다. 이곳에서 한 달 보름을 있으니 다시 고향이 그리워졌다. 백석 생각이 갈증처럼 돋아 올랐다. 그녀는 삶에 애착을 느끼고 있는 자신을 발견했다.

그녀가 중국에서 돌아왔을 때 백석이 찾아왔다. 침묵이 흘렀다. 그는 침통한 표정으로 말했다.

"나, 신경 가기로 결정했어."

이 한마디에 자야는 눈물이 왈칵 쏟아졌다.

"진작 떠나려고 했는데, 당신을 아니 만나보고 나 혼자 갈 순 없었어."

꼭 가야 하는 일이냐고 자야가 묻자 그는 대답했다.

"편안히 등을 붙일 단 한 칸의 방이 이 땅에는 없어요."

자야는 자신이 더 이상 그의 부모님과 아내들 사이에서 갈등의 요인이 되고 싶지 않았다. 그녀는 단호하게 마음을 먹고 말했다.

"정히 돌이킬 수 없는 발길이라면, 조용히 혼자 어디론가 떠나서 작품이나 많이 쓰세요."

이 말에 백석은 노여운 얼굴이 되어 "어찌 그렇게 사람을 야멸차게 버릴 수가 있소? 참으로 말 다한 사람이로군"이라고 말했다. 그러더니 "어쩔 수 없지"라고 중얼거렸다. "정히 혼자 가라면 혼자 가지."

잠시 후 자리에서 부리나케 일어선 백석은 뒤도 돌아보지 않고 떠나갔다. 이것이 그들의 마지막이었다. 자야는 명륜동의 집을 그대로 둔 채 다시 이곳저곳 이사를 다녔다.

백석은 신경에서 관청에 다니다가 갑작스럽게 창씨개명을 요구하는 바람에 사표를 냈다고 한다. 자야는 인편에 한복 바지저고리와 검정 두루마기 한 벌을 지어서 그에게 보냈다. 백석은 그 옷을 즐겨 입었다. 1941년 그는 생계를 유지하기 위해 측량보조원, 측량서기, 중국인 토지 소작인 생활까지 했다. 1942년 만주의 안동에서 세관업무에 종사했지만 1944년 일제 징용을 피해 오지 광산으로 숨었다.

해방 직전 백석은 토머스 하디Thmas Hardy의 《테스Tess》를 번역해 출판하기 위해 잠시 서울에 올라왔다. 그때 자야를 찾고자 했으나 만날 수 없었다. 해방과 함께 귀국한 그는 신의주에서 잠시 거주하다 고향인 정주로 갔다. 1946년 조만식의 요청으로 통역비서가 되어 평양의 조선민주당 일을 맡았다. 1947년 시 〈적막강산〉이 《신천지》에 발표되었고 1948년 김일성대학에서 영어와 러시아어를 강의했다고 전한다. 전쟁 때 북진한 국군에 의해 정주군수를 맡았다는 이야기가 있는데 믿기 어렵다. 이후 행적은 알기 어려우나 1961년까지 조선작가동맹 기관지인 《조선문학》에 작품을 지속적으로 발표했다. 아동문학연구와 러시아 작가의 작품 번역에 힘을 기울인 듯하다.

자야는 어떻게 되었을까? 그녀는 1953년 중앙대학교 영문학과를 졸업했고 1955년에 대원각을 인수했다. 그녀는 왜 백석을 따라 만주로 가지 않았느냐는 류시화 시인의 질문에 이렇게 대답했다.

"영 헤어질 줄 알았다면 따라갔겠지. 잠깐인 줄 알았어요. 전에도 한 열흘 안 들어온 적이 있었는데 속으로 '너 함흥에서 결혼식 올렸구나' 생각했었지. 또 하나 급한 일은 동생이 일본에서 성악공부를 하는데 1년에 200~300원이 들었어요. 그 뒷바라지도 해야 했고요."

백석이 '석石'이란 이름을 쓴 것은 일본 시인 이시카와 다쿠보쿠石川啄木을 존경해서였던 것 같다고 말하기도 한다. 자야는 마지막으로 이 말을 덧붙였다.

"38선이 터지면 기어서라도 가서 산소를 찾을 거예요. 50년 만에 담배를 끊었는데 니코틴보다 그리운 것이 그 사람이에요."

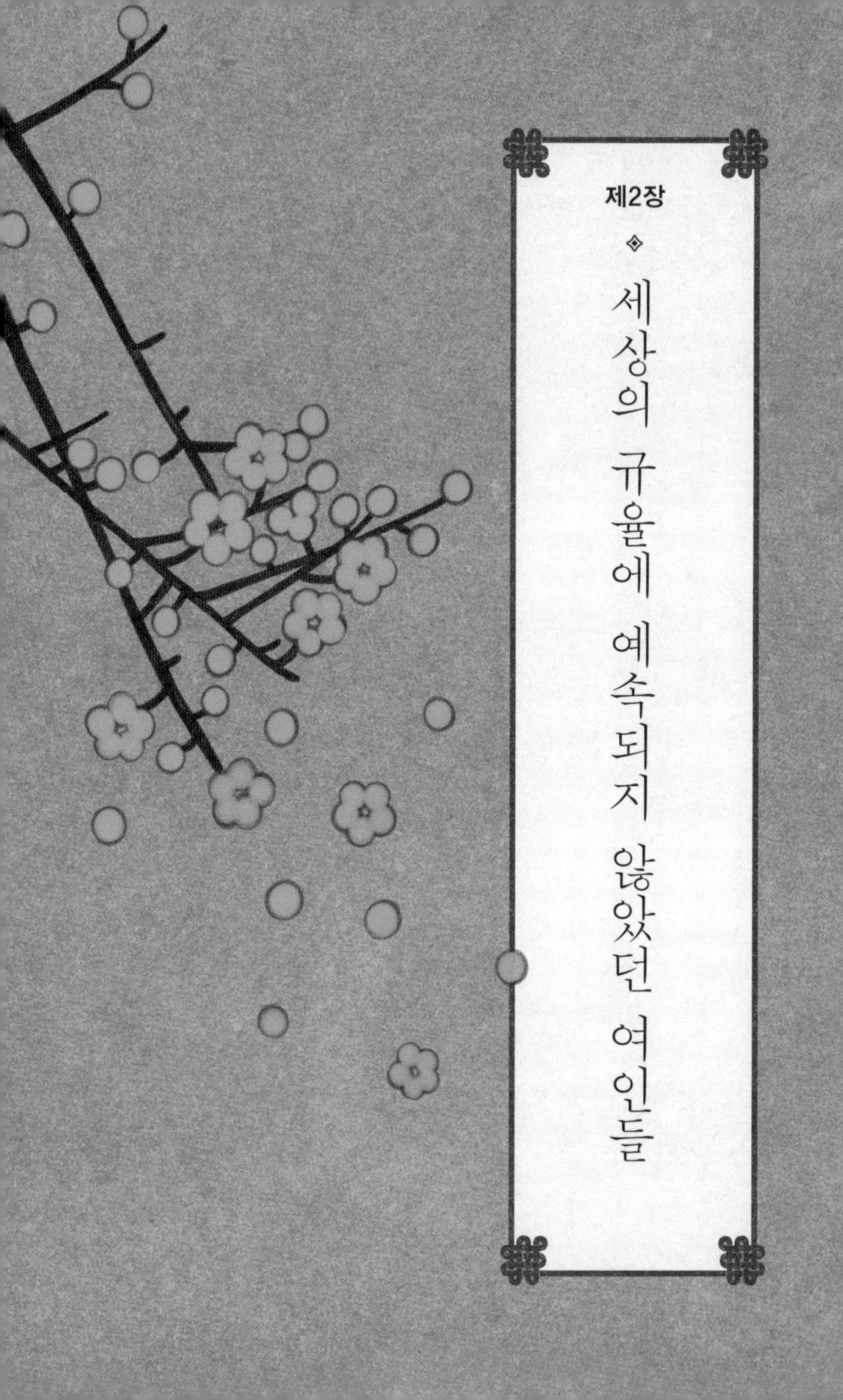

제2장

세상의 규율에 예속되지 않았던 여인들

그리움의 시로 쌓은 탑, 김부용

미인이란 어떤 사람을 말하는가? 어떤 여인을 아름답다고 이르는가? 어리석은 질문 같지만 쉽게 답하기 어렵다. '미美'는 분명 형상에서 비롯되는 것이지만, 형상에서 그치지 않기 때문이다. 아름다운 신체 부위를 다 모아놓는다고 미인이 되는 것도 아니다. 여성의 아름다움을 말할 때 물론 성적 매력을 빼놓을 수 없지만, 인간 본연의 매력 또한 중요하다. 성격과 자부심과 습관, 태어나면서 배운 태도와 행실, 취향과 학식, 그리고 가슴속에 품은 꿈이 미美를 돋우는 것이라고 말하면 과장일까?

평안도 성천의 조선 여인 김부용金芙蓉(?~?)은 사랑스러운 여인이었다. 인물도 빼어났지만 학식도 뛰어나고 감수성도 남달랐다. 그녀를 가장 사랑스럽게 만드는 것은 '귀여운 자기자랑'이었다. 부용은 집안이 가난해 기생이 되고 말았지만 자부심만은 대단했다. 그녀는 어느 시에서 아버지 '추당秋堂'이 지방 관리를 지내다 퇴직해 누대樓臺에 앉아 책을 즐겨 읽는 모습을 그렸다.

어느 여름날의 비 갠 아침, 인근의 절에서 풍경소리가 들린다. 뜰에는 석류 알이 살짝 벌어졌고 등나무 아래에는 책상이 놓여 있었는데 그 위에 책이 가득 쌓여 있던 것을 부용은 기억한다. 그녀는 아버지가 속세를 초탈한 신선 같았다고 말한다. 하지만 추당은 부용이 열 살쯤 되던 무렵 세상을 떠났다. 아버지와 함께 어머니마저 돌아가신 뒤 그녀는 작은아버지인 '일화당一和堂'에게 맡겨진다.

하지만 일화당도 건강이 좋지 않았다. 30년 동안 병석에 누워 있었다고 하니 집안이 무척 어려웠을 것이다. 이런 가운데 그녀는 어느 퇴기의 수양딸로 들어가면서 기생이 된다. 예쁘고 머리가 좋은 부용은 열여섯 살이 될 무렵에는 성천에서는 비교할 이가 없는 명기名妓가 됐다. 이 무렵 그녀는 〈부용당에서 빗소리를 듣다〉라는 시로 고을의 백일장에 나가 장원을 했다. 이 시가 그녀의 데뷔작인 셈이다.

옥구슬 일만 알이
유리쟁반에 번갈아 담기네
알알이 동글동글
굴원이 아홉 번 굴린 알약인 듯

부용은 애향심 또한 대단해 성천의 곳곳을 찾아다니며 시를 읊었다. 그곳의 신성강변에 있는 사절정四絕亭에서는 이렇게 읊었다.

정자의 이름이 사절四絕이라니 잘못됐다 싶네
사절이 아니라 오절五絕이라야 마땅하네
산과 바람과 물과 달이 서로 어울리면
또한 아름다운 여인이 있어야 절세의 풍경이 되는 법

황진이는 자신이 '송도삼절'에 속한다고 자찬했는데, 부용은 사절정에 올라 자신이 왔으니 오절정이 되어야 한다고 피력한다. 황진이를 빰칠 만한 자부심이 아닐 수 없다. 오절을 말한 것은 자신을 돋보이게 하려는 뜻도 있었지만, 자연 속의 풍류에 잘 어울리는 존재라는 자의식도 숨어 있었을 것이다.

부용은 '성천오절'이라고 불러도 좋을 만큼 뛰어난 시재詩才를 지녔다. 조선의 시인 중에서 김부용의 생생한 언어감각과 빼어난 심상心象을 따를 사람은 남자들 가운데서도 찾기 어렵다.

하루는 부용이 도영헌倒影軒이라는 곳으로 놀러 갔다. '그림자가 뒤집어지는 마루'라는 뜻의 이름을 가진 그 다락은 해거름에 앉아 술을 마셔야 제격이었다. 도영헌 뒤에는 무산巫山의 열두 봉우리가 펼쳐져 있다. 무산 십이봉은 중국 초楚나라 지역에도 있는데, 이를 본 떠 부용은 자신의 호를 '운초雲楚'라고 짓기도 했다. 운초는 구름다발이라는 뜻도 되지만, 초나라 산인 무산에 걸린 구름을 의미하기도 한다. 이제 부용이 시 읊는 소리를 들어보자.

남은 해가 무협에 걸렸네

열두 개 그림자(봉우리의 그림자)가 모두 동쪽으로 섰네

다락 난간 쪽으로 술상이 옮겨졌네

사람들의 몸이 푸른 물결 속에 있네

사람들은 무협의 그림자를 보러 몰려갔지만, 사실은 자신들도 벽파에 비치는 그림자 군상들이다. 부용은 가만히 앉아 그것을 들여다보며 '그림자가 뒤집어지는 마루'의 의미를 곱씹어 보는 것이다. 향풍동 어귀에서 읊은 시도 유명하다.

끊어진 골짜기 숲 그늘에는 옛 기슭이 무너져 있고

허공에 뜬 절벽은 옥돌이 층층이 쌓인 듯

숲으로 난 길에는 삼분의 일이 돌이고

마을에서 만나는 사람은 이분의 일이 스님일세

아래를 굽어보며 험준한 모양을 그리고 다시 위를 올려다보며 절벽에서 튀어나온 흰 돌을 묘사한다. 그 중간에 마을이 있다. 길도 험해 돌투성이인데, 만나는 사람은 대부분 스님이다. 표현이 박진감 있고 '삼분의 일'과 '이분의 일'이 재치에 넘치는 표현이다. 평양의 그네 뛰는 풍경을 그린 시도 재미있다.

구름 밖의 계수나무 꽃은 달이 떨어졌나 놀라고

바람 속의 제비들은 신선이 승천하나 겁먹네

머리를 맞댄 소년들은 서로 엿보려고 싸우다
늘어진 수양버들 그늘 가에 망연히 주저앉았네

계수나무 꽃은 달에 피어 있는 것이니, 달이 떨어지면 큰일이다. 여인이 그네를 타고 솟구쳤다 뚝 떨어지는 것을 달이 떨어지는 것으로 표현했다. 그러다 다시 그네를 밀어 하늘로 올라가니 이번에는 제비들이 보고 선녀가 하늘로 올라가는 모습인줄 알고 놀란다는 것이다. 이처럼 이 시는 움직임이 멋지게 묘사되어 있다. 아래 2행은 두 소년을 들러리로 출연시켜 감흥을 고조시킨다. 처음에는 서로 보려고 싸우던 아이들이 제비가 하늘에 오른 멋진 모습을 보고는 넋을 잃은 듯 주저앉아버렸다. 마치 김홍도의 풍속화 한 컷을 보는 듯한 생생함이 있다.

부용이 쓴 성천시편 중 가장 빼어난 것은 〈묘향산에 들다〉가 아닐까 한다. 시에서 그녀는 말을 타고 깊은 산으로 들어간다. 길잡이 스님이 앞장섰다.

야윈 말이어서 오히려 푸른 소나무 장벽을 잘 뚫네
작은 다리가 있는 서쪽 언덕에 싸늘한 종이 서 있네
구름과 노을의 통로 속에 절집이 열리네
녹색 비단 꽉 찬 가운데 푸른 봉우리 우뚝하네
절로 돌아가는 스님이 낙엽을 스락스락 밟네
기생은 가을꽃 꽂고는 예쁜 티를 내네
만 겹의 계곡과 산이 가는 길을 헷갈리게 하네

이 길로 돌아올 때는 신선 발자국 밟는 것 같겠구나

예쁜 기생을 맞아 길 안내를 하는 스님이 제 풀에 긴장해 낙엽을 조심조심 밟는 모습이 웃음을 자아낸다. 그런데 기생은 그런 것을 신경도 쓰지 않고 말 위에서 가을꽃을 꺾어 꽂고는 방싯방싯 웃는다. 깊은 산중의 험준한 풍경과 두 사람의 표정이 어우러지며, 지금 막 묘향산에 오르는 장면을 보는 듯하다.

이 귀엽고 재기 넘치는 기생을 눈여겨본 사람이 있었다. 그는 성천 사람이 아니라 멀리 함경도에 부임한 관찰사였다.

연천공 김이양은 당시 세도 가문이던 안동 김씨의 핵심으로 출세 가도를 달렸던 행복한 남자였다. 그는 세도의 핵심이던 김조순의 숙부뻘이며 정조·순조·헌종 3대에 걸쳐 권력의 노른자위에서 놀던 인물이다. 예조·이조·호조·병조판서를 두루 지냈으며 한성판윤을 무려 네 번이나 역임했다. 홍문관 제학·판의금부사·좌참찬을 지내고 마지막으로는 예조판서로 있다 은퇴했다.

이렇게 그의 경력은 화려했지만 집안은 좀 쓸쓸했던 것 같다. 그는 아들이 없어 김이고의 아들인 김한순을 양자로 데려왔다. 자식을 낳지 못한 아내 원산 이씨는 밖에서 위안을 찾으려는 남편 때문에 속이 많이 상했을지도 모른다. 특히 먼 지방으로 발령 나면 무척 걱정스러웠을 것이다. 체격 좋고 인물 훤하며 예술적 감성이 뛰어난 김이양은 기생들과 염문도 당연히 많았다. 하지만 국경지대인 함경도 변경에서야 무슨 일이 있겠는가? 그 시골에 반반한 계집이 있다고 해봤자 한양 땅에서 놀던 그의 마음을 사로잡을 수 있으랴. 아내는 그렇게 생각하며 마음을 달랬을 것이다.

그런데 사단事端은 엉뚱하게 시작된다. 함경감사 김이양이 어느 날 평양의 잔치에 초대받았다가 평양 동쪽에 있는 성천 출신 기생 김부용을 만난 것이다. 그 뒤로 국경이 아닌 도경道境을 넘나드는 사랑이 시작된다. 두 사람은 함경도와 평안도 경계 부근에서 애틋하게 만난다.

김이양이 관찰사를 지낸 때는 1812년 이후다. 그의 나이 쉰일곱 살 때였다. 그 무렵 부용은 몇 살이었을까? 부용의 생년은 정확하지 않지만, 시에서 나온 연도들을 추정해보면 1790년께 태어났다는 것이 설득력이 있다. 그렇다면 당시 부용의 나이는 스물두 살 때였다. 쉰일곱 살의 잘나가는 권력남과 스물두 살의 예쁜 여류시인의 만남이었다. 초로의 사내는 흰 수염을 쓸어내리며 앉았고, 햇살에 막 피어난 부용화처럼 새초롬한 얼굴로 눈을 아래로 깔고 있는 홍안의 시인은 가야금 줄을 고르고 있었다. 그러면서 그들은 서로 몰래 얼굴을 살폈다.

'선한 눈매에 요즘 식으로 말하면 동안童顔이 남아 있는 얼굴. 풍채는 당당하고 웃음이 사람을 편안하게 하는 매력이 있구나. 정말 듣던 대로 천하의 선비로고. 목소리는 나직하되 힘이 있어.'

'얼굴이 작고 갸름하지만 하관이 느려지면서 연꽃잎처럼 벙근 얼굴. 가히 절세의 미색이로다. 입술은 부드럽게 다물었는데 콧날과 인중에서 고집이 느껴지는군.'

소설가 정비석은 이때의 대화를 이렇게 펼쳐 놓는다.

술잔이 몇 순배 돈 뒤 함경감사가 따뜻한 목소리로 묻는다.

"혹시 '늙은 신랑, 어린 신부'[老郞幼婦]라는 노래를 아느냐?"

"예. 패설(《성수패설醒睡稗說》)에 나오는 유행가인 줄로 아옵니다."

"한번 불러줄 수 있겠느냐?"

"예. 나으리."

> 열여섯 신부에 일흔둘 신랑
>
> 쑥대머리 백발이 붉은 연지와 마주했네
>
> 갑자기 하룻밤 봄바람이 이니
>
> 배꽃을 불어 날려 해당화를 누르네

노래가 끝나자 김이양은 웃으며 말한다.

"나는 말이다. 저 늙은 신랑보다 열다섯 살이나 젊도다."

그러자 부용이 말을 받는다.

"어머나. 소첩은 이팔가인보다 여섯 살이나 많사옵니다."

"허어. 붉은 꽃이 흰 꽃의 부끄러움을 잊게 하는 도다."

"대감. 붉은 꽃이나 흰 꽃이나 봄날 피는 것은 매한가지 아닌지요?"

"허허. 부질없는 노욕을 세상이 비웃지 않겠느냐?"

"마음이 같다면 나이가 무슨 벽이겠습니까? 세상에는 삼십객 노인도 있고 팔십객 청년도 있지 않사옵니까?"

_정비석, 《미인별곡》, 1989

이렇게 두 사람은 몸과 마음의 문을 연다. 김이양은 쓸쓸했던 사랑의 이력서에서 가장 잊지 못할 밤을 만난다. 이때 야한 시화詩話가 오간다. 도연명陶淵明의 〈사시四時〉 한 구절을 김이양이 먼저 읊는다.

"너를 만져보니 벌써 '봄날 물이 연못에 가득 찼구나[春水滿四澤].'"

그러자 부용이 나직이 받는다.

"대감도 만져보니 벌써 '여름날 구름이 삐쭉삐쭉 솟았습니다[夏雲多奇峰].'"

서른다섯 살의 나이 차이는 처음에는 커보였지만 서로 익숙해지면서 그것을 잊어버렸다. 남자는 그녀를 기생으로 대한 것이 아니라 '공주'처럼 대했고, 친구처럼 말을 걸었다. 처음 만난 날 그녀의 데뷔작인 〈부용당에서 빗소리를 듣다〉를 외워 그녀를 기쁘게 하기도 했다. 그는 부용의 언어를 좋아했고 부용의 가야금과 춤과 노래를 좋아했다. 남자의 너그러운 품성과 따뜻한 음성은 부용을 사로잡았다. 처음에는 객지로 나온 사내가 한때 부리는 부질없는 객기일지니 속지 말자고 마음먹었지만, 갈수록 이 남자가 좋아졌다.

두 사람이 만난 곳은 접경지역에 있는 개천이었다. 평안남도 끝에 있는 도시로 함경도와 가깝다. 그곳의 무진대無盡臺는 단골 데이트 장소였다. 부용은 무진대를 다녀온 뒤 이렇게 읊었다.

> 가을 호수 십 리에 산들이 둘러서 있네
>
> 한 곡조 맑은 노래는 고운 난간에 기댔네

그러나 아무래도 먼 거리인 만큼 만남이 그리 여의치는 않았던 모양이다. 이른 봄에 만나서는 가을에 성천 근처의 향풍산 단풍을 꼭 같이 보자고 했지만, 부용이 병이 나 가지 못한다. 그렇게 애태우며 시절을 보냈다. 1815년 봄, 김이양은 예조판서로 발령받는다. 3년간의 사랑이 이렇게 끝나는 것인가? 부용은 마음을 졸이며 마지막으로 김이양을 만나러 간다. 그때 김이양은 이렇게 말한다.

"작첩하고 올라가기에는 아무래도 남세스러우니 너는 여기서 조금 더 기다려라. 내가 곧 사람을 보내 너를 데려가리라."

"나으리……."

"아무 걱정하지 말아라. 너를 곧 부르리라."

"저는 기적妓籍에 얹힌 몸이라 나으리가 떠나시면……."

"음. 그것이 문제로구나. 예방禮房의 관속에게 말해 너를 기적에서 빼주리라. 아예 너를 나의 부실副室로 삼아두고 올라가리라."

"망극하오이다."

이렇게 김이양은 떠났다. 부용은 김이양이 마련해준 평양의 관아 한쪽 버들가지가 늘어진 저택에서 지냈다. "곧 사람을 보내 너를 데려가리라"던 그의 말이 귓전에 맴돌았다. 그런데 18년간 아무런 소식이 없었다. 그동안 부용의 절망과 불안이 어떠했을지는 짐작하기도 어렵다.

부용은 꽃다운 시절을 다 보내고 마흔세 살이 되었다. 기생의 나이로 보자면 이미 '한물'이 아니라 '몇물' 가고도 남은 퇴물이 되었다. 남자의 말 한마디만 믿고 먼 동구 밖 길에 스멀거리는 헛것만 보다 늙어버린 여인이 된 것이다.

1825년 부용이 기다리다 못해 한양으로 올라갔다. 하지만 곧 돌아오고 만다. 김이양을 만나지 못한 것이다. 공교롭게도 그해 여름 김이양은 헌릉벌목사건에 연루되어 출송조치를 당한 죄인이 되어 있었다. 사모하는 이는 봄날에는 봄날대로 그립다.

봄바람이 갑자기 휘익 부네
산 위의 해는 또 황혼이네
역시나 끝내 오지 않았네
그래도 혼자 문 닫기 아쉽네

가을에는 또 가을대로 서럽다.

주렴 밖에는 때때로 바람이 저절로 이는 소리 들려
몇 번이나 속았던가, 그 사람이 오는가 싶어

그러다 부용은 일생일대의 보탑시寶塔詩 한 편을 짓는다. 2행마다 한 글자씩 늘어나 18자까지 되는 36행의 문자탑이다. 〈부용상사곡芙蓉相思曲〉이라고 불리는 이 시는 그를 유명하게 만든 출세작이기도 하다. 한 글자 한 글자를 고르며 공든 탑을 쌓아가는 부용의 마음을 생각해보라. 형식의 제약을 지켜가며 속에 터질 듯 출렁이는 마음을 곱게 다져 넣는 그 침착한 솜씨는 18년을 인내하게 한 그의 내공이 아닐까 싶다.

헤어져[別]
그립고[思]
길은 멀고[路遠]

소식 늦어[信遲]

맘은 거기 있고[念在彼]

몸은 여기 있고[身留玆]

비단수건은 눈물 젖고[紗巾有淚]

그대 소식은 기약 없고[雁書無期]

향각서 종소리 우는 이 밤[香閣鍾鳴夜]

연광정에 달이 뜨는 이때[鍊亭月上時]

악몽에 놀라 외롭게 베개 껴안을 때[倚孤枕驚殘夢]

오는 구름을 보며 먼 이별 슬퍼하네[望歸雲悵遠離]

날마다 만날 날 그리며 근심스레 손꼽고[日待佳期愁屈指]

새벽에는 연서 펼쳐보며 턱 괴고 우네[晨開情札泣支頤]

얼굴은 초췌해 거울을 대하니 눈물이 주루룩[容貌憔悴對鏡下淚]

목소리는 울음 잠겨 사람을 대하니 슬픔 베어 문 듯[歌聲烏咽對人含悲]

은장도를 들어 약한 창자 끊기는 어려운 일 아니도다[提銀刀斷弱腸非難事]

비단신을 끌며 먼 눈길 보내니 또 온갖 의심만 들끓고[躡珠履送遠眸更多疑]

어제도 안 오고 오늘도 안 오니 그대 어찌 그리 신의가 없는지요[昨不來今不來郎何無信]

아침에도 멀리 보고 저녁에도 멀리 보니 나 혼자 보면서 속네[朝遠望夕遠望妾獨見欺]

대동강이 평지 된 뒤에야 채찍 휘두르며 말을 타고 오시려는지요[浿江成平陸後鞭馬騎來否]

큰 숲이 넓은 바다 변하면 그때야 배 타고 건너 오시려는지요[長林變大海初乘船欲渡之]

떨어져 있는 때는 많고 만난 때는 적으니 사랑을 잴 사람 아무도 없네 [別時多見時少世情無人可測]

나쁜 인연은 길고 좋은 인연은 짧으니 하늘의 뜻을 누가 알 수 있으리 [惡緣長好緣端天意有誰能知]

운우의 정 나누던 무산에 오시는 발길 끊기니 선녀의 꿈은 어디에 있는지요[雲雨巫山行人絕仙女之夢在某]

달빛 젖은 봉대에 피리소리 끊기니 옥을 희롱하던 마음은 누구에게 갔는지요[月下鳳臺簫聲斷弄玉之情屬誰]

잊어버리자 잊을 수 없어 억지로 부벽루에 오르니 아깝도다 홍안은 늙어만 가고[欲忘難忘强登浮碧樓可惜紅顏老]

생각말자 생각이 절로 나 몸을 모란봉에 의지하니 슬프도다 검은 머리 상했구려[不思自思頻倚牡丹峰每傷綠鬢衰]

홀로 지키는 빈 방에 눈물이 비처럼 주룩주룩 흘러도 삼생의 가약 어찌 변할 수 있을까요[獨守空房淚縱如雨三生佳約焉有變]

외로운 곳 쓸쓸한 안방 머리칼이 희끗희끗해도 백 년의 정심 어찌 움직일 수 있을까요[孤處深閨頭雖欲雪百年定心自不移]

낮잠에서 깨어나 사창을 열고 화류소년을 맞아보아도 모두 마음에 없는 나그네일 뿐이고요[罷晝眠開紗窓迎花柳少年總是無情客]

옥베개 밀고 향기 나는 옷 끌며 봄날 어울려 춤도 추어 보았지만 모두 미운 녀석들 뿐이고요[推玉枕挽香衣送歌舞同春莫非可憎兒]

천 리 있는 사람 기다리기 어렵네 사람 기다리기 이리 어려워요 군자의 박정함이 어찌 이다지 심한가요[千里待人難待人難甚矣君子薄情如是耶]

삼시에 문밖에 나가 멀리 보네 문밖을 나가 바라보니 슬프지요 천첩의

괴로운 마음 과연 어떠할지요[三時出門望出門望哀哉賤妾苦心果如何]

오직 바라옵건대 너그럽고 인자한 대장부여 결심하고 강을 건너 옛 인연 촛불 아래 기쁨으로 날 만나주셔서[惟願寬仁大丈夫決意渡江舊緣燭下欣相對]

약한 여인이 슬픔을 머금은 채 저승으로 돌아가 외로운 영혼 달 속에서 내내 울며 따라다니지 않도록 하소서[勿使軟弱兒女子含淚歸泉孤魂月中泣長隨]

그러다 1831년, 그녀가 그토록 기다리던 기별이 온다.

"내년 봄에 서울로 올라오너라."

그 무렵 김이양은 벼슬에서 은퇴해 봉조하奉朝賀라는 명예직을 제수받았다. 국가 의식이 있을 때 조복을 입고 참여할 수 있도록 국가원로로 예우한 것이다. 마침내 서울로 올라가면서 부용은 시를 쓴다.

한식날 봄바람 불 때 고향을 떠나네

산을 보고 물을 보니 꽃 시절이 애틋하네

얕은 재주로 감히 기생첩이 되었으니

폐에 병이 든 것이 술 마신 탓은 아니로다

이처럼 넓은 모래밭 천겁의 헛된 것

어찌 뜬 세상에 등불 하나가 그리 바빴나

조금 아는 것으로 평소 품은 것이 가련하도다

밝은 달이 나를 따라 한양으로 간다

한양으로 온 부용은 하인이 말을 세운 곳을 보고 깜짝 놀란다. 연천대감이 사는 북촌(지금의 삼청동 지역으로, 안동 김씨들이 모여 살았다)이 아니라 한강이 내려다보이는 남산 한 자락(옛 정보부 자리)에 자리 잡은 50칸의 별서였다. 부용을 애태우던 시간에는 그 집을 짓는 시간도 포함되어 있었다. 김이양은 은퇴 이후의 노후 설계를 치밀하게 준비하고 있었다.

별서의 이름은 녹천정祿泉亭이었다. 벼슬이 샘솟는 집이라는 의미다. 이미 벼슬에서 은퇴한 김이양이 이런 이름을 붙인 것은 어린 시절이 불우해 기생이 되어 고단하게 살아온 여인을 위해서가 아니었을까? 이 저택의 주인이 된 부용은 당대의 시인 묵객들과 어울리며 교류했고 '초당마마'라는 호칭으로 불렸다. 초당은 녹천정을 가리키는 말이지만 부용의 호인 '운초당'의 약어이기도 했을 것이다. 그때부터 연천이 있는 곳에는 운초가 있다는 말이 생겨났다.

녹천정은 당시 예인들이 모여드는 예술 모임 같은 곳이었다. 워낙 많은 사람이 오는지라 술은 알아서 챙겨야 했다. 밤이 되면 사람들이 술통을 들고 몰려든다. 손님 중에는 옥호 김조순도 있었다. 이런 분위기로 보면 초당은 당시 조정을 쥐락펴락하던 권문의 결속을 다지고 소통을 활발히 하는 아지트 역할도 했던 듯하다. 부용은 김조순의 집인 북악산 자락의 옥호산방에도 놀러 간다. 추위가 가시지 않은 이른 봄이었다.

산가마 타고 저녁답에 백석동천에 들어가니
언덕 저쪽 봄 소리를 시냇물과 새들이 알려주네
군자의 집에서 운 좋게도 분에 심은 대나무를 보았네
솔바람 소리가 옛날 거문고 소리처럼 들리네

좀 춥지만 떨치고 고개 숙여 가마 밖 나오니
곡우 직전 풀의 새싹들이 앞다퉈 돋네
꽃이 피면 화사한 날이 분명히 머무르겠네
몇 그루 뜨락의 나무를 정겹게 눈도장 찍어 두네

녹천정 단골 중에는 당대의 최고 시인인 자하 신위도 끼어 있었다. 그에게 부용이 차운한 시는 상대를 의식한 까닭인지 기발한 표현이 넘친다.

시 쓰고 싶은 마음이 몰래 동하니 솔바람이 운을 띄워주네
사람의 말소리 희미하게 들리니 물소리 건너편일세
낮술이 깨니 슬픔의 영토가 커져가고
수레를 세워 고개 돌리니 저녁 안개 가득

솔바람이 운을 띄운다는 표현도 멋지고, 사람 말소리 사이에 물소리를 흘려 넣는 감각도 놀랍다. 당대의 많은 남자가 부용을 좋아한 까닭은 그녀가 술을 사양하지 않고 받아 마셨다는 점에 있지 않았을까 생각한다. 술에 취했다는 표현이 그녀의 시에서는 흔하다. 아마도 자하와도 낮술을 진하게 마신 모양이다.

당시 한강변에는 부용과 비슷한 처지의 시인들이 별장 하나씩을 꿰차고 살았다. 원주의 기녀 출신으로 김덕희의 소실이었던 김금원은 삼호정에 살았다. 또 문화 출신으로 이정신의 소실이었던 경산은 일벽정에 살았다. 금원은 부용과 어울리며 삼호정 시모임을 이끈다.

죽서, 금원의 동생 경춘, 경산 등도 함께 어울렸다. 금원은 이 시사詩社를 이렇게 소개한다.

> 때때로 읊조리고 좇아 시를 주고받는 사람이 넷이다……. 서로 어울려 노니 비단 같은 글 두루마리가 상 위에 가득하고, 뛰어난 말과 아름다운 글귀는 선반 위에 가득하다. 때때로 이를 낭독하면 낭랑하기가 금쟁반에 옥구슬이 구르는 듯하였다.

1832년 서울로 올라오던 마흔세 살부터 11년간 부용은 녹천정의 초당마마로 황금시대를 보냈다. 1843년 봄날은 그에게 찾아온 감격시대의 절정이었을 것이다. 김이양 대감은 그해 3월 회방연回榜宴을 치렀다. 과거 60주년을 기념하는 잔치였다. 정부인 원산 이씨는 몇 년 전 돌아가고 없었기에 그녀는 부인의 자격으로 대감과 함께 가마를 타고 홍주와 결성, 천안을 돌며 행차한다. 가난으로 기생이 되어 인생의 초·중반을 헤매다 마침내 대감의 부인이 된 것이다.

부용은 광덕리 태화산에 있는 본부인 원산 이씨의 묘소에도 들른다. 그런데 이날따라 해가 삐딱하게 비추는 가운데 바람이 들이닥치며 비를 뿌리는 희한한 날씨였다. 부인은 죽어서도 기생첩이 남편의 옆자리에 앉아 영화를 누리는 것을 보고 싶지 않았던 것일까? 그렇게 회오리바람을 데려와 오랫동안 속 끓인 생의 눈물 한 줄기를 뿌려 보였던 것일까? 이날 기분이 찜찜했던 부용은 밤새 술을 마셨지만 잠을 이루지 못했다.

연천공은 그렇게 아내를 면회하고 1년 뒤 가벼운 감기에 걸려 다시 일어나지 못했다. 그리고 그 이듬해 봄날 눈을 감았다. 태화산 여우비가 그를 데려간 것일까? 이때 김이양은 아흔 살, 부용은 쉰다섯 살이었다. 봉조하 대감은 부인 원산 이씨와 합장했다. 부용은 그 뒤 16년을 더 살다 일흔한 살이 되던 해 돌아갔다. 그녀는 유언으로 "나를 대감이 있는 태화산 아래 묻어달라"고 했다. 이후 가문이 몰락하는 바람에 부용의 무덤은 잊힌 채 태화산에 내리쬐는 사계절의 햇살 아래 평토平土가 되었다가 소설가 정비석에 의해 복원되었다. 부용의 시 하나가 마음에 맴돈다.

> 기생 시절이 이미 멀어져 전생의 꿈이니
> 때로 한가한 밤에 옛 시를 읊어보네
> 고향 가는 편지를 급히 쓰니 글씨가 어지럽고
> 처마의 새소리 게을리 듣느라 옷 개는 일 느려지네
> 아, 하며 시 읊는 일 부인이 할 일은 아니지만
> 다만 시를 사랑하는 대감을 위해서라네

살아서도 죽어서도 사랑을 기다렸던 여인, **매창**

나, 매창梅窓, 1573년에 피어나 1610년에 졌노라.

전라도 부안현의 아전 이탕종이 절색의 부안기생 사매의 기둥서방으로 지냈는데, 그들 사랑의 결실이 오로지 나 하나였지. 이름 하나 지을 겨를도 없었는지, 계유년癸酉年에 태어난 계집이라고 그냥 계생癸生이라 불렀는데, 아이들이 개똥 같은 이름이라고 놀려 내가 눈물 뚝뚝 흘리자 아버지는 "그게 아니라, 네 이름은 월궁月宮의 계수나무 아래서 태어난 귀한 사람[桂生]이라는 뜻이니라" 하고 달래주셨지.

내 어머니 사매는 나를 낳은 뒤 곧 죽고, 내 아버지도 병들어 누웠지. 아버지는 병석에서 내게 문자와 시문과 경서를 이야기해준 스승이기도 했지. 아버지는 나중에 내 이름의 계癸가 지닌 진짜 의미를 말씀해주셨지.

"십간十干 중에서 마지막인 열 번째 천간인 계癸는 칠흑같이 까만 새벽 한 시에서 두 시를 가리키는 말이며, 정북正北에서 동쪽으로 15도를 나아간 북북동이니 이제 막 꽃들이 해의 기운을 가슴 깊이 느끼며 피어나려는 그때를 말하는 것이란다. 네 죽은 어미 사매라는 이름이 매화를 생각한다는 뜻이었으니, 너를 낳으려고 그런 것 아니었겠느냐?"

그래서 나는 내 이름 '계' 한 글자를 보물처럼 귀히 여겼다오. 아버지 돌아가시고 사는 일이 곤고해져 열한 살 때 기적妓籍에 오르는 날 나는 세상모르고 그저 번듯한 방에서 배불리 먹는 것이 기뻐 울었지만, 그 뒤로 내내 기생 노릇을 부끄러워하며 울었다네. 나는 스스로 이름 짓기를 매창이라 해 한 떨기 매화처럼 살고자 했다네. 세상의 권력과 안녕에 육신을 팔고 마음을 파는 허튼 꽃이 아니라, 내 평생 지음知音처럼 껴안고 살아온 현금玄琴(거문고)처럼 마음속으로 깊이 자유로운 생이 되고자 했다네. 말하는 꽃인 해어화解語花로 살 것이 아니라, 꽃을 읊는 시인인 해화어解花語로 살고자 했네. 물론 사는 일, 뜻대로 되지는 않았지만 일생 동안 이 뜻을 팔아버린 적은 없네.

내 삶의 중심에는 큰 폭풍우 같은 왜란이 들어앉아 있다네. 1592년 임진년 봄날에 부산포에서 급박한 소식이 들리던 때를 잊지 못하지. 내 나이 열아홉 살 때였다오. 이 땅의 사람들 모두에게 생사가 다 제 것이 아니던 험악한 시절이었는데, 나는 죽음보다 힘겨운 사랑에 그 난리도 느끼지 못할 만큼 깊은 심화心禍를 겪었지. 내게 왜란은 목숨보다 귀하게 여겼던 첫사랑이 돌아서버린 회한의 전기轉機였어. 이제

다 끝나고 허허로운 눈으로 바라보니 우스울 정도로 무심해져버렸지만, 그 사랑은 정말 천둥처럼 지나가고 가뭄처럼 사람을 말리는 것이더군. 사내란 무엇인가? 아직도 나는 그 대답을 지니고 있지 못하지만, 내가 겪은 이 사내는 참으로 멋진 사람이었다네.

1590년 경인년 가을날에 한 사람을 만났소. 내 나이 열일곱, 그 사내의 나이는 마흔다섯이었소. 풍채가 좋고 수염이 멋진 사람이었다네. 천인賤人이라고 하였지만 궁궐의 상喪도 집전하는 당대 장례葬禮의 권위자라고 하더구먼. 그를 국상향도國喪香徒(향도는 상여꾼)라고 불렀는데 남도의 한 지방세가의 궂은일을 치르러 왔다고 했소. 부안 사는 그 집안의 인척이 대접하는 자리에 내가 가게 된 것이오. 나는 키가 훤칠한 그를 본 뒤 가슴이 뛰는 것을 느꼈지. 술자리 주위에 앉은 사람들이 한순간 모두 사라지고 그 사람만 남은 것 같았소. 사내를 보고 까닭 없이 허둥지둥하는 마음이 된 것은 그때가 처음이었을 거요. 같이 자리했던 사또가 내게 말했소.

"이 분은 서울에서 침류대枕流臺 시사詩社에서 활약하시는 유명한 시인이시다."

그래서 내가 물었소.

"시인이시라면, 혹시 백대붕 어른이오? 촌은 어른이오?"

그러자 그 잘생긴 사내가 깜짝 놀라는 눈빛을 하고는 "아니, 어떻게 그렇게 잘 아시오? 이 시골에서 서울의 시단詩壇을 꿰는 것을 보니 시를 즐기는 사람인 것 같구려. 나는 촌은이오"라고 말했지. 그때 나는 내 고장 부안을 무시하는 듯한 말투에 뾰로통해서 "이 시골이라 하시지만 여기는 예부터 고려청자의 빛깔을 만들어낸 자부심 높은 고장이며, 문풍文風 또한 높아 시인 묵객들의 썩 볼 만한 시들이 정자마다 내걸리는 곳입니다. 그리고 호를 '촌은村隱'(시골에 숨다)이라고 쓰시는 분이라면 시골을 얕잡을 이유가 없을 듯합니다"라고 받았지. 그랬더니 사내는 껄껄 웃으며 "알았네, 알았어. 내 이곳에 들면서 일찍이 문향이 감도는 것을 알아보았네. 그대를 만나려고 코끝에 이토록 향기가 감돌았나 보구려"라고 했지. 이렇게 말을 나누면서도 나는 그를 똑바로 쳐다보지도 못하고 창밖에 지는 매화만 바라보았다네. 그때 그는 이런 시를 읊어주었지.

> 남국의 계랑癸娘 이름 몇 번이나 들었네
> 시와 노래가 서울에까지 울려 퍼졌네
> 오늘 마주해 진면목을 보게 되었도다
> 하늘에서 내려온 선녀가 아닌지 어찌 의심하지 않으리

이렇게 사랑은 시작되었지. 촌은 유희경. 그분은 알면 알수록 신비한 사람이었소. 그에게 끌린 것은 풍모 때문만이 아니라 시가 서로 깊이 통했기 때문일 거요. 그토록 취향과 기질이 비슷한 이는 처음 만났지. 어쩌면 그보다도 천한 태생으로 그토록 고귀한 열정으로 살아내는 힘이 부러웠던 것인지도 모르오. 나 또한 같은 처지이지만, 그저 옹졸하게 자기방어만 하면서 살고 있는데 그는 삶의 벽을 훌쩍 뛰어넘으면서 살고 있는 게 아니겠소? 참 멋진 사람이었지. 천출에 대한 공감이 한없이 든든한 믿음을 줬지. 떡 벌어진 그의 어깨는 문약文弱한 선비들과 달라보였지. 걸어가는 뒷모습을 보기만 해도 행복이

밀려올 정도였으니까.

춘은 유희경에 대한 이야기를 좀 하는 것이 좋겠군. 그는 종7품 계공랑을 했던 유씨 집안에 업둥이로 들어왔지. 유희경의 아버지는 내시부에서 궁궐 건물을 수리하는 상설尙說이라는 직책을 맡고 있었다오. 어느 궁인宮人이 뜻밖의 임신을 하게 되어 창덕궁 요금문 앞에 있는 유상설의 집 앞에 아이를 버렸는데, 그가 희경이었다는 소문이 있었네. 요금문은 나이 들고 병든 궁녀가 궁궐에서 졸업할 때 나오는 문이었다네.

자식이 없었던 내시부의 유상설은 희경을 끔찍이 아꼈지. 그에게 경학과 시문을 공들여 가르쳤다 하오. 춘은 나이 열세 살 때 유상설이 돌아갔는데, 자식 아닌 자식인 업둥이가 묘막을 차려 3년상을 지냈다고 하네. 이 소문을 듣고 기특하게 여긴 동강 남언경이 불러 제자로 삼았지. 그는 공조참의를 지낸 사람으로 문공가례文公家禮에 관한 한 조선에서 그보다 더 밝은 사람은 없었다네. 그런 스승을 만났으니 똑똑하고 열정적인 희경이 얼마나 열심히 공부했겠는가? 그는 사대부와 궁궐의 상을 집례하는 사람으로 손꼽히게 되었지.

남언경이 양주목사를 지낼 때 지은 도봉서원에는 침류대라는 바위가 있었지. 그는 이것을 본떠 자신의 집이 있는 북악 근처의 한 바위에 침류대라는 이름을 붙이고 시단詩團을 조직했어. 여기서 그는 또 하나의 위대한 시인 백대붕을 만난다오. 이분 또한 대단하지. 춘은이 나와 함께 부안에 있을 때 대붕 어른이 기별을 보냈더군.

"나라도 어지럽고 시단도 흐지부지한데 그대는 아직도 집상執喪 중인가?"

이 편지를 받고 촌은은 마치 꿈에서 깨어난 듯 안절부절 못하더니 서울로 올라가야겠다고 말하더군. 나는 정신이 하나도 없었어. 대봉 어른을 존경했으니 그 편지를 야속하게 생각할 수도 없었어. 말이야 맞는 말씀 아닌가? 사내들이 다 그런 것인지야 모르겠지만, 신발을 벗을 적 마음과 신발을 신을 적 마음이 달라지는 것인가 보네.

그래도 그는 곧 올 사람처럼 하고 떠났네. 시단도 좀 수습하고 일도 좀 하고 나서 임진년쯤 여유가 생기면 돌아오겠다고 말하고 갔네. 나는 그 말을 철석같이 믿었지. 거짓말할 사람이 아니었으니까. 나는 이 사랑의 힘을 믿었네. 그 또한 나를 잊지 못해 돌아오지 않을 수 없을 것이라고 생각했지. 헤어지는 날 아침 나는 시를 읊었네.

산들바람 하룻밤 비에
버들과 매화가 봄을 다투네
이럴 때 가장 견디기 어려운 건
술잔 앞의 사람과 헤어지는 일이네

임진년이 되면 온다고 했던 사람은 오지 않고, 남쪽에서 왜적이 몰려왔다네. 난리통에 한동안 그가 죽었는지 살았는지도 모르고 지냈지.

임진년과 계사년에 내몰렸다니
이 몸의 근심과 한은 누구와 함께 풀까
홀로 거문고를 열어 고란곡을 타니
일만 섬의 시름이 시 한 편에 담겼네

〈고란곡〉이란 '외로운 난새의 노래'라는 의미인데, 남조 송나라 범태가 엮은 《난조시서鸞鳥詩序》라는 책에 나오는 새지. 난새는 계빈이라는 왕에게 잡혀 새장에 갇혔다네. 왕은 새가 노래 부르기를 기다렸으나 3년 동안 울지 않았다네. 그래서 왕은 새장 앞에 거울을 걸어 새가 자신의 모습을 볼 수 있도록 했지. 그랬더니 난새는 슬피 울기 시작했어. 밤낮으로 울던 새는 결국 거울을 향해 달려들다 부딪쳐 죽고 말았지. 내가 고란곡을 자주 타는 이유는 자신의 짝을 잃고 홀로 남은 새가 거울 속에서 늙어가는 자신을 바라볼 때 울기 시작하는 것과 내가 거문고를 타는 모습이 닮았기 때문이지. 나는 그 사람을 여읜 이후 거울을 보지 않았어. 난새처럼 유리에 부딪쳐 죽고 싶은 충동이 들까 두려웠기 때문인지도 몰라.

그 사람이 그때 내게로 오지 못한 절박한 이유가 왜 없었겠는가? 임진년에 전란이 터졌을 때 마흔일곱 살의 촌은과 대봉은 모두 의병으로 출전했더군. 두 사람 모두 기개 있는 사람이니 국난을 맞아 그냥 숨어 지낼 사람이 아니었지. 대봉 어른은 상주전투에서 전사했다오. 하지만 촌은은 살아남았다오. 전쟁이 끝났을 때 그는 전공戰功을 인정받아 선조 임금으로부터 포상과 교지를 받았다고 하더군. 그리고 뼈에 사무치던 천인의 굴레를 벗었지. 면천免賤하면서 그의 인생길이 트이기 시작했다오. 벼슬길에 오르기 시작한 거지.

똑똑하고 순발력이 있던 그는 조정의 주목을 받았지. 호조에서 사신 왕래비용을 절감하는 계책을 상소한 뒤 통정대부를 하사받았다네. 광해군 때는 모후 폐위를 거부한 절의를 인정받아 인조반정 이후에는 가선대부로 품계가 올라갔소. 대단했지. 아들까지 잘 둬 나중에

유면민이 공을 세운 덕에 그 아비인 촌은이 한성판윤까지 추증되지 않았는가?

그러나 촌은의 행운은 내게는 불행이었어. 전란 이후 벼슬이 무거워질수록 그는 부안에 마음을 둘 겨를이 없었네. 그보다 더 중요한 것은…….

이 말을 하려니 눈물이 쏟아지려 하네. 그보다 더 중요한 것은 말이오. 그가 이제는 나와 격이 맞지 않는다는 생각을 부지불식간에 하게 된 것 같아. 나는 천하의 바닥인 기생인데, 자신은 면천한 관리가 되었으니 나와 어울리는 것이 그리 좋은 모양새가 아니라는 생각을 했겠지. 사람의 바탕이 나쁘지는 않으나 촌은은 출세에 대한 욕심이 남들보다 강했던 것이 사실이니까. 물론 그것을 나무랄 수는 없지. 다만 내 열일곱 순정이 마치 어린 나무 말라 죽듯 그 자리에서 말라 죽어가는 것이 문제였지. 나는 이런 시조를 읊으며 울었네.

이화우 흩날릴 제 울며 잡고 이별한 님
추풍낙엽에 저도 날 생각는가
천리에 외로운 꿈만 오락가락해라

배꽃에 떨어지는 비는 산들바람에 미친 듯 흩날리는데 그는 떠나갔지. 봄에 떠난 사람을 가을에 생각하는 기분을 아는가? 이화와 낙엽이 같을 리 없지만, 떨어지는 것만 보면 억장이 무너지던 시절이었으니까. 날마다 나는 그 사람 꿈만 꾸는데, 그 사람은 딴 꿈을 꾸는지 꿈길에서조차 만날 수 없었다네. 내 꿈만 걸어 서울까지 갔다 돌아오고 갔다 돌아오고는 했지. 부안의 사내들은 이 시조를 무척이나 좋아해서 모르는 사람이 없었지. 천하의 촌은한테 보낸 시인줄 다들 알았지만, 마치 자기가 받은 것처럼 눈물을 흘리기도 했지.

그런데 목이 빠지게 기다리던 그 사람은 오지 않고, 어느 날 그가 보낸 거문고 하나가 왔다오. 저야 잊지 않고 있다는 말을 거문고를 보내 대신한 것이겠지만, 그걸 받아 든 사람은 더욱 외로워지는 거야. 8년을 기다린 여인, 열여덟이 스물여섯이 되도록 일자 기별 없던 사람이 보낸 거문고 하나를 바라보고 있노라니 갖은 설움이 북받치는 거였소. 그렇지만 나는 가만히 그 거문고를 들고 앉았다오. 〈고란곡〉을 치고 싶었지만, 그래도 저 사람이 내게 이런 기물이라도 보내주니 외롭다고 하소연하는 것은 사치가 아니겠는가? 나는 가만히 음을 고른 뒤 〈백두음白頭吟〉을 퉁겼다네.

〈백두음〉을 아는가? 한나라 때 탁문군卓文君이 지은 노래라고 하지. 문군은 중국 역사에서 대표 미인으로 꼽히는 절색이었다고 하네. 눈썹이 길고 부드러워 산등성이 같았다고 해서 '미여원산眉如遠山'이라는 말이 나왔지. 당시 한량이던 사마상여司馬相如는 이 여인을 보고 한눈에 반했지. 그런데 문군의 부모가 반대했고, 두 사람은 사랑의 도피행각을 벌였지.

그렇게 부부가 된 두 사람이었지만 사랑이란 요물이어서 한 곳에 오래 머무르기를 싫어하지. 전설적인 연애사건의 주인공도 어쩔 수 없이 늙어야 하는 것이니까. 아름답던 문군의 머릿결과 눈썹에도 서리가 얹히지. 그렇게 되고 나니 사마상여가 이제는 무릉의 어린 다른 여인과 바람을 피우지 않는가? 그리고 그를 첩으로 데려오려고 하였소. 이때 탁문군은 거문고를 들어 〈백두음〉이란 노래를 읊지.

> 나를 예쁘다고 말하던 입이 다른 여자 입술 속에서 꿀을 빨고 있네
> 나는 그 여자도 그 여자를 사랑하는 남자도 미워할 수 없네
> 다만 나는 거울 속에 비친 내 흰 머리를 미워하네
> 흰 머리 아래서 눈물 흘리는 저 거울 속 여자를 죽이고 싶네

이런 절절한 마음의 표현이었지. 내가 왜 백두음을 퉁겼는지 알겠소? 나는 〈고란곡〉을 뜯을 만큼 외롭지는 않았지만, 〈백두음〉을 뜯는 탁문군처럼 늙어간다오. 그 말을 하고 싶었던 것이지.

그러나 지난 8년은 아무것도 아니었어. 다시 8년이 지나갈 때까지 나는 그 사람을 볼 수 없었다오. 꼬박 열여섯 해가 지난 1607년, 촌은이 부안에 왔지. 내 나이 서른네 살이었지. 그는 예순두 살이더군. 그 사람은 더 의젓해지고 신수가 훤해보였지. 나는 정말 초췌하게 늙어버린 것 같았지. 만나지 않을 수 있다면 차라리 그러고 싶은 마음이 들었소. 그렇게 기다린 사람이었지만……. 늙어버린 내 얼굴을 보이고 싶지 않았다오. 몹시 미안한 표정으로 서 있는 그에게 나는 거문고를 들어 시를 읊었소.

> 예부터 꽃을 찾는 일은 때가 있는 법인데
> 시인께서는 어쩐 일로 이토록 늦고 늦으셨는지요

꽃을 찾는 일은 기생과 환락하는 일을 말하니, 다 늙은 기생을 왜

찾아왔느냐고 타박하는 말이었지. 그때 한참을 붉어진 눈으로 서 있던 촌은이 답했소.

> 내가 온 것은 꽃을 찾는 일 때문이 아니라
> 열흘간만 시를 나누자는 약속을 지키기 위해서요

오래전에 내가 촌은에게 두루 놀러 다니며 딱 열흘만이라도 함께 시를 나누고 싶다고 한 그 말을 기억하고 있었던 것이네. 당신과 자러 온 것이 아니라 시를 나누러 온 것이라고 말하는 그 말에는, 당신과 나 사이가 사랑으로 이뤄진 연인이 아니라 시를 나누는 친구라고 경계를 긋는 그런 뜻이 숨어 있었지. 그러니까 18년간 오지 않은 것도 다 설명되는 거지. 우리는 다만 시우詩友였을 뿐이지. 내가 착각했던 거야.

눈물도 나지 않았어. 서러워하기에는 너무 오래 기다렸고, 눈물을 흘리기에는 너무 늙어버린 거야. 두 사람은 정말 딱 열흘간 여행을 다녔지. 서로 몸을 탐하지도 않고 가만히 풍경시를 차운次韻하면서 남도 일대를 떠돌았어. 그리고 촌은은 떠나갔어. 눈물도 흘리지 않은 이별이었지. 너무나 잘살고 있는 남자를 위해 너무나 쓸쓸하게 살아가는 내가 축복해주며 헤어졌다네.

사랑하기에는 그는 너무 두뇌 회전이 빨랐고, 세상의 문법을 빨리 받아들였던 것이라고나 할까? 아니, 내가 사랑에 대해 너무 큰 환상을 가지고 있었던 것인지도 모르지. 아름다운 남자에 취해 내가 평생의 눈물로 땀땀이 수놓을 베를 겁 없이 짜기 시작했는지도 모르지.

다시 그를 만나지 못했고, 3년 뒤 여름에 나는 죽었네.

촌은이 오지 않던 그 지루한 날들 가운데 내 마음의 끈을 놓은 적이 있었지. 1599년 스물여섯 살 때 이웃 고을 김제에 군수로 내려온 이귀를 알게 됐소. 명문 집안 출신으로 문재文才가 뛰어난 사람이었다네. 오랜만에 말이 통하는 사람이라 여겨 몸과 마음을 주었는데 1601년 봄, 비리로 파직당했지. 이 사건으로 나는 심신이 모두 황폐해졌소.

그런데 그해 6월에 교산 허균이 충청도와 전라도의 세금을 거둬들이는 해운판관이 되어 부안에 들렀소. 이때 한나절 정도 같이 있었는데, 소문에 듣던 대로 예사 사람은 아니었지. 스물여덟 살의 외로운 난새 같은 여인인 나 매창과, 서른두 살 자유로운 영혼의 '이무기[蛟]'였던 허균의 만남은 어쩌면 하늘이 준 선물이었는지 모르지. 교산을 만나지 않았다면 내 삶은 얼마나 건조하고 허무했을까?

인연이 길지는 않았지만 그는 나의 생애에 새로운 의미와 빛을 던져준 사람임에 틀림없다오. 7월 23일, 비 오는 날 객사에서 나는 거문고를 끼고 그 앞에 앉았지. 그는 담담하고 유쾌한 사람이었지. 시와 술을 번갈아 나눴는데, 그 자리가 저녁까지 이어졌다오. 그가 오랫동안 기억한 나의 시는 이런 것이었지.

그리워하면서도 속엣말 못하네

하룻밤 앓고 나니 머리 절반이 흰 가닥일세

이 여인의 상사고相思苦를 혹여 알고 싶거든

금반지 크기가 절반으로 줄어든 걸 보시오

밤에 허균의 침실에는 내가 들어가지 않고 나의 조카딸을 보내줬소. 이 일에 대해 허균은 이해하는 듯했지. 우선 허균의 후배였던 이귀와 헤어진 지 얼마 되지 않아 몸과 마음이 정리되지 않은 상태에서 흔쾌하지 않은 잠자리가 될 것을 우려했기 때문이고, 그보다 우리의 관계가 어떻게 맺어져야 하는지 나름대로 파악했기 때문이오. 조선에서 기이한 여성 행각으로 소문난 허균에게는 그때 여인이 필요한 것이 아니라 진실로 시를 나누는 친구가 필요했다고 봤던 거요.

그를 다시 만난 것은 1608년(허균이 서른아홉 살, 매창이 서른다섯 살 때다)이었지. 2월에 선조가 돌아가시고 광해군이 즉위했는데 정인홍과 이이첨 무리가 득세하더군. 허균은 공주목사로 있었는데 충청도 암행어사가 그의 행실을 문제 삼아 파직했지. 이 무렵 격변기의 스산한 공기가 싫었던 그는 마침 벼슬에서도 물러난 김에 나를 찾아 부안으로 내려왔소. 비가 퍼붓던 날 함께 우반골의 정사암에 들어갔던 기억이 나네. 암자에서 그와 나는 함께 지냈소. 그해 여름을 지나 가을과 겨울까지 다섯 달을 함께 살았지. 참 행복하던 때였는데…….

나로서는 처음 느끼는 삶의 평안이었지. 승려들도 우리를 보고 좋은 도반道伴이라며 껄껄 웃었소. 허균은 내게 참선하는 법을 가르쳤지. 지금 와서 곰곰이 생각해보면 허균이 부처와 친하고 기생에 빠졌다 해서 파직당했는데, 부안에 내려와 기생을 끼고 부처를 찾아간 셈이니 우습지 않소? 이후 허균은 서울로 돌아가 이이첨에게 접근해 그 줄을 타고 승승장구하게 되었지.

어느 날 나는 달밤에 어느 태수의 선정비 앞에서 산자고새의 노래를 거문고로 연주했다네. 이때 이원형이 나의 곡을 듣고 "한 굽이의 거문고 노래가 자고새(뜸부기)를 원망하네"라는 시를 지었지. 소문이 퍼져나가 서울까지 닿았던지, 허균이 내게 편지를 보냈소.

"계랑이 달을 보면서 거문고를 뜯어 '자고새' 노래를 불렀다니, 어찌 좀 한적한 곳에서 부르지 않고 부윤의 비석 앞에서 불러 놀림거리를 만드셨소? 그 놀림이 곧 나에게 돌아왔으니 억울하외다."

그러니까 사람들은 내가 허균을 사모해 그 곡을 연주했다고 떠들었나 봅니다. 나는 답을 썼소.

"선정비를 더럽혔다는 것은 뭐 할 말이 없지만, 그것이 어찌 나으리의 잘못이라는 말입니까?"

허균에게 답장이 왔소.

"한 무덤에 묻히겠다고 굳은 맹세를 했으니 그대의 잘못이 내 잘못이 되는 게 아니겠소?"

내가 새초롬한 글을 써 보냈소.

"송도의 황진이와 화담 선생이 한 무덤에 묻혔사옵니까?"

부안의 정사암에서 나눴던 대화를 상기시키는 말이었지. 그때 그와 나는 화담과 명월(황진이)처럼 되자고 약조했기 때문이오.

"우리는 하루도 같은 방에서 잠을 잔 적이 없으니 한 방에서 잠든 화담과 명월보다 한 수 위가 아니겠소?"

허균의 이 말에 나는 이렇게 응수했지.

"우리가 이승에서 함께 잠을 자지 않는 것은 무덤에서 영원히 함께 잠들기 위해서 아껴둔 것이 아니더이까?"

"그렇다면 촌은(유희경)이나 묵재(이귀)는 잊었다는 말이오?"

"잊지 않았다면 어찌 나리와 무덤까지 가서 동침하겠다고 하겠나

이까?”

하지만 죽은 뒤 무덤에서 동침하자던 약속은 이뤄지지 못했다네. 나는 마흔에 이르지도 못하고 성급하게 돌아갔지. 사람들에게 부탁해 거문고를 넣어 달라 했네. 그가 오면 연주하고 싶었기 때문이지. 하지만 그 땅 아래 세상에 허균은 따라올 수 없었다네. 대역 죄인으로 몰려 육신이 갈가리 찢기고 뭇사람이 침 뱉는 영혼이 된 그는 무덤에도 들지 못한 채 거리에서 썩어가야 했기 때문이지.

참, 그전에 1611년 함열에 귀양갔다 돌아온 허균이 겨울에 귀신 같은 몰골로 부안에 묻힌 내 무덤 매창이뜸을 찾아온 적이 있었네. 진눈깨비 뿌리는 날이었지. 그는 자신이 마치 자고새인양 이렇게 울었네.

> 연꽃 빛깔 천에 불이 꺼졌네
> 푸른 비취 치마에는 향기가 남았네
> 내년 복사꽃 필 무렵에는
> 누가 이 여인의 무덤에 와보리

그는 그렇게 가서 사거리에서 능지처참되어 천하에 살점이 흩어져 돌아오지 않았고, 진눈깨비 칠적마다 내 슬픈 거문고만 지하에서 진저리치며 울었네. 나는 살아서도 죽어서도 기다리기만 했네.

중국 사신도 감탄한 경성의 자태, 자동선

"일등 송도(개성) 기생, 이리 오너라."

이렇게 부르면 당연히 황진이가 쪼르르 달려올 줄 알지만 천만의 말씀이다. 황진이보다 훨씬 언니면서 중국 사신들이 조선의 경국지색이라고 불렀던 여인이 있다. 송도 자하동의 선녀라고 해서 이름이 '자동선紫洞仙(1431~?)'이다. 국제적으로 공인받은 미인이지만 황진이처럼 튀는 행동을 많이 하지 않아서 살짝 감춰져 있던 기생이다.

15세기 초반은 조선이 막 새롭게 시작해 안정된 사회 기틀을 갖춰 가는 초창기였다. 왕국은 바뀌었지만 여전히 '고려'의 향수와 그림자는 남아 있었고, 왕권은 불안하고 제도도 제대로 갖추지 않았다. 이 문물제도가 마무리되는 때를 성종 대로 본다. 그러고 보면 15세기는 신생 왕국의 불확실성과 에너지를 동시에 지니고 있었던 시기였다고 할 만하다. 쿠데타를 통해 개창은 했으나, 왕족 내부의 질서도 공고하지 않아 권력투쟁이 잦았고 또 유학자를 중심으로 한 신하들의 견제도 만만치 않았다.

이 시대 여인들은 어땠을까. '어린 조선'은 아직 유교적인 윤리가 제대로 뿌리내리지 못한 상태였기에, '패륜悖倫'으로 일컬어지는 부모형제 간의 살육과 범죄, 어이없는 하극상, 문란한 성생활 따위가 자주 물의를 일으키며 등장한다. 그런 가운데 여성들도 자신의 주체할 수 없는 욕망을 표현하며 들끓는 세상을 살아낸다. 몽골족 국가인 원나라는 1368년에 망하기 이전까지 이 땅의 여인들을 지속적으로, 그리고 상당한 규모로 징발해 강탈했다. 그런 고려의 백성을 이어받은 조선 왕조는 당연히 '여성 부족'을 포함한 인구 감소에 시달렸을 것이다. 따라서 군역軍役과 생산, 조세의 기반이 되는 백성의 숫자를 늘리는 일이 현실적으로 상당히 중요한 문제였다.

특히 왕실의 경우 왕권 강화를 위해서도 다산多産이 절실했기에 수많은 여인과의 관계가 오히려 권장되는 분위기가 있었던 것으로 보인다. 대개 태종과 세종의 자손들로 이뤄진 당시의 '종실' 남자들은 엽색과 풍류가 별로 다르지 않았다. 한편 그 대상이 되었던 여인들에게는 왕가의 핏줄들을 꿰는 것이 천국으로 가는 계단처럼 보였을 것이다. 임금이나 왕가 척족과 신하들이 자유연애를 하는 여성을 저마다 섭렵하다가 서로 '중복'되어, 겹동서로 손가락질을 하게 되는 상황도 빚어졌다. 성종 때의 어우동 스캔들은 그런 사회적 풍경의 절정이었다. 하기야 성종 또한 궁녀로 들어오기를 거부하는 명기 소춘풍을 만나려고 미복微服을 하고 밤마다 궁궐 담을 뛰어넘지 않았던가.

자동선은 그 무렵을 살았던 여인이다. 송도 태생의 기생으로 이 고장 출신인 황진이에 비하면 70년 정도 앞선다. 황진이는 조선을 통틀어 가장 빼어난 기생으로 손꼽혀왔다. 황진이는 저명인사와 스캔들을 중심으로 한 사회적인 '활약상'이 두드러졌던 점이 그녀를 유명하게 했지만, 자동선은 중국의 사신이 한번 보고는 "경국지색傾國之色이로다"라는 신음소리를 자아내게 할 만큼, 국제적인 공인을 받은 미인이었다. 그 사신은 본국에 가서 그 사실을 전파해 다음에 조선에 가는 사신에게 꼭 그녀를 한번 보고 오라고 충고해줄 정도였다.

자동선과 황진이에 대한 당시 남자들의 열광을 들여다보기 위해서는 조선 초기 송도가 지니는 도시 이미지를 이해할 필요가 있다. 송도는 조선이 넘어뜨린 왕조인 고려의 왕도王都이며 개경이란 이름으로 불렸는데, 송악산이 있는 도시라고 해서 송도라고도 불렸다. 한양의 선비들에게 이 도시는 묘한 우월감과 권력무상을 동시에 느끼게 하는 곳이었다. 조선의 수도에서 그리 멀지 않은 곳에 있었던 이곳은 "흥망이 유수하니 만월대도 추초秋草(가을 풀)로 가득 차는 폐허"를 실감나게 들여다보는 장소였고, "오백년 왕업王業이 목적牧笛(목동의 피리소리)에 부친 것을 보고 새로 돋아난 권력에 너무 집착하지 않도록 거울 삼는" 수행의 서사시가 되기도 했다. "산천은 의구하되 인걸은 간데 없는 옛 도읍지를 필마匹馬로 돌아드는" 여행이 되었던 것은 그 때문이었다. 실제로 1477년 봄날에 성현·채수·허침·안침·조위 등 선비들이 서로 뜻이 통해 송도를 여행했고, 닿는 곳마다 각자 돌아가며 시를 지은《유송도록遊松都錄》을 남기기도 했다.

한양에서 바라보는 송도는 이런 곳이었다. 쓸쓸한 옛 도시의 정취는 무상감을 불러일으키기도 했지만 아직 채 지워지지 않은 옛 영화의 체취도 느끼게 했다. 우선 권력이 오래 머물던 곳이니 자연히 미인이 많았을 것이다. 게다가 '남남북녀南男北女'라는 말도 있는 만큼 아랫지방과는 다른 걸출한 미색이 숨어 있을 것이라는 사내들의 은근한 기대감도 잠복해 있었을 것이다. 송도 기생의 명성은 이런 배경 속에서 초기 조선을 잠 못 이루게 했다. 자동선의 등장은 어쩌면 송도라는 이름에 힘입어 더욱 아름답게 느껴졌을지 모를 일이다.

이제 그 시대의 두 남자를 만나보러 가자. 한 사람은 서거정으로, 1438년 생원, 진사 양시에 합격하고 1444년 식년시에 문과 을과 3위로 급제했다. 그는 대사성을 지내고 조선 초기 왕권 강화의 공을 세운 양촌 권근의 외손자였던 점에서 주목을 받았을 것이다. 또 그의 누이는 훈민정음 창제, 《용비어천가》 창작에 공을 세운 최항의 부인이었다.

서거정은 호를 사가四佳, 혹은 사가정四佳亭이라고 불렀다. 네 가지 아름다운 것이 무엇인지 밝혀 놓은 글이 보이지 않아 추측해볼 도리밖에 없다. 서거정의 시대보다 200여 년 뒤인 17세기 김창흡의 시에 '사가'가 나온다. 아름다운 물과 아름다운 산, 아름다운 정자[佳水佳山亭亦佳], 거기에(삼가정에) 아름다운 객이 만났으니[三佳亭上逢佳客] '사가정'이라는 것이다.

그는 조선시대 최초로 홍문관과 예문관의 대제학을 지낸 인물로 《경국대전經國大典》, 《동국통감東國通鑑》, 《동국여지승람東國輿地勝覽》 편찬에 참여했다. 세종부터 성종까지 여섯 왕을 섬겨서 45년간 조정에 봉사

했고 23년간 문형文衡(대제학)을 맡았고 23차에 걸쳐 과거시험을 관장했던 조선 초기의 엘리트였다. 그는 천문·지리·의약·복서卜筮·성명性命·풍수에 통달한 백과사전적인 지식인이기도 했다.

서거정에게는 친구가 한 명 있었다. 효령대군의 다섯째 아들인 영천군 이정이다. 효령대군은 태종의 둘째 아들로 셋째 충녕대군(세종)에게 왕위가 넘어간 뒤 불교에 심취해 불경 강론에 매달렸던 사람이다. 거친 정치 격변기에도 묵묵히 독서와 활쏘기를 하며 자아를 깊이 감추고 살아 아흔한 살까지 장수를 누렸다.

그런 아버지의 처세술을 이어받았음일까. 대를 이을 왕재王才로 주목을 받던 똑똑한 영천군 또한 정치에는 전혀 뜻을 두지 않고, 천하를 쏘다니는 바람둥이로 일생을 보낸다. 그는 막강한 종실의 위세를 무기로 삼아 엽색으로 스트레스를 풀었고, 또한 역대 왕들은 그의 이런 일탈이 역모逆謀 걱정을 덜어주었기에 가능한 한 방조했다. 그러나 무슨 일이든 인과因果가 있는 것일까. 이 영천군은 나중에 조선 최대의 풍기문란 사건을 일으킨 어우동의 시아버지가 된다. 서거정이 두 살 아래의 영천군과 친밀하게 교유한 흔적이 시에 보인다. 그는 수원으로 떠나는 영천군에게 이런 시를 쓴다.

아름다운 기생이 겹겹으로 붉게 에워싸고는[佳妓重重紅作圍]
생글생글 웃으며 바라보며 왕손의 옷자락 다투듯 당기면서[快覩爭挽王孫衣]
한번만 웃어주세요, 그리고 왕손이여 머물러주세요[但願一笑王孫留]
떠나는 왕손과 헤어지는 일은 원치 않아요[不願一別王孫歸]
인생은 자고로 만나기가 어려운 법[人生自古會合難]

무산 운우(황홀한 정사)를 실컷 즐겼지만[巫山雲雨猶盡歡]

원앙 휘장 안에 봄밤은 짧아라[鴛鴦帳中春宵短]

그리움 끝이 없어 눈물만 흐르네[相思無盡淚闌干]

_서거정, 〈수주행水州行, 영천귀공자 이정에게 주다〉

서거정의 이 시는 탕아처럼 떠도는 영천군의 비위를 신나게 맞추고 있다. "수원 가시면 이런 일이 벌어질 것이니 기대하고 가십시오." 그야말로 풍류 그득한 '영'비어천가다. 어여쁜 기생의 목소리를 내가며 친구의 행복한 예감을 돋우는 서거정의 재기발랄한 시문은 비교적 막역한 벗으로서 부러움의 표현과 풍자가 뒤섞인 느낌이 든다.

한편 영천군은 서거정의 시에 관한 한 '팬'이라고 할만했다. 그는 양주의 원루院樓에 걸린 시 한 편을 읽었다. 그러고는 감탄하면서 그 아래에 "이 시를 보니, 분명 서거정의 솜씨다"라고 적었다. 나중에 그는 다시 와서 읽어보고는 "세상에 인재가 많은데 어찌 그 사람에게서만 시가 나올 수 있으랴" 하고 그 글을 지웠다고 한다. 사실 그 시는 강희안의 작품이었다.

이 일화에서 영천군이 서거정을 어떻게 생각했는지를 느낄 수 있다. 두 사람의 우정에 대해, 소설가 정비석은 비교적 자세하게 그리고 있다. 서거정과 영천군이 함께 송도로 가서 자동선을 만났다는 것이다. 그때를 1448년(세종 30년)으로 보고 있다. 이때 서거정의 나이는 스물아홉 살, 영천군은 스물일곱 살이었다. 그는 서거정이 이 해에 사가독서賜暇讀書(독서휴가)를 받아 여행을 떠날 수 있었다고 설명하고 있다. 그러나 서거정이 사가독서를 받은 것은 1451년(문종 1년)으로 시기가 맞지 않다. 하지만 꽃 지는 어느 봄날 개성을 다녀온 적이 있음은 분명하다. 영천군이 그곳에 갈 때 서거정은 이런 시를 써준다.

> 서루의 명월은 응당 나를 기억하리[明月西樓應憶我]
>
> 낙화유수가 사람 마음 어지럽게 했지[落花流水使人迷]
>
> (중략)
>
> 다시 유람하면 내 기분이 죽처럼 진할 텐데[我興重遊濃似粥]
>
> 돌아가 함께 등산하고 싶어라[若爲歸去忝攀躋]
>
> **_서거정, 〈송경松京에서 옛일을 생각하면서 영천경永川卿을 보내다〉**

서거정은 첫 벼슬로 사재감직장을 받았고 이후 집현전박사, 경연사경을 거쳐 1447년 지제교 겸 세자우정자로 승진했다. 그 뒤 임금의 배려로 1451년 특별휴가를 받는다.

그 무렵 나라를 떠들썩하게 한 소문 하나가 있었다. 명나라의 급사 장녕張寧이 조선의 연회에 참석해 자동선이란 기생을 눈여겨보고는 "참으로 경성傾城의 자태다"라고 감탄했으며, 돌아가 본국에 그 이야기를 전파해 중국에서 유명해졌다는 것이다. 서거정은 장녕을 만나본 뒤 그를 이렇게 품평하고 있다.

> 급사 장녕은 그 문장은 가히 진가유(명나라의 사신으로 서거정이 대인군자로 평한 사람)에 백중하다 하겠으나 언행에 있어서는 억지스러운 곳이 있었다. 하지만 군자에 속하는 사람이다.

언행이 억지스럽다는 것으로 봐서 그에 대한 불쾌감 같은 게 있지 않았나 싶다.

하지만 장녕이 "경성의 자태"라고 말한 것은 놀랍다. 이 말은 한무제 때 협률도위協律都尉(음악을 관장하는 벼슬)로 있던 이연년李延年의 시에 나온다.

> 북쪽에 미인이 있어[北方有佳人]
>
> 세상에서 떨어져 홀로 있네[絕世而獨立]
>
> 한 번 돌아보면 성을 위태롭게 하고[一顧傾人城]
>
> 두 번 돌아보면 나라를 위태롭게 한다[再顧傾人國]
>
> 어찌 성이 위태로워지고 나라가 위태로워지는 것을 모르리요만[寧不知傾城與傾國]
>
> 미인은 다시 얻기 어렵도다[佳人難再得]

이연년은 이 시로 자신의 누이동생을 황제에게 소개한다. 이 여인이 무제 만년에 총애를 독차지했던 이부인이다. 자동선이 중국 황제를 사로잡은 이부인에 필적할 만하다고 했으니 보통 칭찬이 아니다. 언행이 억지스럽다고 표현한 것은, 이 말을 두고 한 것일까. 그렇지는 않은 것 같다. 왜냐하면 서거정은 자동선을 만나기 위해 송도로 가기 때문이다. 야심만만한 정치가이자 시인으로 떠오른 별이던 이 남자가 '경성지색'이라고까지 일컬어진 자동선을 만나고 싶은 마음이 생긴 것은 어쩌면 당연한 일이 아니었을까.

서거정은 송도의 자하동 영선루迎仙樓에서 자동선을 처음 보았다. 희디흰 얼굴에 곱고 깨끗한 콧날, 부드러운 눈매는 지상에서 늘 보아오던 인간의 모습을 넘어 있었다. 그녀의 이름을 자동선이라 한 것은 스스로 붙인 게 아니라 이 고을 수령이 지어준 것이었는데, 한 치 틀림이 없는 자하동(중국의 신선마을)의 선녀였다. 자태만 고운 것이 아니라 검무劍舞와 거문고 솜씨, 시문과 서예까지 스물한 살의 나이에 어떻게 완벽한 문예를 한 몸에 섭렵할 수 있었는지 놀라울 따름이었다. 그녀는 서거정에게 이렇게 말했다.

"이 시대 최고의 시인을 눈앞에서 뵙게 되니 정신이 어지럽고 황홀해 무슨 인사부터 드려야 할지 모르겠사옵니다. 사가 어른의 별가別佳라 할 만한 시를 한 수 읊겠습니다."

봄을 찾아 작은 다리 서쪽을 건너니[尋春來渡小橋西]
떨어진 붉은 꽃, 말발굽에 달라붙는데[零落殘紅襯馬蹄]
숲 너머 숨은 새들, 시상이 떠오르는지[隔林幽鳥多才思]
푸른 산을 다스리듯 제 풀에 우는구나[管領青山自在啼]

_서거정, 〈봄날 청파青坡에서 노닐면서〉

"오오, 그대가 이 시를 기억하고 있단 말이오?"

"잔홍殘紅이 말발굽에 붙는다는 표현이 제 심장이 떨릴 만큼 극미極美하옵니다."

"내가 이 고도古都에 와서 이런 얘기를 듣다니, 정말 뜻밖의 일이외다."

"숲 속에 숨은 유조幽鳥 하나가 지저귀는 것이라 여겨주옵소서. 청산을 어찌 작은 부리 하나로 찍어올릴 수 있겠사옵니까?"

"허허. 그대가 이토록 시에 밝으니 내가 오히려 두려워지는구먼."

"나리의 술 노래도 기억하고 있사옵니다. 읊어볼까합니다."

봄날 성의 고운 술은 어린 거위같이[春城美酒黃鵝兒]

봄바람에 살랑살랑 잔물결이 이는구나[春風鱗鱗生細漪]

나는 지금 홀로 삼백 잔 따라마셔[我今自酌三百杯]

가슴속의 불평스런 마음 씻으려는데[湔洗胸中不平懷]

(중략)

남아 생전 반드시 때를 만날 터이니[男兒生前會有遇]

장부라면 죽은 뼈도 헛되이 썩지 않네[丈夫死骨非徒朽]

요순시대 멀어졌으니 어찌하리[唐虞世遠吾奈何]

술 앞에 세 번 외치고 미친 노래 부르리[對酒三叫歌狂歌]

_서거정, 〈술 앞에서 노래함〉

이 시를 읊자 서거정은 껄껄 웃었고 둘은 어느 샌가 포옹을 하고 있었다. 술잔을 든 채 두 사람은 영선루 동쪽으로 돋아오는 달을 바라보았다. 그날 밤 두 사람은 운우지정을 맺고 함께 평생을 같이하리라 다짐한다. 한양으로 돌아오며 그는 천하의 명기가 스스로 다소곳이 그를 맞아준 일이 꿈만 같았다. 한 여인을 위해 목숨과 삶쯤은 버려도 좋겠다는 생각을 했다. 경성지색은 한 사람의 성城을 기우뚱하게 할 만큼 현기증 나는 아름다움이었다.

며칠 뒤 영천군이 그가 그린 산수도에 제발提拔을 붙여달라고 찾아왔다.

그대는 내게 그림을 그려봐달라고 여러 번 가져왔지[多君貽我畵圖看]

종일토록 벽 사이에 두고 한가로이 집어드네[盡日閑拈半壁間]

한번 강호를 바라보니 천만 리에 이르고[一望江湖千萬里]

청산이 어디란 말인가, 이 집이 산인데[靑山何處是家山]

_서거정, 〈영천군이 산수도를 준 것에 감사하며〉

영천군은 손뼉을 치며 좋아했다.

"역시 서거정은 재치가 넘쳐요. 그림보다 '시가산是家山' 세 글자가 더욱 압도하니 말이오."

"그렇게 말씀해주시니 고맙소이다. 군君이 제게 이렇게 많은 그림을 베푸시니 고맙기 한량없습니다."

"알아주는 이에게 그림을 보일 수 있다는 것이 제 복입니다. 그림이란 무릇 기예가 아니라, 뜻을 전하는 전신傳神이니 탁월한 감식안이 필요한 것이 아니겠소?"

"그림 값을 해야 할 텐데 내가 할 수 있는 일이 무어 없겠습니까?"

"허허, 왜 없겠소? 내가 본시 강호를 좋아하는 뜻은 강호에 숨은 바람과 물결을 좋아하기 때문이 아니겠습니까? 술잔에 마음을 찍어 풍류도風流圖를 그릴 기회를 주시는 게 어떻겠소?"

"하핫. 역시 나리의 봄뜻[春情]에는 못 당하겠습니다. 제가 한 아이를 보아둔 게 있긴 합니다만……."

서거정은 개성에 갔다가 돌아오는 길에 만났던 청초하고 파리한 여인 하나를 떠올렸다. 청교역 부근에서 만난 청교월靑郊月이란 기생이었는데, 영천군은 서거정에게서 이 여인을 소개받고는 무척 흡족해했다. 그런데 어느 날 영천군이 청교월과 함께 술잔을 기울이고 있는데, 서달성이라는 사람이 그에게 이런 시를 읊었다.

청교의 버들은 푸르러 마음만 아픈데[靑郊楊柳傷心碧]

자하동의 노을은 말 그대로 짙구나[紫洞煙霞盡意濃]

영천군은 그의 시가 청교월과 관련된 것인 줄은 알겠는데 정확하게 무슨 의미인지 알 수 없었다. 곰곰이 생각하던 끝에 그는 서거정을 찾아간다.

"청교의 버들이 푸르러 마음만 아프다는 게 무슨 뜻이오?"

"청교역에는 버들이 많이 피어 있는데 이별이 잦으니 상심이 많다는 의미인 것 같습니다."

"청교월과는 어떤 관련이 있소?"

"청교에 뜨는 달이라 함은 아무래도 슬프게 창백한 기운이 있으니, 파리한 여인과 사귀는 일은 상심을 부르는 일이라고 언질을 주는 듯합니다."

"오호, 그렇소? 그렇다면 자동연하는 무엇이오? 그것이 무엇이기에 끝까지 진하다는 말이오?"

"아무래도 송도의 자하동에 피는 안개를 말하는 듯합니다."

"자하동이라? 그러면 혹시 일전에 중국 사신이 경성지색이라고 말했던 그 자동선을 얘기하는 것이 아니오?"

"……."

"자동선이 그렇게 사람을 흡족하게 하는 데가 있다는 뜻이 아닌가?"

"……."

"허허, 사가가 이렇게 과묵해진 건 처음 보았소. 자동선을 내게 소개해주면 안 될 이유라도 있는 것이오?"

"아닙니다. 그럴 일이야 뭐가 있겠습니까? 왕실의 종친이 원하는 상대라면 어찌 거리낄 것이 있겠습니까?"

"서달성이란 친구가 내게 와서 굳이 그런 시를 읊는 것에는 까닭이 있을 법하오. 나 또한 자동선이 궁금하던 참이었소. 나와 함께 그 여인을 만나러 가는 건 어떻소?"

"하하핫. 알겠습니다."

운명처럼 다가온 그녀가 서거정을 괴롭혔다. 그는 세차게 고개를 흔들었다. 그녀를 데리러 갈 날을 보고 있던 차에 이런 일이 생긴 것이다. 당시 종실의 위세는 만만치 않았다. 천첩이나 관비 소생일지라도 종실의 혈통으로 인정되면 종친부의 작첩을 얻어 사족士族으로 행세할 수 있었다. 어떤 가문이라도, 그리고 상대가 비록 원하지 않는다 해도 종실이 단자單子를 보내면 바로 혼인을 거절할 수 없었다. 그런 때이니 영천군이 의욕을 보이는 순간 그녀의 운명은 결정된 것이나 다름없었다.

얼마 뒤 서거정과 자동선은 다시 만났지만 서로 아는 척도 할 수 없었다. 그는 다만 친구인 영천군에게 여인을 소개해주고 월하빙인月下氷人처럼 서로 이어주는 역할을 할 수밖에 없었다. 자동선은 얼핏 눈물을 보였지만 서거정은 외면한 뒤 친구를 바라보며 껄껄거렸다. 자동선은 이후 영천군의 애첩이 되었다.

이후 명나라의 사인舍人 김식이 찾아와 장녕이 감탄하고 간 '유명한 자동선'을 찾았다. 이미 군君의 첩실이 된 상황이라 부르기가 어려워 예관禮官이 다른 예쁜 여자를 데리고 왔다. 그러자 김식은 고개를 저었다.

"이 사람이 자동선이라면, 장녕이 그렇게 칭찬했을 리가 없소이다. 얼른 진짜 그 여인을 데려오시오."

당황한 예관은 영천군의 집으로 사람을 보내 그녀를 제천정濟川亭으로 데리고 왔다. 김식이 그녀를 보더니 한참 동안 입을 다물지 못하고 바라보았다.

"과연……."

김식에 대해 서거정은 이렇게 평하고 있다.

"그는 7언과 4운을 잘했고 필법과 화격도 높고 묘했다. 하지만 행동은 절제할 줄 몰랐다."

서거정은 그 후 오랫동안 혼자 자동선을 그리워했지만 어떤 표현도 할 수 없었다.

강 위의 봄, 어디서 찾을꼬[江上春歸底處尋]

초록 다홍의 소녀시절, 한탄이 흘러나오네[綠嬌紅小恨難禁]

사람 사이 이 같은 이별 해마다 같지만[人間此別年年似]

올해는 비녀 가득 눈 내려 부끄럽네[羞殺今年雪滿簪]

_서거정, 〈봄을 보내다〉

밤 깊이 설색이 어지럽도록 희더니[夜深雪色爲渾白]

새벽엔 햇살 끌어와 살짝 붉어지네[曉引朝暉欲軟紅]

백 년 동안 창이 밝았다가 어두웠다가[百歲窓明窓暗裏]

이불 쓰고 삐딱하게 앉아 시 짓는 늙은이[擁衾危坐一詩翁]

_서거정, 〈지창紙窓〉

이런 시 속에서 서거정의 회한이 슬쩍 지나갈 뿐이다. 자동선은 종실에 들어간 뒤에는 현숙한 여인으로 지냈던 듯하다. 이렇게 그녀의 자취가 사라진다. 하지만 영천군은 여전히 바람둥이로 살았고 그 이후에도 많은 여인을 첩실로 삼는다. 두 사람은 공히 수양대군의 피바람 속에서 살아남았다.

서거정은 그보다 세 살 더 많은 수양대군이 명나라 사절로 갈 때 함께 수행해서 우정을 쌓았다. 1453년 김종서 장군을 죽이고, 안평대군과 금성대군을 처형하는 소용돌이에도 그는 깊이 고개를 꺾고 세조를 보필하는 세력으로 거듭났다. 또 영천군은 '머리' 없이 음란한 나비가 되어 꽃을 찾아다닐 따름이었다. 그런 가운데 자동선은 돋아난 사랑을 가만히 접은 대신 종실의 첩으로 부귀를 누리며 그 시절을 살아나갔다. 그녀는 행복했을까? 그녀가 나의 초청에 응하면 한번 슬쩍 물어보고 싶다.

주어진 운명을 버린 자유로운 영혼, 황진이

1957년. 스물일곱 살 정옥순(도금봉)에게는 일생일대의 사건이 다가왔다. 영화 〈황진이〉의 주인공 황진이 역으로 캐스팅된 것이다. 극단 '창공'에서 지일화라는 이름으로 연기수업을 받은 그녀는 아름답지만 요기 서린 기생 황진이의 역할을 진짜 살아내듯 해냈던 모양이다. 사람들은 그를 세기의 여우女優 메릴린 먼로Marilyn Monroe에 빗대어 '세기의 여우fox'라고 불렀다. 당시로서는 드물었던 풍염豊艶한 가슴의 비경은 뭇 사내의 눈을 멀게 했다. 이른바 육감적인 '팜파탈femme fatale'의 탄생이었다.

1963년 〈새댁〉이라는 영화로 대종상 여우주연상을 받고, 1972년과 1974년에는 〈작은 꿈이 꽃 필 때〉와 〈토지〉로 여우조연상을 잇따라 받은 도금봉은 전쟁 이후 1970년대까지 한국의 은막을 수놓은 인상적인 별이었다. 마지막 배역은 1997년 박찬욱이 감독한 〈삼인조〉에 등장한 걸쭉한 충청도 사투리를 쓰는 전당포 노파였다. 삼청동에서 복집을 운영하기도 한 그녀는 2009년, 노무현 전 대통령 서거로 어수선한 시기에 가만히 눈을 감았다. "나의 죽음을 알리지 말아달라"는 유언을 남기고 돌아간 그녀는 노인복지시설에서 쓸쓸한 임종을 맞은 것으로 알려져 뒤늦게 세상 사람들의 마음을 짠하게 했다.

내 마음을 붙든 것은, 그녀의 삶이 〈황진이〉로 인해 바뀌었다는 점이다. 데뷔 영화에서 일약 여주인공을 맡은 것도 대단하지만, 그 역할이 조선 최고의 미인이자 자유여성이었던 황진이였다는 사실은 그의 긍지였고 평생의 자부심이었을 것이다. 그는 황진이로 살고 싶었던 듯 이름조차 '황진이'를 함의하는 세 글자로 개명했다. 송도의 '도'와, 가야금의 '금', 봉우리의 '봉'을 딴 것이다. 송도의 가야금 최고봉. 화려한 남성 편력이나 세상을 떠들썩하게 한 연애사건의 황진이를 우러른 것이 아니라, 그 도도한 예인의 경지를 사모한 것을 느끼게 하는 이름이다.

도금봉의 죽음을 계기로 황진이의 삶을 다시 엿본다. 누구나 황진이를 알지만, 아무도 황진이를 모른다고 했던가. 황진이를 좀더 가까이서 보기 위해 그녀의 삶의 장면들을 재구성해보았다.

달빛이 환한 가을밤, 황진사네 뜨락

"네 이년! 네가 그러고도 무사할 줄 알았더냐?"

"나으리. 저는 아무 잘못도 없사옵니다. 다만 저이가 갑작스레 ……."

"시끄럽도다. 네가 꼬리치지 않았다면 저 소금장수 놈이 너를 눈여겨보았을리 없을 터. 어디서 구차한 핑계를 발명해 더러운 몸을 보신하려고 하느냐?"

"저는 저이를 본 적도 없사온즉……."

"허어, 그래도, 이년이. 집안 망신을 시켜도 유분수이지. 벌써 소금장수 놈이 실토했거늘. 그놈의 입으로 분명히 네년과 눈이 맞아 그런 일을 꾀했다고 했다. 네가 감히 거짓말을 하려 들어?"

"나으리, 억울하옵니다. 평생 나으리만 바라보고 살기로 마음먹은 소첩을 어찌 이리도 몰라주나이까? 큰 은혜를 입어 이렇듯 나으리와 살게 된 것만으로도 분에 넘치는데, 어찌 다른 생각을 하오리까?"

"그러니까 내가 기가 막힐 노릇인 게야. 은혜를 이리 갚다니."

"아닙니다. 나으리. 저는 소금장수 놈을 보지도 못했사옵니다. 눈이 맞다니, 그런 당치도 않은 말씀을 하십니까. 차라리, 그런 더러운 자의 입에 오른 제 눈을……."

현금은 품 속에 있던 은장도를 꺼내 제 눈을 찌른다.

"저, 저, 저런 독한 년. 어쩌자고……."

황진사가 당황해 다가가는 순간, 문설주에 붙어 울먹이던 네 살배기 진이의 울음소리가 터져 나온다.

겨울밤, 송도 기방 뒤에 딸린 퇴기退妓의 쪽방

"그 자가 급환急患으로 돌아갔다 하니 내 마음이 시원합니다."

"얘가 무슨 말을 이렇게 험하게 하느냐? 그래도 네 아비인 것을. 그리고 제 명을 채 살지 못하고 병으로 돌아갔으니 불쌍하지 않으냐?"

"어머니는 참 속도 없습니다. 불쌍하기는 뭐가 불쌍하다는 말입니까? 순진하던 스무 살 처녀를 꾀어 제 욕심을 채운 뒤 참으로 어처구니 없는 질투심에 눈이 멀어 첩을 버린 인간이 뭐가 불쌍합니까? 불쌍한 것은 어머니이지."

"그래도 네 아비가 그 뒤 후회하고 은근히 나를 많이 도와주었느니라. 앞 못 보는 인간이 된 내가 여기 퇴기의 숙소에 머무를 수 있었던 것도 다 황진사의 덕택이니라."

"어머니. 나는 그날 밤을 잊지 못합니다. 그 달 밝은 밤에 살기 어린 아버지의 얼굴과, 달빛에 번쩍이던 어머니의 은장도를……. 그리고 마당에 붉은 꽃잎처럼 뚝뚝 떨어지던 어머니의 피를……."

"얘야. 다 잊어라. 내가 모질어 그랬느니라. 너무 억울하다 보니 내가 앞뒤를 살피지 못했느니라. 지금 생각하면 참으로 어리석은 일이지."

"당연하지요. 저라도 그랬겠습니다. 그런데 그 인간을 어떻게 용서하겠습니까?"

"너희 아버지도 그날 분노 때문에 성정을 잃으셔서 그렇지, 참 멋진 분이셨느니라. 오래전 다리 아래에서 내가 빨래를 하고 있을 때, 다리를 지나가던 그분은 나를 보고는 넋을 잃은 듯 한참 서 있었지. 그러고는 내게로 다가와 붉은 감 하나를 주셨어. 나는 부끄러워 받지도 못하고 고개를 돌리고 있었는데, 빨래 위에 얹어놓고 가시더군. 그것이 인연이 되었지."

"됐어요, 어머니. 그만하세요. 그 이야기 한 번만 더 하면 백 번입니다."

"얘도, 참. 어쨌거나 너는 황씨 집안의 딸이고, 그래서 성이 황씨다."

"그 '황'이 나는 너무 싫어요."

봄날, 퇴기의 쪽방

“아씨, 큰일났어요. 상여가 우리 집 앞을 지나다 멈춰서버렸어요. 그 뒤로는 꼼짝하지 않는다 합니다.”

“어인 일이냐? 그 상여가 왜 하필 이곳에서 섰다는 말이냐?”

“상두꾼들 말로는 상여에 누운 자가 이웃동네 총각인데 아씨를 한 번 본 뒤 상사병이 들어 시름시름 앓다 그만 숨을 거뒀다 합니다. 그러니 한이 되어 이곳을 지나가지 못하는 것이래요.”

“그런 끔찍한 일이? 그렇다고 해서, 귀신이 무엇을 어쩌겠다는 거냐?”

“상두꾼들 말로는 아씨가 속곳을 하나 벗어 상여에 얹어주면 움직일지도 모르겠다고 하던데요.”

“어머나. 해괴한 말이로다. 처녀가 어디에 속곳을 내놓는다는 말이냐? 하지만 죽은 자가 그리 원한다면 아니 들어줄 수도 없는 노릇인데…….”

“아씨, 어쩌면 좋지요?”

“정말 사내란 알 수 없는 존재로다. 좋을 때는 좋다고 저리 미쳐 죽기까지 하고, 또 변덕이 죽 끓 듯하고, 의심하고 질투하고 욕정에 춤추며 사니. 어쨌거나 내가 이 껍데기 한 겹의 저주로 멀쩡한 사내 하나를 죽였구나. 그래, 그까짓 속곳이 아까우랴? 가엾은 자의 마지막 길에 소원이나 풀어주자꾸나.”

“아씨. 세상에! 상여가 움직였어요.”

“쯧쯧, 내 이런 세상을 어찌 제정신으로 살겠는가? 기생이나 되어 농세弄世나 하며 살다가리라. 어리석은 자들과 탐욕스러운 자들을 골

탕먹이고 뒤흔드는 것으로 의미를 삼으리라."

여름밤, 유수 송겸의 술자리

"과연 명불허전名不虛傳이로다. 시면 시, 춤이면 춤, 가야금이면 가야금. 못 하는 것이 없이 뛰어난데다 얼굴은 숨이 막힐 듯이 아름다우니, 나 혼자 보고 있기가 미안하도다."

송겸이 신음처럼 감탄사를 내뱉는다. 그러자 좌중에서 누군가 한마디 한다.

"유수께서 진이의 미모에 눈이 먼 듯하오이다."

이때 송겸의 첩이 궁금해 문틈으로 엿본다.

"저렇게 예쁠 수가? 이제 나는 명월에 무색해진 요강그릇 같구나. 나는 아무 짝에도 쓸모 없는 존재가 되어버렸어."

그러다 첩은 잠깐 혼몽한 상태가 되더니 아우성을 치며 술자리 한복판으로 튀어나와 술판을 뒤엎으며 나동그라진다.

"이, 이, 이 사람이 왜, 왜 이래?"

송겸의 당황한 목소리가 들리고, 분위기를 알아차린 손님들과 황진이가 하나씩 집을 빠져나간다. 그런데 이런 사고를 당한 뒤에도 송겸은 첩의 눈을 피해 다시 황진이를 찾는다.

달 밝은 밤, 취적교

벽계수는 거문고를 든 아이를 뒤따르게 하고 유유히 황진이 집 앞을 지나 누각에 올랐다. 친구가 가르쳐준 '황진이 유혹' 비법을 그대로 쓰는 중이다. 그는 거기서 말없이 거문고를 탔다. 그러자 황진이가 다가와 앉는다. 벽계수는 진이를 본체만체하고 일어나 말을 타고 떠난다. 머쓱해진 황진이는 벽계수의 뒤를 따라온다. 취적교 위를 오르는데 갑자기 뒤에서 '신이 내린 목소리'로 시조 한 수가 흐른다.

청산리 벽계수야 수이 감을 자랑마라
일도창해一到蒼海하면 돌아오기 어려우니
명월이 만공산하니 쉬어간들 어떠리

이건 각본에 없던 일이었다. 황진이의 노래는 천하의 절창인데다 가사마저 벽계수를 뒤흔든다. 처음에는 무심한 표정이었던 사내가 '쉬어간들 어떠리'라는 간드러진 대목에서 그만 뒤를 돌아보고 만다. 영혼의 뒤통수를 치는 사이렌의 노래가 이랬을까? 그러자 갑자기 말이 균형을 잃고 비틀거린다. 그 바람에 벽계수는 말에서 떨어진다. 지금까지 무심한 표정으로 일궜던 카리스마를 바닥에 처박는 순간이다. 그때 진이의 웃음소리가 터져 나온다.

"그대는 명월에 계수나무 심을 생각 마시고, 그냥 쭉 흘러가는 것이 좋을 듯하오."

여름밤, 소세양의 사랑채

"여색에 빠져 허우적거린다면 그게 어디 사내라고 할 수 있겠는가?"

"여색도 여색 나름일세. 자네는 송도 기생 황진이가 와도 나무토막처럼 있을 셈인가?"

"나는 계집 앞에 나무토막처럼 있겠다고 말하지 않았네. 다만 내 욕망을 내가 조절할 수 있다는 뜻이네. 약속을 하나 하겠네. 내가 송도의 명월이를 명월이 뜨는 날 만나 그다음 명월이 뜨기 전에 헤어지겠네. 하루도 어김없이 돌아서 나올 테니 두고 보게."

"하핫. 자네. 만약 그렇게 하지 못한다면 어쩔 셈인가?"

"그렇다면 나는 사람이 아닐세."

황진이가 있는 기방에 앉은 소세양

"그대가 떠날 날이 하루 남으셨네요. 오실 때 달 밝은 날에 와서 명월을 품고 다시 달 밝은 날에 명월을 버리겠다고 하셨으니, 그 약속은 변함이 없으신가요?"

"내 그대를 사랑하기는 하나, 그 약속은 꼭 지킬 것이니라."

"오늘밤 이별의 연회를 여는 것은 어떨지요?"

"그래. 너와 많이 정이 들었으니 떠나기도 쉽지 않도다. 오늘밤 모든 정을 다 풀고 가리라."

개성의 달빛 누대에서 술잔을 앞에 놓고 황진이는 가야금을 탄다.

달빛 아래 뜨락의 오동잎 다 졌네요
서리 맞은 들국화는 노랗게 변했네요
누대는 자꾸 높아져 한 자만 더 오르면 하늘에 닿겠네
사람은 취하고 싶어 천 잔의 술을 다 마셨네요
흐르는 물은 가야금 소리처럼 차고
매화무늬는 피리소리 속에 향기를 넣는 듯

내일 아침 서로 헤어지면

그리운 생각이 푸른 물결처럼 길겠지요

이튿날 아침 두 사람은 마주 섰다. 말없이 바라보는데 황진이의 눈에 맺힌 눈물이 보인다. 껴안아 뺨을 대니 맺힌 눈물이 소세양의 뺨으로 주르르 흐른다. 아직 손을 잡은 채로 소세양은 돌아서서 가려다 자석이 붙은 듯 다시 안겼던 자리로 돌아온다.

"그대, 미안하오. 나는……."

"대감."

"나는 사람이 아니오."

"그러하오시면……."

"소세양의 눈이 이렇게 말하고 있소. 금월에도 명월을 보고 싶고, 명월에도 명월을 보고 싶다고……."

"서방님!"

나주 고을의 전라감사 환영 연회장에서

"감히 도백을 모시는 큰 잔치에 미친 여자가 뛰어들다니 무엄하도다."

"옷이 더럽고 얼굴에 때가 끼었을지언정 미치지는 않았습니다."

"너는 어떤 여자이며 전라감사를 위해 무엇을 할 수 있느냐?"

"저에 대한 이야기는 별로 할 게 없습니다만……."

"행색이나 몰골은 초라하나 그 속에 미색이 남아 있도다."

"잘못 보신 걸 거외다. 저는 어린 날 아버지를 잘못 만나 천하 사내들의 품을 떠돌아다녔습니다. 문득 한 성인을 뵙고 깨달음을 얻어 도를 찾아 금강산으로 들어갔더이다. 그래도 갈증이 풀리지 않아 설악산·태백산·오대산·지리산을 거쳐 여기까지 오게 되었습니다. 풀뿌리를 씹고 구걸하며 천하를 부유했으나 아직도 삶은 모르겠고 죽음은 더더욱 알 수 없게 되었습니다."

"그래? 그렇다면 네가 송도의 명기 황진이라도 된다는 말이냐? 하하하."

좌중의 웃음소리에 황진이는 곁에 있는 기생이 품고 있던 가야금을 빼앗아 들었다. 그러고는 노래를 부르기 시작한다.

삼세의 아름다운 인연이 제비꼬리처럼 나란히 했으니
이 중에 살고 죽는 일도 두 마음이 알아채리라
양주에서의 꽃 약속을 나는 어기지 않겠지만
걱정스러운 것은 그대가 잘생긴 시인이라는 것

그녀의 아름다운 목소리만은 하나도 변하지 않았다. 그녀는 가야금을 놓고 적삼을 벗더니 이를 잡는다. 거지 여인은 노래 한 자락 춤 한 자락으로 밥을 얻어먹고는 맨발바닥에 박힌 돌을 빼면서 절뚝절뚝 걸어서 어디론가 사라졌다. 그녀는 죽으면서 "내가 세상 여자들 가슴을 얼리고 사내들 가슴을 녹였으니 그 죄가 가볍지 않다. 죽으면 모든 이들의 손가락질을 받을 수 있도록 큰길가에 주검을 버려 달라"고 유언했다. 그러나 후인은 그를 아껴 송도의 양지바른 길가에 가만히 묻었다.

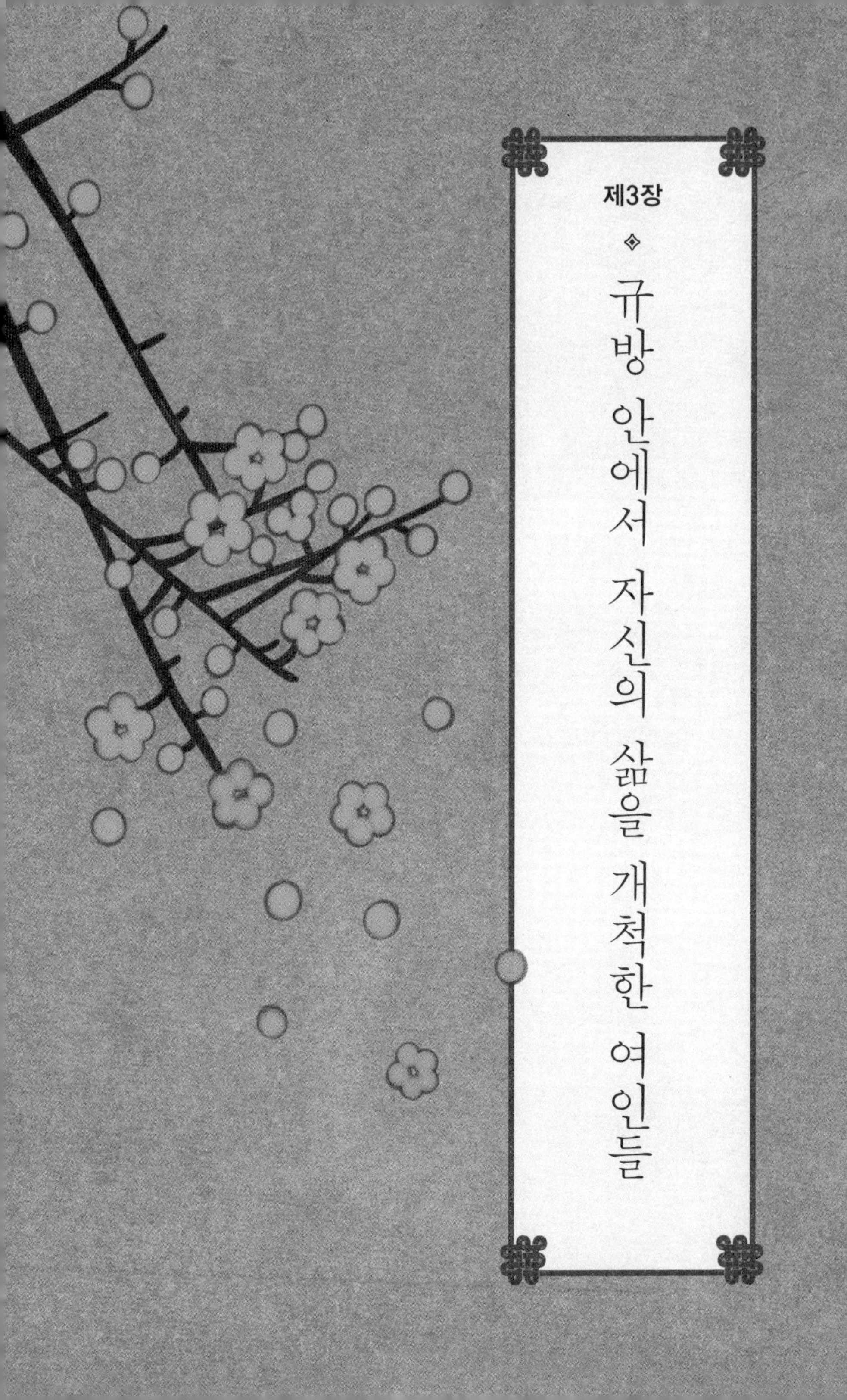

제3장

규방 안에서 자신의 삶을 개척한 여인들

이루지 못한 가문부활의 꿈, 김삼의당

우리의 지난 역사를 살펴볼수록, 역사 속에 숨어 있는 놀라운 여인들을 발견하게 된다. 남자의 세상 속에서 괴로워하면서도 치열하게 '여자'로 살아나간 그들을 발견하면서 뭉클한 감동을 느낀다. 수백 년을 파묻혀 있다가 무덤 속의 편지 한 장으로 후세 사람의 눈에 들어온 미투리 여인이 그렇고, 자신의 뛰어난 인문학적 재능을 파묻고 자식 교육을 통해 퇴계학통을 훌륭하게 이어낸 《음식디미방》의 저자 장계향이 그렇다.

18세기 말을 살아간 삼의당三宜堂 김씨(1769~1823)는 미투리 여인의 사랑과 장계향의 집안 경영을 합쳐놓은 듯한 아름다운 삶을 보여준다. 하지만 이 여인의 표정은 밝지는 못했다. '남편 과거 급제시키기'

라는 조선시대 절체절명의 성공 코스를 통과하지 못했기 때문이다. 스스로 시험을 치는 일이라면 어떻게라도 해볼 수 있겠지만, 오직 남편이 과거에 붙도록 내조하는 일만이 가능한 시대였기에 사내를 한양으로 보내놓고 애만 끓였다. 그야말로 나비를 통해야만 다른 꽃에 다가갈 수 있는 꽃의 신세였다. 제 아무리 훌륭한 꽃이라도 나비의 역할이 시원찮으면 만사 풀릴 길이 없다.

삼의당은 그러나 '나비'를 참으로 사랑했다. 시원찮은 신랑에 대한 사랑이 어쩌면 이렇게 한결같은가. 나는 이 문제를 이렇게 생각한다. 삼의당은 남편의 능력이나 조건을 사랑한 게 아니기 때문에 능력과 조건이 불비不備해도 개의치 않았다. 그녀가 사랑한 것은 오직 남편이란 존재 그 자체였고, 그녀가 사랑한 것은 남편을 사랑하고 있는 자신의 삶 그 자체였다. 요즘 사랑들이 어디 그런가.

삼의당은 전라도 남원 사람이다. 춘향이 이야기가 감도는 광한루 부근에서 그녀는 한 남자와 눈길을 맞추고 살았다. 혼인을 하지 않은 남녀가 연애를 한다는 것은 상상하기 어려웠던 시절이었지만 시골에서는 그렇지만도 않았다. 기생의 딸이긴 하지만 춘향이 이몽룡을 만나는 것은 매파를 넣은 혼담이 오간 이후의 정식 만남이 아니지 않았던가.

삼의당에게 하립은 운명의 남자였다. 남자와 여자는 같은 해, 같은 달, 같은 날, 같은 시에 같은 마을에서 태어났다. 이를테면 사주가 같은 사람이었다. 두 사람이 혼인하기 전 18년 동안 살면서 동네에서는 두 사람이 천생배필이라는 소리가 나왔을 것이다. 지나가는 모습을 엿보기도 했을까. 남녀칠세부동석의 시대에 혼전 연애라니 어림없는 소리 같지만 이쯤 되면 삼의당도 소문을 들어서 기남자奇男子(재주와 슬기가 남달리 뛰어난 남자)를 알고 있었을 것이며, 자라면서 그리움과 환상을 키워왔을 것이다. 두 사람에게 결혼은 갑작스럽게 정해지는 강제 결합이 아니라, 서서히 익어간 마음들의 흐뭇한 귀결이었다.

삼의당과 하립은 부부 시인이었다. 내가 보기엔 재능도 그렇지만 시격詩格도 삼의당이 훨씬 뛰어나다. 하지만 두 사람은 그 격차와 상관없이 서로의 시를 차운次韻하며 즐겼다.

우린 '첫날밤'이라는 표현을 대하면, '야한 동영상'과 비슷한 장면부터 떠올리기 쉽다. 그런데 삼의당은 〈첫날밤 이야기禮成夜記話〉라는 글을 남겼다. 조선시대의 수줍은 신부가 첫날밤에 일어난 일을 기록했다는 것도 놀랍지만 내용은 더 놀랍다.

달 밝은 봄밤, 배꽃 지는 저녁에 남원의 교룡방 기슭 서봉방 김씨댁에 신방이 차려졌다. 술상을 사이에 둔 신랑신부 앞에는 지필묵이 놓여 있었다. 그들은 시를 주고받고 있었다. 하립이 시를 써서 상 너머로 건네준다.

> 서로 만난 둘은 필시 광한전의 신선일 겁니다[相逢俱是廣寒仙]
> 오늘밤 달이 밝으니 옛 인연을 잇는 거지요[今夜分明續舊緣]

생년월일시가 같은 두 남녀가 광한루 부근에서 태어나 백년가약을 맺었으니 '전생에 무슨 인연이 있지 않았을까', '혹시 춘향과 이도령이 환생한 건 아닐까' 그런 생각을 그들도 했을 것이다. 하립은 그걸 모티프로 삼아 시를 썼다. 광한전은 광한루를 말하기도 하지만 원래는 달을 의미하는 비유다. 광한전의 신선은 달에서 놀던 이들을 말한다. 두 번째 행의 "분명"은 "확실히"라는 의미도 되지만 달이 밝은 상황이라는 중의도 되어 맛이 있다. 달에서 함께 놀다가 내려와 달 밝은 밤에 이렇게 신방에 함께 앉아 있으니 환상적이지 않은가.

배필은 원래 하늘이 정해놓은 것인데[配合元來天所定]
세상에서 중매쟁이들만 괜히 바빴던 거예요[世間媒婆摠紛然]

이에 비해 하립의 시는 참 평이하다. 시라고는 하나 그냥 말하는 것과 거의 다르지 않다. 그리고 그것이 뜻하는 것도 담담하다. 신랑은 이렇게 쓴 뒤 고개를 숙이고 있는 신부에게 술상 너머로 전했다. 가만히 읽어 내려가던 삼의당이 붓을 들었다.

열여덟 청년과 열여덟 처녀가[十八仙郞十八仙]
결혼해 촛불 밝히는 좋은 인연이 되었습니다[洞房火燭好因緣]
태어난 때가 같고 살아온 마을이 같으니[生同年月居同閈]
오늘밤 만남이 어찌 우연이리까[此夜相逢豈偶然]

그야말로 부창부수夫唱婦隨다. 차운을 해서 답시를 써야 하는 신부로서는 고민할 시간이 필요하겠으나 삼의당은 선선히 써서 넘겼다. '선仙, 연緣, 연然' 세 글자를 하나도 바꾸지 않고 그대로 차운했다. 첫 행의 '십팔十八'의 반복과 셋째 행의 '생동-거동'의 음률은 맛이 느껴진다. 신랑이 전생의 인연을 이야기하자 신부는 금생今生의 인연으로 받는다. 가만히 들여다보면 하립은 낭만적인 기질이 느껴지고, 삼의당은 현실적인 분위기가 있다. 이런 두 사람의 성격은 향후 그들의 결혼생활을 다사다난으로 아로새겼다.

그녀의 당호 삼의당은 남편이 지어준 것이다. 삼의三宜는 '세 가지 마땅함'이라는 뜻으로 충성, 효도, 절개를 지키는 여인이 되라는 하립의 당부였다. 이 당호를 지어주며 남편은 시를 건넸다.

삼의당이 온 뒤 우리 집 온 뜨락이 봄이구나[三宜堂外滿庭春]

아내가 온 뒤 집안이 화평함을 칭찬한 것이다. 그러자 아내는 이렇게 읊었다.

마음에는 그저 충의만 있을 뿐인데도 집안이 온통 봄으로 가득하구나[一心忠義滿家春]

묘한 대답이다. 남편은 내조를 잘하는 사람으로 칭찬했는데, 아내는 마음속에 조선 남자의 스케일을 표현하는 충의忠義를 드러낸 것이다.

첫날밤 두 사람 사이에는 의미 있는 설전이 있었다. 남편이 아내에게 좋아하는 시를 말해보라고 하자, 삼의당은 두목杜牧이 지은 〈평생오색선고보순의당平生五色線顧補舜衣裳〉을 들었다. "평생 오색실로 바느질해, 순임금의 옷을 돌아보며 깁고 싶구나"라는 뜻이다.

이 시는 만만치 않다. 순임금은 당시의 정치철학인 주자학의 대표적 성군으로 순임금의 옷을 깁는다는 것은 남성적이고 정치적인 야심을 드러낸 표현이다. 신랑이 약간 걱정스러운 표정이 되어 물었다.

"부인은 어찌해 이런 시를 고르시오? 남자라면 그럴듯하지만 부인에게는 불가능한 게 아니오?"

그러자 삼의당이 대답했다.

"임금에게 충성하고 나라를 사랑하는 일이 어찌 남자만의 일이겠습니까. 국가로 말하자면 부인이 불충해 망하지 않은 곳이 거의 드물지요. 달기와 주희가 하와 은을 망하게 했고, 서시와 양귀비가 오와 당을 경국하게 한 것이 모두 여인의 불충 때문이 아니더이까."

약간 고지식한 하립은 이렇게 못을 박았다.

"사람의 도 가운데서 효보다 앞서는 것은 없소. 효도하는 방법을 외우지 않고 어찌 임금에게 충성하는 일만 앞세우는 겁니까?"

"부자 사이는 천륜이니 어버이를 섬기는 도는 사람들이 쉽게 알 수 있지요. 하지만 임금과 신하 사이는 의로써 합하는 것이니 임금 섬기는 충성의 도는 사람들이 지니기 어렵습니다. 쉽게 알 수 있는 것에는 노력을 더하지 않아도 되지만 하기 어려운 일에는 더욱 힘을 쏟아야 합니다. 게다가 임금을 섬겨서 부모를 드러내는 것이 가장 큰 효입니다. 옛날 공자께서 증자에게 이르기를 '입신양명해 부모를 드러내는 것이 효의 맺음이다'라고 했으니 효친의 도가 어찌 충군의 도를 앞서겠습니까."

이렇게 세게 나오자 신랑은 손을 들었다. 그러고는 이렇게 시를 읊었다.

세상의 사내들아 나와보아라[世間幾男兒]

우리 마누라 한 명의 충효에 맞설 자 있거든[忠孝一婦子]

(중략)

평생 충효를 떠벌려온 나이지만[平生忠孝意]

마누라 눈썹에도 못 미치니 부끄러워라[愧不及娥眉]

결혼한 뒤 두 사람에게는 공동목표가 있었다. 하립은 문효공 하연의 후손이다. 세종과 문종 대에 영의정을 지냈던 분으로 가문이 자랑으로 삼는 조상이었다. 또 삼의당은 '조의제문'을 지어 무오사화의 불씨를 지핀 탁영 김일손의 후손이다. 두 사람의 집안은 300년 혹은 400년 전 멋진 조상을 두고 있긴 했지만 그간에 별 볼일이 없었다. 이렇다 할 벼슬을 한 사람이 없었기에 가세도 기울 대로 기울었다. 하립의 아버지 하경천, 삼의당의 아버지 김인혁은 그런 점에서 동병상련이었다. 진양 하씨와 김해 김씨 두 집안의 결혼은 그런 오래된 비원悲願이 뭉쳐진 의미도 있었다.

삼의당에게 가장 중요한 것은 남편을 출세시키는 것이었다. 당시의 출세길은 요즘으로 말하면 '고시考試'밖에 없었다. 이 여인은 남편과 오랜 의논 끝에 과거에 급제할 때까지 철저히 별거하기로 했다. 그리고 16년간이나 따로 살았다. 그간 남편 하립이 부지런히 과거에 응시했지만 해마다 낙방했기 때문이다. 이 가엾은 남자는 산사山寺에서 책을 읽다가 아내가 너무 보고 싶어 편지를 썼다. 눈만 감으면 꿈에 그녀가 나타나 마음이 어지럽기 때문이었다. 편지를 받은 아내는 답장을 썼다.

옛사람은 글 읽다 편지가 오면 시냇물에 던져버렸지요. 그대를 처음 보내며 이런 뜻을 이미 말씀드렸습니다. 베틀 위에서 짜던 실이 아직 베가 되지 못했소이다. 그대 다시는 악양자의 아내가 베를 자르는 것같이 하진 마소서.

그러나 얼마 후 남편은 다시 편지를 보냈다.

죽기로 결심한 마음인데, 손에 든 시와 편지가 자꾸만 중얼거립니다. 밤마다 그리운 생각 어디에 있나, 오색구름에 단정히 앉아 있는 저 미인에게 있네.

다시 매몰찬 답장이 날아왔다.

여자들이란 여려서 흔히 마음이 잘 상합니다. 그래서 그리우면 늘 시를 읊는 것이지요. 대장부라면 당연히 몸이 바깥에 있는 법, 고개 돌려 규방을 생각하지 마십시오.

신랑은 "그래도 그리운 걸 어떡해" 하고 물었다. 삼의당의 답장은 이러했다.

편지 속에 그리움[相思]이란 말을 쓰시다니요. 그건 집안 여자들에게나 있는 것입니다.

이 여인은 독수공방을 하면서도 어쩌면 이렇게 의연할 수 있었을까. 그녀는 하립을 자신의 대리인으로 생각했을지도 모른다. 한날한시에 태어난 사람이니 하립은 바로 삼의당의 '분신'이며, '남자 삼의당'이다. 여자인 그녀가 조선에서 사회적으로 성취하는 길은 바로 자신의 분신을 통하는 것밖에 없지 않는가. 하립이 과거에 합격하는 것은 곧, 삼의당 자신의 욕망을 달성하는 일이기도 했다. 그러나 아무리 용을 써도 안 되는 데야 어쩔 수 없었다.

이같이 참담한 과거급제 실패는 하립이라는 사람의 기본적인 재능과 산만하고 우유부단한 성정에도 문제가 있었겠지만, 그보다 당시 시험제도의 구조적 부패에도 원인이 있었다는 지적이 있다. 과거를 통해 지방 선비들이 중앙 정계로 진출할 수 있는 기회를 열어주던 조선의 인재등용 체제는 중기中期를 넘어서면서 중앙의 권문세가들이 벼슬이 독점하는 구조로 바뀌었다. 시골의 배경 없고 재력 없는 과거 응시생들에게는 상대적으로 크게 불리한 게임일 수밖에 없었다. 하립은 그 벽을 넘지 못했던 것이다.

과거에 실패한 뒤 낙향한 하립이 다시 시험을 보러 한양으로 떠나는 날, 삼의당은 술상을 차려놓고 마치 기생처럼 권주가를 불렀다.

> 술을 권합니다
>
> 술을 권하니 님은 사양치 마소
>
> 유령과 이백도 모두 무덤의 흙이 되었으니
>
> 한 잔하자 권할 자 없소이다
>
> 술을 권합니다

술을 권하니 님은 또 마시소서

인생의 즐거움이 몇 번이나 되겠소

나는 님을 위해 칼춤을 추리라

하립이 이 시를 들으며 말 없이 술만 벌컥벌컥 마셨을까. 그는 참았던 눈물을 술잔 뒤로 주르르 흘리며 아내를 문득 껴안았을 것이다. 여인의 마음속에 깃든 깊고 사무친 동정同情이 폐부를 찔렀을 것이다. 이번엔 기어코 해내고야 말리라.

"여보, 미안하오."

그렇게 다짐하고 하립은 한양으로 올라갔다. 삼의당은 남원 땅에서 날짜만 세고 있었다. 과거 날이 지났는데 하립은 어떻게 되었을까.

문 앞에 백마가 돌아왔네

당연히 서울 구름을 밟고 왔겠지

아이를 불러 소식을 물어볼까

요순임금을 만난 이가 누굽니까

이 시처럼 하립은 1년이 지나도 통 무소식이었다. 그녀는 다시 시를 썼다.

그리워 괴로워 그리워 괴로워

닭이 세 번 울고 북은 다섯 번 울고

또록또록 잠은 달아나고 원앙 베개만 보네

눈물이 빗물처럼 눈물이 빗물처럼

그러던 어느 날 마침내 고개가 땅바닥까지 처진 남편이 터덜터덜 걸어 대문으로 들어왔다. 삼의당은 버선발로 뛰어나가다가 왈칵 눈물부터 돋았다. 마당에 선 하립이 쉰 목소리로 중얼거렸다.

"여보, 내가 죽일 놈이오. 나는 정말 안 되는가 보오."

그들이 서른세 살 되던 1801년, 드디어 두 사람은 과거 시험을 포기하기로 했다. 가망 없는 일에 인생을 소모하느니 차라리 깨끗이 꿈을 접고 새로운 삶을 살자는 데에 합의했다.

집안 살림은 거의 거덜 나 있었다. 부부는 땅값이 비싼 남원을 떠나 진안으로 이사를 갔다. 하립이 과거를 포기하자마자 하씨 집안에는 초상이 이어졌다. 맏딸이 죽고, 조카딸이 죽고, 시아버지 하경천이 돌아가고, 그다음 넷째 동서까지 세상을 떴다. 집안의 기둥이 벼슬할 것을 기대하던 사람들이 모두 낙심한 듯 쓰러지며 줄초상이 난 것이다. 특히 맏딸은 아버지 과거 뒷바라지를 하느라 인생을 바친 처녀였다. 삼의당이 쓴 제문에는 이렇게 나와 있다.

> 우리 집에는 심부름하는 아이도 없어 밥 짓는 일도 네가 맡아서 했고 길쌈도 네 몫이었다. 일이 아무리 힘들어도 너는 마다하지 않았고 아무리 어려워도 피하지 않았다. 네가 죽은 지 한 달이 되어 서울에서 청혼서가 왔으니 미처 다 펴보지도 못하고 나는 정신을 잃었노라.

농사꾼으로 살았던 진안 시절은 행복했다. 세상의 욕심을 버리고 들어앉으니 마음이 그렇게 편할 수 없었다. 야심가 삼의당은 어땠을까? 오히려 농사도 그녀가 더 적극적이었다. 삼의당은 남편을 바라보며 시를 썼다.

고운 노을은 비단 같고 버들은 연기 같아라
사람 사는 곳이 아니라 천국이로다
서울서 10년 바삐 뛰어다니느라 수고하셨소 그대
오늘 초가집에 신선으로 앉으셨구려

'신선'이라고 하니, 결혼 첫날밤 두 사람이 나눴던 시가 생각났을 것이다. 하립도 추억에 잠겨 답시를 썼다.

초가집 사방으로 풍경이 아름답소
저녁나절 시집 펼치며 스스로 즐기니
구구하게 뭘 구할 게 있겠는가
내 몸이 편안한 곳이 바로 신선 아니던가

가만히 보면 아내의 '신선'과 남편의 '신선'이 조금 느낌이 다르긴 하다. 삼의당은 시골이라도 풍경이 좋은 곳이니 신선이라 할 만하다는 위로이고, 하립은 그놈의 지긋지긋한 시험의 굴레에서 벗어났으니 그 기분이 바로 신선이라는 이야기다. 그들은 햇살이 잘 드는 산모퉁이 땅을 사서 모내기를 했다. 농사일도 하립보다 삼의당이 더 잘했다.

당신이 잡은 모는 한 자도 못 되는데
내가 잡은 모는 손바닥같이 평평하네요
모 싹의 힘이 고르지 않은 게 아니니
고르지 않다고 물에 버리지는 마세요

1810년 9월, 마흔두 살의 하립이 드디어 향시에 합격했다. 그때까지도 꿈을 버리지 않고 있었던 것이다. 그는 본시험인 회시를 보기 위해 서울로 갔다. 삼의당은 그의 등 뒤에서 이렇게 시를 읊었다.

다시 서울로 웃음 지으며 가는 그대
여관에서 눈물 만들어 돌아오지 않기를

이 시험을 본 뒤에 하립은 웃고 왔을까, 울고 왔을까? 이후 삼의당의 시는 보이지 않는다. 마흔이 넘어 늦둥이 아들을 얻었고, 그녀는 끝까지 농사꾼의 아내로 살았다.

이렇게 농사꾼이 되어 살았지만 삼의당의 야망은 다른 방향으로 움직이고 있었다. 남편에게서 이루지 못한 꿈을 가족과 자식들에게서 이루고자 한 것이다. 그녀는 천부적인 이야기꾼이었다. 삼의당의 〈담락당(하립) 다섯 형제 효행기〉는 진안에서는 유명한 설화다. 삼의당 특유의 생생하고 설득력 있는 표현으로 남편의 형제들을 천하의 효자로 묘사함으로써 동리의 찬사를 샀을 것이다. 효자가 되는 일은 현실적인 이익도 있었다고 한다. 관가에서 효자 집안으로 인정받으면 세금이나 부역이 면제되었기 때문이다. 《진안군지鎭安郡誌》에는 '하씨효자전'이 기록되어 있다. 하립이 부친상을 당했을 때의 기적 같은 이야기이다.

> 아버지의 상을 당했으나 집안이 가난해 상례를 치를 비용을 마련할 길이 없었던 그는 남에게 빚을 내서 큰일을 치렀다. 논을 팔아 갚으려고 했지만 산간의 박토라 사는 사람이 없었다. 그릇 따위도 집에는 더 이상 남은 게 없었다. 아버지가 진 빚에다 장례 때 낸 빚이 더해져 빚쟁이들의 독촉이 거셌고 또 관청에 고발을 당하기도 했다. 하립은 밥도 먹지 못하고 잠도 자지 못한 채 피눈물을 흘리며 말했다. "아들이 있어도 불초해 지하에서까지 욕을 보시는구나." 하루는 어머니에게 하직하고는 처자와 이별하면서 "빚 갚을 돈을 얻지 못하면 죽어도 돌아오지 않겠소"라고 맹세했다. 비바람이 몰아치는 날 통곡하며 영남으로 떠났으니 을축년 정월 초닷새였다.

이렇게 떠난 하립은 뜻밖에 가야산에서 산삼 몇 십 뿌리를 얻어 돈을 마련해왔다고 민담은 전한다.

한편 삼의당이 둘째딸을 시집보낼 때 적어준 계녀서戒女書(딸에게 조심할 것을 부탁하는 글)는 조금 엉뚱해보인다.

> 지금 우리 순찰사가 임금님의 명을 받고 와서 호남에 교화를 편 지 2년 만에 이 고을에는 좋은 다스림의 유풍이 퍼져 있고 시골에도 세상살이에 대한 탄식이 없으니, 소남召南의 교화를 오늘날 다시 볼 수 있게 되었다. 나는 더욱이 그 은혜를 많이 입고 또 너를 순찰사 가까이 계신 곳으

로 보내게 되었구나.

이게 무슨 이야기일까? 시골 농투성이가 되어 생활하면서도 삼의당의 야망과 자부심은 여전히 작동하고 있었다는 것을 여실히 보여주는 증거라 할 만하다. '우리 순찰사'라고 불린 사람은 전라감사 심상규를 말한다. 아마도 둘째딸은 전라감영이 있던 전주 부근으로 시집을 간 모양이다. 딸에 대한 훈계를 하지 않고, 저 권력실세를 들먹이고 있는 모습은 묘한 감회를 불러일으킨다. 삼의당은 한때 남편을 출세시키기 위해 친정 집안과 세교가 있던 정치가 심상규를 찾아가 만나게 했다. 과거라는 것이 정치적 배경이 중요하다는 것을 알고 난 이후일 것이다.

하지만 그것도 시기가 좋지 않았다. 1796년 심상규는 웅진현감으로 좌천되었다. 하립은 웅진으로 그를 다시 찾아갔다. 삼의당은 그곳의 문중 사람을 동원해 웅진현감에 대한 좋은 여론을 만들어 심상규의 마음을 사라는 조언까지 했다. 그런데 정치적인 곤경에 빠진 심상규는 1801년 남원에 유배되고 만다. 하립이 과거를 드디어 포기했을 무렵의 일이다.

해배되어 서울로 돌아간 심상규는 1805년에 전라감사가 되어 전주로 왔다. 둘째딸이 시집을 가는 것은 두 해 뒤인 1807년이니 진안 시골 생활을 6년 정도 했을 무렵이었다. 그녀는 짐짓 신선처럼 산다는 말을 했지만 마음속에는 세상의 권력을 향한 감각을 놓지 않고 있었다. 결국 남편도, 집안도 일으키지 못한 채 1823년에 생을 마감했다. 그녀는 자신의 사회적 성취가 크지 못했다고 쓸쓸한 눈으로 생을 돌아보았을까? 나는 그렇게 생각하지 않는다. 삼의당은 조선이 낳은 빼어난 감각파 시인이었다.

> 뽕 따는 성남의 언덕[採桑城南陌]
>
> 가늘가늘 흰 손이 살짝 나왔네[纖纖映素手]
>
> 소년의 휘둥그레 놀란 눈[少年飜驚目]
>
> 훔쳐보네 괜히 오래 머물며[相看住故久]

그녀는 뽕 따는 여인을 슬며시 지켜보는 한 소년의 눈길을 놓치지 않고 포착했다. 이 시 한 수로 그녀의 감수성이 얼마나 발달해 있었는지 알 만하다. 이런 시인이 유럽에 있었다면 조지 바이런George Byron, 퍼시 셸리Percy Shelley, 존 키츠John Keats가 울고 갔을지 모른다.

퇴계학풍을 온몸으로 지켜낸 여자 선비, 장계향

장계향張桂香(1598~1680)의 13대손인 작가 이문열은, 의도한 바는 아닐 테지만 그의 위대한 할머니를 바이러스 마케팅virus marketing으로 세상에 알린 셈이 되었다. 1997년에 낸 소설《선택》은 이 땅의 페미니스트를 옛 여인의 목소리를 빌려 꾸짖었다. 책이 나오자 당시 여성계는 발칵 뒤집혔고, 이문열은 '마초주의'의 대명사로 지목되었으며 책 속의 장씨는 '이녀제녀以女制女'(여자로써 여자를 제압함)의 꼭두각시처럼 여겨지게 되었다. 이문열은 당시 그녀의 이름을 몰랐다. 3년쯤 뒤에 지역사학자인 배영동이 장씨의 사당 신위 뒤쪽을 살피다가 그녀의 이름이 장계향인 것을 발견했다. 조선의 여염집 여인이 당호堂號가 아닌 당당한 이름 세 글자로 등장하는 경우는 무척 드물다.

장계향이 일흔다섯 살(1672)때 내놓은 한글로 된 요리책 한 권이, 340년 이후 고요히 살다 간 그녀를 갑작스럽게 화제의 중심에 올려놓았다. 1999년 문화관광부는 그녀를 '11월의 문화인물'로 선정했고, 텔레비전 프로그램에서는 조선의 요리서《음식디미방》을 집중 조명했다. '디미'는 '지미知味'의 옛 표현으로《음식디미방》은 '마시고 먹는 것의 맛을 이해하는 노하우'로 풀 수 있다.

장계향에 관한 글을 다루기 위해 영양 두들마을을 찾았다. 처마로 들이붓는 소나기가 한 차례 지나고 난 다음 '음식디미방 체험실'과 '장계향기념관'이 마을길 줄기에 가지처럼 붙어 있는 언덕길을 걸었다. 작가 이문열이 어린 시절 기거했던 집 또한 하나의 가지를 이루고 있었고, 그가 큰돈을 내놓아 지자체와 함께 2001년에 지은 광산문학연구소도 웅장한 풍채로 거기 앉아 있었다.

《선택》의 작가와 주인공이 동거하는 이 공간에서, 나는 이문열이 왜 굳이 자신의 조상을 욕 먹일 수 있는 부담을 감수하면서 그런 글을 썼을까 하는 생각을 했다. 지금에 와서 그 논쟁을 생각해보면, 그것 또한 남성과 여성의 역할과 위상이 급박하게 재조정되는 사회의 싱숭생숭하고 마뜩잖은 '기분'들이 그런 방식으로 노출된 게 아닐까 싶기도 하다. 이문열은 철저하게 전 시대의 여성적 자부심을 지켜낸 아이콘으로 장계향을 떠올렸고, 그 핏줄로 통하는 방언의 힘으로 시대의 불온해보이는 변동을 단죄하고자 했을지 모른다. 이문열이 스스로의 문위文威로 장계향을 통해 단순히 조상 자랑을 하고 싶었다면《음식디미방》만으로도 충분했을 것이다. 그러나 그는 오히려 그 부분을 곁다리로 처리했을 뿐이다.

그는 장씨를 말하면서 '큰어머니'의 개념을 이야기했다. 우리가 지금 쓰고 있는 '할머니'란 말은 '한 어머니'를 줄여서 쓰는 말이며, 이때의 '한'이란 백모伯母를 의미할 때의 형제 서열을 가리키는 것이 아니라 든든한 둘레이자 힘 있는 중심을 이루는 크나큰 무엇을 의미한다고 한다. 장계향은 그런 의미에서 조선의 '대모大母'였으며, 여전히 지금까지도 그 울림을 간직하고 있는 존재라는 게 작가의 인식 기반이다. 대모라면 현모양처의 대명사로 일컬어지는 신사임당이 떠오르지 않는가. 영양에서 만난 장씨의 12대손 이명태 씨는 "정부인 장씨는 사임당 신씨와 비교할 분이 아니다"라고 잘라 말했다. 그보다 윗길이라는 것이다. 여기에는 가문에 유전하는 경쟁심 같은 것이 어른거린다.

이제 열아홉 살 장계향을 만나러 간다. 이문열이 그의 소설 제목을 《선택》이라고 붙인 것은 저 열아홉 살 소녀의 마음속에 들어 앉아 사유를 펼쳐 가려고 했기 때문이 아닐까 싶다.

안동 서쪽 20리쯤 되는 검제마을 앞에 흐르는 낙동강 줄기인 송야천을 바라보며, 부녀가 앉아 있었다.

"그래. 네 결심은 섰느냐?"

"……."

"너는 나의 분신이라고 해도 좋을 만한 아이다. 내가 3년 전에 말한 뜻을 잊지는 않았겠지?"

"네, 아버지."

"너는 안동 장문張門으로 퇴도退陶(퇴계 이황)의 학맥을 여는 여사女士(여자선비)가 되거라. 스스로 할 수는 없는 일이니……. 영해부 나랏골에 사는 재령 이씨 문중[李門]의 시명時明은 너의 천생배필이 될 것이야."

계향의 아버지 경당 장흥효는 주역에 뛰어난 학자로 중국 송나라 호방평胡方平의 저술인 《역학계몽통석易學啓蒙通釋》의 절기節氣에 관한 도표를 20년 연구 끝에 새롭게 정리해 당대의 지식인들로부터 찬사를 받았던 사람이다. 그가 당호에 경敬을 넣은 것은 퇴계 이황에 대한 깊은 숭모崇慕에서였다. 퇴계는 하늘과 땅과 사람을 공경하는 '경敬'(퇴계의 '경' 철학은 일본까지 건너가 메이지유신의 정신적 바탕을 이루는 기틀이 되기도 했다)의 철학자다. 장흥효가 퇴계의 경을 자신의 마음 집으로 삼았던 것은, 퇴계 학통의 적자嫡子임을 자부했기 때문이다. 퇴계의 뛰어난 제자로는 월천 조목 · 간재 이덕홍 · 학봉 김성일 · 한강 정구 · 서애 유성룡 · 지산 조호익 등을 꼽는다. 장흥효는 임진왜란 전에 김성일에게서 배웠고, 1599년에는 검재로 온 유성룡과 사제 연을 맺어 8년간 공부했다. 또 1608년에는 한강 정구가 안동부사로 부임해 다시 그 문하에 들었다. 즉 퇴계의 고제高弟 세 명에게서 전수했으니 가히 적통이라 할 만하다. 그런데 장흥효에게는 아들이 없었다. 무남독녀가 있었는데 그 아이가 장계향이다. 아버지의 명석함과 열정을 빼닮은 아이는 어린 시절부터 천재 소리를 듣고 자랐다.

그녀가 남긴 지필묵의 흔적은 대개 결혼하기 이전인 열아홉 해의 자취다. 《조선조 여류시문전집 2》(태학사, 2001)에는 한시 일곱 수, 편지 한 통이 수록되어 있다. 학문적 열정을 엿볼 수 있는 시 몇 편을 먼저 구경하자.

성인의 시대에 태어나지 않았기에[不生聖人時]

성인의 얼굴을 보지 못하지만[不見聖人面]

성인의 말씀을 들을 수 있네[聖人言可聞]

성인의 마음은 볼 수가 있네[聖人心可見]

〈성인음聖人吟〉이란 제목의 이 시는 놀랍게도 퇴계의 시조 한 수를 빼닮았다.

고인은 날 못 보고 나도 고인 못 뵈

고인을 못 뵈고 녀던(가던) 길 앞에 있네

녀던 길 앞에 있거든 아니 녀고 어떨꼬

_퇴계, 〈고인은 날 못 보고〉

퇴계의 적전嫡傳을 이어받았다는 아버지의 그림자가 이미 드리워있지 않은가. 퇴계의 '고인古人'(옛 사람)은 장계향에 와서는 '성인聖人'으로 바뀌면서 공맹孔孟과 퇴계를 우러르는 마음의 기울기를 더욱 가파르게 해놓았다. 장흥효는 딸에게 거듭 퇴계의 이야기를 했을 것이다. 그녀는 성인의 말씀과 마음을 대하면서 퇴계처럼 되고자 했을 것이다.

이 몸은 부모의 몸이니[此身父母身]

감히 이 몸을 공경하지 않으랴[敢不敬此身]

이 몸을 욕되게 하는 것은[此身如可辱]

부모의 몸을 욕되게 하는 것이리[乃是辱親身]

이 시가 빼어나다든가 그런 걸 찾을 필요는 없다. 어린 시절 장계향을 지배한 마음자락을 엿볼 수 있으면 그만이다. '경신음敬身吟'은 유교사회에서 자주 강조되던 슬로건을 시로 만든 것에 불과하지만, 여기에도 퇴계의 단서가 있다. 우선 '몸을 공경한다'[敬身]는 말투를 보라. 퇴계가 일상을 경영하는 노하우로 내놓은 '경'이 여기에 녹아 있다. 몸이라는 말을 통해 전달하고자 하는 사상은 뭘까. '몸'으로 나타나는 개인이 결코 개인이 아니며 혈통이나 가문이라는 집단의 일부임을 강조하는 것이다. '네 몸은 네 것이 아니다. 우리 집안의 중요한 존재이니, 공경해야 하는 것이다.' 이런 생각이 계향의 결정적인 선택을 이끌어내는 단서였다. 이 어린 천재는 이토록 반듯하고 교과서적인 생각만 하고 살았을까?

그럴 리가 있겠는가. 그녀의 뜨거운 가슴을 느낄 수 있는 시 한 편이 있다. 그녀는 여종에게서 마을의 소식 한 자락을 들었다. 젊은 아낙이 남편을 군역에 보냈는데, 늙은 시어머니는 그만 병이 들어 누웠다. 죽음을 예감한 시어머니가 문득 자리에서 벌떡 일어나 아들을 찾겠다면서 맨발로 뛰쳐나갔다. 며느리는 그 뒤를 쫓아가며 눈물을 흘렸다. 그 소동을 지켜본 여종이 저도 눈물을 훔쳐가며 이야기를 풀어놓자 계향은 문득 붓을 들어 시를 썼다. 그것이 〈학발삼장鶴髮三章〉이라는 시다.

흰 머리 병들었네[鶴髮臥病]

아들 만 리 길 떠났기에[行子萬里]

만 리 떠난 아들[行子萬里]

어느 달에 돌아오나[曷月歸矣]

흰 머리 병을 안고[鶴髮抱病]

해지는 서산에서[西山日迫]

손 들어 하늘에 기도하네[祝手于天]

하늘은 어찌 이리 막막한가[天何漠漠]

흰 머리 병을 부축해[鶴髮扶病]

일어섰다 넘어졌다[惑起惑踣]

오늘 이렇게 되었으니[今尙如斯]

찢은 옷자락 어찌할꼬[絶裾何若]

이백의 〈자야오가子夜吳歌〉나 〈새하곡塞下曲〉을 떠오르게 하는 처연한 수심 속에는, 어린 소녀가 느꼈을 의분義憤이 숨어 있다. 노을 지는 붉은 마을의 통곡소리를 담은 이 시는 장계향이 전혀 다른 길로도 갈 수 있었을 사람임을 보여준다. 그녀는 서예에도 뛰어났다. 장계향의 호방한 초서를 당시 대가이던 청풍자 정윤목이 보고 "이건 대국大國(중국)에서나 볼 수 있는 글씨"라고 극찬을 했다. 적벽부를 쓴 그녀의 필체는 볼 수 없지만 〈학발삼장〉으로 시첩을 만들어 그녀의 아버지가 고이 장정한 《학발첩鶴髮帖》에는 당나라의 장욱張旭이나 회소懷素의 광초狂草가 언뜻언뜻 엿보이니, 청풍자의 말이 과장만은 아닌 듯 하다.

어린 장계향의 천재성을 말해주는 예화로는 열 살 무렵의 '원회운세元會運世' 이야기가 자주 꼽힌다. 장흥효는 북송의 성리학자인 소강절邵康節의 학문적 성취를 깊이 동경했다. 그는 도교의 영향을 받은 인물로 유교의 역易을 발전시켜 음양陰陽이라는 두 개의 요소로 우주의

현상을 설명하는 이원법에서 나아가 음양강유陰陽剛柔의 사원법 패러다임을 설정하고 만물을 재해석했다. 즉, 4의 배수로 설명하는 것이다.

장홍효는 이 내용을 제자들에게 열심히 설명했다. 우리는 가까운 시간은 잘 알고 있지만 멀고 긴 시간에 대해선 잘 모른다. 여덟 각刻은 한 시時를 이루고, 열두 시는 한 날[日]을 이루며, 서른 날은 한 달[月]을 이루고 열두 달은 한 해[年]를 이루는 것은 안다. 여기에서 더 나아가 소강절은 '원회운세'의 큰 시간을 말했다. 세世는 30년이 모인 것으로 인간의 한 대代를 말한다. 인간은 대개 두 개의 세인 60년을 살다 가게 되어 있다. 세가 열둘이 모이면 운運이 된다. 그러니까 한 운은 360년이다. 서른 운은 한 회會가 되고, 열두 개의 회가 모이면 원元이 된다. "신기원을 열었다"고 할 때의 그 원이다. 장홍효는 이에 관해 열변을 토할 때 멀뚱멀뚱 바라보고만 있는 제자들을 대하면서 좀 답답했다. 강의가 끝난 뒤 기둥 뒤에서 엿듣고 있던 딸에게 물었다.

"회는 무엇이고, 원은 무엇이냐?"

"회는 제가 계산해보니 1만 800년이고, 원은 따져보니 12만 9,600년이었습니다."

디지털 계산기가 없던 시절에 아이가 암산으로 곱셈을 해낸 것이다. 장홍효는 놀랍기도 하고 기특하기도 해서 찬찬히 아까 못한 강의를 이어갔다.

"그래. 잘 맞혔다. 소강절 선생은 30년 단위인 세와 360년 단위인 운으로 요임금부터 오대에 이르는 역사를 분석하셨지. 거기에 주기적인 일정한 흐름이 있고 이합치난離合治亂이 반복되는 것을 입증한 거지. 이것이 주역에서 중요한 개념이야. 그러니까 우리는 현재 속에 매몰

되어서 살 게 아니라, 큰 흐름을 읽으면서 물러날 줄도 알고 숨을 줄도 아는 사람이 되어야 하는 거야."

"아, 그런 뜻이 담겨 있었군요."

열 살짜리에게는 필경 지나치게 심오한 이야기였겠지만 계향은 고개를 크게 끄덕였다. 아버지의 이 메시지가 자신의 운명과도 결부되는 것인지 그때는 몰랐을 것이다.

이 무렵, 경남 의령의 도굴산에서 수학하던 열아홉 살 된 선비 하나가 아버지 경당敬堂의 문하에 들어왔다. 이름은 이시명이었다. 퇴계의 학풍을 사모하다가 그 정통 제자라 할 수 있는 장흥효를 찾아 검재로 온 것이다. 소녀 계향은 인물이 훤하고 풍채가 좋은 그를 본 뒤 가슴이 뛰지 않을 수 없었지만, 이 남자는 이미 그해 막 결혼을 한 상태였다. 오래전에 정혼해두었던 광산 김씨의 규수라고 했다. 장흥효는 호학好學의 뜻이 깊고 과묵한 이 제자를 무척 아꼈다. 계향은 시명이 공부하는 자리에 자신도 함께 앉아 학문을 토론하고 싶었다. 아버지는 어느 날 그녀에게 이 젊은이에 관한 얘기를 해주었다.

"시명은 열두 살 때 한양에서 시장이 있는 골목에서 살았지. 어느 여름날 장터는 사람들로 북적여 몹시 소란스러웠는데, 허름한 집 안쪽 마루에 소년 하나가 꼼짝 않고 앉아 책을 읽고 있었단다. 그에게는 아무 소리도 들리지 않는 듯 정좌해 삼매경에 빠져 있자, 지나다니는 사람들이 신기해 수군거렸지. 필경 잠깐 동안 폼을 잡으려 저러는 것이라 생각하고 저잣거리의 건달 하나가 망신을 줄 요량으로 뒤로 숨어 들어가 그의 독서를 계속 지켜보았다고 한다."

"그랬더니요?"

"하, 근데 이 젊은이가 몇 달이 지났는데도 똑같은 자세로 앉아 글을 읽더라는 거야."

"그 건달은 그래서 어떻게 했나요?"

"골려주려고 했던 일이 부끄럽기도 하고, 이 어린 선비의 공부 태도가 놀랍기도 했던지 머리를 긁적이며 그에게로 다가갔다는 거야. 그러더니 마루에 복숭아 몇 알을 놓고는 학문한다는 사람을 위선자로 여겼던 자신을 용서해달라고 말하고는 절을 하고 물러갔다는구나."

"우와, 대단한 일이네요."

이런 대화를 나누면서 그녀는 시명에 대한 호의를 키웠지만 감정은 거기까지였다. 그녀는 스승의 딸일 뿐이었고, 그는 제자일 뿐이었다. 그런데 장흥효도 이시명에게 남다른 애틋한 시선을 갖고 있었다. 그는 자신의 학통을 이을 든든한 자식이 필요했지만 여식 하나뿐인 운명을 받아들여야 했다. 계향이 뛰어나면 뛰어날수록 마음 안쪽에서는 아쉬움이 돋아 올랐다. 그가 경당을 지어 제자들을 키우는 일에 그토록 몰입한 것도 후계에 대한 허기 때문이었다.

그런데 6년이 지난 어느 날 뜻밖의 일이 일어났다. 시명의 아내 광산 김씨가 병으로 세상을 뜬 것이다. 그녀는 시명이 스승으로 모셨던 학자 김해의 딸이었다. 그가 퇴계의 심학에 기울어 경당으로 오게 된 것도 김해의 권유였다. 그는 공부를 하느라 아내를 제대로 돌보지 못했다는 가책도 있어 상배喪配의 충격이 컸다. 시명의 나이 스물다섯 살 때의 일이다. 한편 계향은 열여섯 살이 되었다. 시명이 본가인 예안현 외내로 상을 치르러 간 뒤 계향에게는 연이어 혼담이 들어왔다. 장흥효는 딸을 가만히 불러 이렇게 말했다.

"계향아. 너는 하나밖에 없는 나의 혈육이며 내가 아끼는 제자다."

"예, 아버지."

"나는 너를 도저히 시집보낼 수가 없구나."

"그게, 무슨 말씀이신지요?"

고개를 돌려 연못을 바라보는 아버지의 눈에 물기가 어렸다.

"너는 나의 학통을 잇지는 못하지만, 그럴 만한 군자와 혼인을 해 후학後學을 키우는 일을 해야겠다."

"아버지, 그러하오시면?"

"너는 시명의 재취로 들어가거라. 너 또한 그런 사람이면 모자람이 없을 것이다. 다만 지금까지와는 조금 다르게 살아야 할 것이다. 그 집안에도 지금 암운暗雲이 겹쳐 살림이 쉽지 않을 게야. 너는 모쪼록 경으로써 부덕婦德을 지켜 학문을 일으켜야 한다. 스스로의 학문이나 기예는 접되 남편과 자식을 위해 뜻을 다하는 장사藏士(감추어진 선비)가 되거라. 짧은 시간, 작은 시대를 살지 말고 긴 시간, 광활한 역사를 살아가겠다고 마음먹으려무나. 퇴계 어른이 지하에서 기뻐하실, 그 일을 네가 해나가야 한다. 시명이 탈상할 때까지 모든 혼담을 접어두자꾸나."

"그분의 생각도 있으실 텐데요……."

"그래. 우리끼리만 얘기할 일은 아니지. 하지만 내가 설득해볼 것이야. 우선 너는 혼인에 대해서는 어떤 말도 내비치지 말고 3년을 견디거라."

"알겠습니다, 아버지."

계향은 갑자기 눈물이 왈칵 솟았다. 초혼이지만 반가의 재취로 드는 것은 흠이 될 일이 아니었다. 또 시명은 평소에도 깊이 보아오던 분이 아닌가. 삶의 성취와 가치에 대한 뜻이 맞는 분과 해로하는 일은 얼마나 행복한가. 다만 인간으로 태어나 학문을 할 수 없는 자신에게 한탄이 일었다. 그동안 성인이 되리라 마음먹고 굳세게 공부해온 일들이 모두 허사란 말인가. 그날부터 그녀는 자신이 읽은 책들과 써놓은 시문들 혹은 파적破寂의 기예로 남겨 놓은 그림까지 하나씩 버리기 시작했다. 그 일은 마음속에 돋아난 선비 하나를 죽이는 일과도 같았다.

'이제 종이에 무엇인가를 쓰고 그리는 일이 아니라, 남편과 자식의 성취 위에 가만히 깃드는 심서心書를 쓰리라.'

'부엌에서 사유하며 규방에서 궁구窮究하리라.'

시문들을 불태울 때 아버지가 가만히 다가와 들썩이는 계향의 어깨에 손을 얹었다.

"네가 아끼는 몇 가지는 그대로 두거라. 내가 간직하리라."

계향은 더욱 흐느꼈다.

어느 날 벼루에 먹을 갈다가 문득 든 생각이 있었다.

'먹과 종이는 글씨를 남기지만 먹을 종이에 옮기던 물[水]은 가만히 사라진다. 오래된 글씨에는 물이 들어 있지 않지만 그 검은 문자 속에는 언제나 물의 자취가 있는 것이다. 나는 물과 같은 존재가 아닌가. 붓과 먹과 종이와 사람이 물을 잊는다 해도 물기가 없다면 글씨를 쓸 수 없는 것이다. 나는 퇴도退陶의 학문을 아름답게 피워내는 그 물의 수고를 자임하리라.'

3년 뒤 핼쑥해진 모습으로 시명이 돌아왔을 때 계향의 가슴은 뛰었다. 그러나 이 군자는 돌아오자마자 책에 파묻혔을 뿐 속현續絃(재혼)을 묻는 스승의 뜻을 알아차리지 못했다. 장흥효는 어느 날 그를 불러 앉힌 뒤 이렇게 말했다.

"여보게. 보다시피 내 딸이 혼기를 놓쳐 과년하니 자네가 사윗감을 하나 구해주면 어떤가?"

"어찌 스승님께서 그런 큰일을 하필 저에게 물으시는지요?"

"허허, 내가 미더운 사람이 자네밖에 더 있나? 한 사람 추천을 해주게나."

"글쎄요. 제가 아는 사람이……. 그런데 어떤 사람이면 좋을지요?"

"뭐 신언서판身言書判이라고 하지 않나? 신체는 자네처럼 좀 듬직한 것이 좋고, 말은 자네처럼 좀 묵직하고 반듯한 것이 좋고, 글은 자네처럼 명쾌하고 힘이 있는 것이 좋을 것 같고, 그리고 사람 됨됨이는 학문을 제대로 하는 자네 같은 이가 있으면 좋겠네."

이렇게까지 말하는데도 이시명은 눈치를 채지 못하는 듯했다.

"그리고 또 무엇이 있는지요?"

"가문은 낡은 명문名門보다 이제 막 돋아나는 신진이 있는 토반이 좋을 법하고……. 자네 문중처럼 말일세."

그러자 시명은 걱정이 가득한 얼굴로 이렇게 되물었다.

"휴우, 스승님의 뜻은 알아차리겠으나 세상에 그런 사내가 과연 어디에 있을지요?"

"이 사람아, 자네가 있지 않나!"

"예?"

"자네만큼 좋은 혼처가 어디 있겠는가? 내 딸을 좀 살려주게."

"저같이 모자라는 사람을……. 그렇게 말씀해주시니 고맙습니다만 이제 갓 탈상해 어지러운 이가 어찌……."

"자네가 필요하네. 내가 딸을 제대로 가르치지는 못했지만 남의 눈에 크게 벗어나는 일은 없을 것이네. 잘 거두어주게."

"스승님!"

이렇게 혼담이 진행됐다. 시명의 부친인 운악 선생 이함에게는 쾌재를 부를 만큼 고마운 제안이었다. 그 또한 학봉 김성일의 심학心學을 추종해 경당과는 도반이라 할 만했다. 그는 왜란 중에 창고를 풀어 기민飢民을 살리는 일에 힘썼고 오리 이원익이 체찰사로 내려왔을 때 그를 보고는 조정에 천거하기도 했다. 왜란 직후인 마흔일곱 살에 그는 전시殿試에 응시했고 장원으로 뽑혔다. 그런데 선조 임금이 그가 쓴 책문策問을 보고는 장자莊子의 말을 인용한 것이 못마땅해 과방科榜에서 이름을 빼고 파직을 명한 일이 있었다.

선조가 돌아간 뒤 광해군 원년에 그는 쉰여섯 살의 나이로 다시 문과에 급제했다. 그는 관직에 나아가지 않고 나랏골로 들어왔다. 이함의 재령 이씨 가문은 원래 황해도 재령이 고향으로 나랏골에 입향한 지 100년쯤 되었으나 이쪽 지역에서는 아직 이방인에 가까운 빈약한 가문이었다. 이함은 집 옆에 강학당을 붙여 짓고 특이하게도 '충효당忠孝堂'이라 내걸었다. 나라나 마을에서 붙여줘야 할 이름을 자호自號하는 것은 기이한 풍경이었으나 그는 개의치 않았다. 그가 붙인 충효당이라는 현판은 명나라 고황제의 글씨를 탁본한 것이었다. 천하의 주인인 황제의 어필을 걸어놓은 뜻이 무엇이겠는가. 가문의 번성을 바라는 그는 아들들에게 이렇게 부르짖고 있었다. "이름은 내가 세웠으니 그 실질은 너희들이 채워라" 이런 집안에 계향이 들어가게 된 것이다.

집안으로 들어서고 보니 온통 초상집이었다. 남편의 전처 광산 김씨가 돌아간 데다 4년 전에는 이시명의 둘째 형인 우계와 만형 청계가 잇따라 세상을 떴다. 두 형제의 부인은 둘 다 무안 박씨로 종반간이었는데 이어서 순절했다. 이런 가운데 열아홉 살 새색시는 시부모, 시동생 호군과 처사에 만형 청계의 다섯 자식과 남편의 전처 소생 삼남매를 포함해 남편까지 무려 열네 명을 신경 써야 했다.

그녀는 아버지 경당의 가르침대로 아이들에게 학문의 길을 열어주는 데 전심전력했다. 계향은 우선 전처의 아들인 다섯 살 이상일을 업고 10리 거리에 있는 서당에 데려가 《동몽선습童蒙先習》을 배우게 했다. 소학을 익힐 때까지 5년간 꼬박 그렇게 했다. 상일은 나중에 서애 유성룡의 손자사위가 되고 '칠산림七山林'으로 손꼽히는 학자 정묵재가 된다. 둘째 이휘일은 존심양성存心養性(마음을 보존해 품성을 기름)의 성리학 정신을 호에 붙여 존재存齋라 했다. 그는 열세 살에 주역을 읽고 〈복희황도음伏羲黃道陰〉이라는 시를 지었고, 외할아버지이자 스승인 장흥효의 〈일원소장도一元消長圖〉를 보고 〈일원소장도후어一元消長圖後語〉를 썼으며 주자의 《계몽도서啓蒙圖書》에 자신의 생각을 붙여 〈계몽도설啓蒙圖說〉을 지었다. 그는 퇴계에서 학봉, 경당으로 이어진 연원을 이어받아 동생인 이현일에게 전수했다. 마흔다섯 살에 한글 시조 〈저곡전가팔곡楮谷田家八曲〉을 지었다.

셋째 이현일은 갈암이란 호를 썼고 이조판서까지 올라 계향을 정부인에 오르게 했다. 기묘하게도 갈암 또한 그의 할아버지 이함과 비슷하게 과거에 합격된 뒤 취소되는 파방罷榜을 겪는다. 별시의 시제試題가 '유체별구군流涕別舊君(눈물을 흘리며 옛 임금과 작별하다)이었는데 반정으로 왕위에 오른 인조가 보고는 문제를 삼았다. 옛 임금이 광해군이 아니냐는 것이었다. 이 소동으로 시험관이 파직되고 그는 불합격 처리가 된다. 그는 산림에 묻혀 지내다가 쉰한 살 때 미수 허목의 추천을 받아 벼슬을 시작한다. 이현일은 1688년에 〈율곡이씨논사단칠정서변栗谷李氏論四端七情書辨〉을 발표해 기호학설에 대한 영남학파의 이론적 비판을 시도한다. 그는 서인(노론)을 대표했던 송시열과 맞서면서 퇴계 학맥의 중심에 서게 된다. 이현일은 퇴계 학맥을 대산 이상정에서 정재 류치명 · 서산 김흥락 · 석주 이상룡으로 이어지게 해 구한말 구국운동과 일제강점기 독립운동으로 승화하는 데 공헌한다.

이외에도 넷째 이숭일은 상홍효가 쓴 《일원소장도》의 개본改本을 만들고, 〈율곡이씨변설론葉谷李氏辨說論〉을 썼다. 그 또한 '칠산림'에 꼽혔다. 다섯째 정일, 여섯째 융일, 일곱째 운일 또한 뛰어난 학자로 이름을 남겼다.

계향의 일곱 아들을 보노라면, 한 여인이 온 생애의 몸짓으로 써놓은 한바탕의 경經을 보는 듯하다. 아들 중에서 두 사람(휘일, 현일)이나 불천위不遷位(공적을 기려 위폐를 옮기지 않음) 제사를 받았다. 그녀가 낳은 첫아들 이휘일도 어머니가 처녀 시절 뛰어난 학자적 면모를 지녔다는 사실을 까맣게 몰랐다. 그가 병이 들었을 때 한자 서신을 받고서야 눈치를 채고, 그의 외가를 뒤져 어머니의 글들을 찾아냈다고 한다. 이로써 그녀는 아버지가 주문한 치열한 미션을 훌륭히 통과했고, 어쩌면 퇴계 학맥의 최고 공로자라고도 할 수 있다. 대학자 율곡을 키워낸 사임당과 견주면 그녀는 숨어서 수많은 퇴계의 학문적 적자嫡子를 길러낸 위대한 모성의 소유자가 아니던가.

장계향은 왜 자식을 다 키워놓은 뒤에야 《음식디미방》을 썼을까? 그녀에게 음식은 봉제사奉祭祀와 접빈객接賓客이라는 가문 경영의 '무기'와도 같은 것이었다. 천부적인 학자 기질을 지닌 그녀로서는 주먹구구식 '손맛'에 의지한 부엌의 노하우들을 체계화하고 싶었을 것이다.

전체 146개 항목 중에서 술 만드는 법이 51개 항목이나 되는 것은 이것이 철저히 남성사회를 움직이는 음식이었음을 느끼게 한다. 그녀가 요리한 것은 '여성의 삶'과 '남성사회' 전체였다. 음식들이 지나치게 고급스럽다는 느낌이 드는 것은 당시 양반가의 사치를 암시하는 것이 아니라 의식과 예식에 사용되는 식재食材의 정성을 드러내는 것에 가깝다. 《안동 장씨, 400년 명가를 만들다》(푸른역사, 2010)를 쓴 작가 김서령은 이렇게 말한다.

> 이번에 나는 새로운 발견을 했다. 《음식디미방》은 요리책이 아니라 여성이 도에 이르는 방법을 조목조목 기록해놓은 경전이라는 것이다. (중략) 인간성의 바닥에 녹말처럼 가라앉아 있는 인仁이나 의義를 공들여 볕에 말리고 체에 쳐서 하얗게 드러내는 과정의 은유가 아닐 것인가.

영양의 양반가 깊숙한 곳에서 반백년에 걸쳐 만들어낸 '대구껍질 느르미'를 가만히 씹으며 300여 년 전 한 여인이 남기고 간 깊은 풍미를 느껴보라.

성인의 경지를 꿈꾼 규중 철학자, 임윤지당

“너희가 들어 무엇하리.”

일흔세 살의 윤지당任允摯堂(1721~93)은 임종 자리에서 문득 이렇게 중얼거렸다.

“갑자기 시 세 구절이 떠오른다.”

주위에 있던 사람들이 모두 놀란 표정으로 바싹 다가앉는다. 몇 사람은 받아 적기 위해 종이를 꺼냈다. 그때 그는 다시 중얼거린다.

“됐다. 너희가 들어 무어 쓸 데 있겠느냐?”

그리고 윤지당은 가만히 눈을 감는다.

어찌 보면 유머 같기도 한 이 마지막 풍경에는 이 여인의 삶이 압축되어 있다. 결혼 8년째가 되던 스물여섯 살 때 한 살 위인 남편을 잃은 청상과부. 마흔일곱 살 때 시어머니가 돌아간 이후로는 집안의 가부장家父長 노릇을 했던 여인. 그녀가 떠나가는 지상에 남기고 싶었던 세 구절의 시는 무엇이었을까?

조선 말엽의 폐쇄적 규방을 떠올려보면 그녀의 태도는 낯설다. 죽음 앞에서 담담히 시를 읊을 만큼 자기세계를 구축한 이 사람은 누구였던가? 그런데 그녀는 결국 시를 읊지 않았다. 여기에는 지독한 몰이해와 소통 불능의 낌새가 느껴진다. "너희가 들어 무어 쓸 데 있겠느냐?"라는 질문에서 생략된 말들을 생각해본다. '오만'처럼 느껴지는 자부심의 정상에는 외로움이 가득하다. 가슴속에 언어와 생각이 차오를수록 무지와 편견이 혀를 굳게 만드는 길이었다. 윤지당은 그런 생애를 터널처럼 빠져나갔을 것이다.

윤지당이 죽은 뒤 유고 40여 편이 나왔다. 글은 경전에 관한 견해, 성리학 논설 및 유학자 인물평이었다. 이 유고는 사후 3년 뒤인 1796년(정조 20년), 동생 임정주와 시동생 신광우에 의해 《윤지당유고允摯堂遺稿》라는 제목의 2권 1책으로 간행되었다.

반세기 뒤의 여성학자 강정일당은 그의 문집에서 두 차례 윤지당을 언급했다. 윤지당이 조선 말기 여성들의 학문적 선배 역할을 하고 있었음을 짐작하게 하는 대목이다. 또 윤지당과 같은 시대 학자인 이규상은 《병세재언록幷世才彦錄》이라는 책에서 그의 학문세계를 소개했다. 숙종 이후 간행된 인물지에도 윤지당과 그의 책에 대한 이야기가 나온다.

자, 이제 그의 삶 속으로 들어가볼 차례다.

윤지당은 양성현감이던 임적과 파평 윤씨 사이의 5남 2녀 중 둘째

딸로 태어났다. 위로는 오빠가 셋 있었고, 아래로는 남동생이 둘 있었다. 임적은 서울의 반송방(서대문)에서 태어나 스물여섯 살 때 소과에 급제했으나 당쟁에 염의를 느껴 벼슬을 단념하고 충청도 청풍현의 노은 골짜기에 은거했다. 거기서 송시열의 수제자로 꼽히는 권상하의 문하에서 공부한다. 가난 때문에 다시 과거를 치렀으나 낙방을 거듭했다. 이후 음직으로 벼슬에 나갔는데, 마흔한 살 때 함흥판관이 된다. 이 무렵 기생에게 매질을 했다가 사헌부의 탄핵을 받고 2년 만에 사직한다.

여기까지 살펴보자면 임적에게는 고집스러운 원칙주의자의 면모가 엿보인다. 기호학파의 지도자인 권상하의 가르침을 받으며 정통 노론의 산림山林을 자처한 것도 그렇고, 기생의 행실을 문제 삼아 거침없는 체벌을 가한 것도 그런 느낌이 들게 한다. 그러나 생계에 허덕이는 어머니를 위해 다시 벼슬을 택한 것을 보자면 가정적 면모와 따뜻한 인간성도 살짝 읽힌다. 이런 디엔에이DNA가 윤지당에게도 유전되지 않았을까?

당쟁은 그의 삶을 평탄하게 놔두지 않았다. 노론 일파가 밀려난 신임사화 이후 그는 봄이 오면 청주의 옥화라는 산골로 내려가 숨어살 결심을 한다. 그런데 그해 정월, 임적은 전염병에 걸려 죽고 만다. 그의 나이 마흔네 살 때였다. 여덟 살 소녀 윤지당은 이렇게 아버지를 잃는다.

아버지가 돌아간 뒤 윤지당의 가족은 청주 옥화와 경기 여주, 서울, 충청도 공주의 지계로 떠돌아다녔다. 생활이야 볼품 없이 가난했지만 형제들은 스스로 규율을 갖춰 공부해나갔다. 윤지당의 오빠 중에서 가장 뛰어난 학문적 성취를 이룬 사람은 둘째 오빠 임성주다. 조선 성리학의 6대가 중 한 명으로 손꼽히는 그는 공주 인근의 녹문鹿門에 은둔해 살면서 그 지명을 호로 썼다. 녹문은 윤지당에게는 오빠 이상이었다. 스승이며 학문적 동반자이자 평생의 동지였다.

어린 시절, 매달 초하루와 보름에 윤지당의 집안에서는 가정의례 행사가 있었다. 일곱 남매를 키우며 살아가는 가난한 선비 집안의 과부였던 어머니 파평 윤씨는 행사가 있는 아침이면 처소에 단정히 앉아 자식들의 예禮를 받았다. 아이들은 모두 세수하고 머리를 빗고는 동서 양쪽으로 나뉘어 서서 차례대로 나와 어머니에게 절을 한다. 사내아이는 두 번, 여자아이는 네 번 절했다. 그러고 나서 어린 윤지당은 언문으로 된 교훈서를 들고 읽어 내려갔다.

자녀들의 예가 끝나면 뜰아래 좌우로 늘어서 있던 남녀 종이 차례로 두 번씩 절한다. 이랑이라는 수석首席 종이 수하 종들에게 마음가짐과 할 일에 대한 가르침을 적은 언문을 읽고 다시 두 번 절하고 물러난다. 이런 가풍이 지켜진 데는 돌아간 아버지의 정신적 유산도 작용했을 것이다. 임적은 옛날 교훈서를 모아 《규범》 1편을 만들고, 이것을 언문으로 번역해 부녀자들을 가르쳤다. 아마도 아버지가 정리한 책을 자녀들이 읽었으리라.

이 장면을 대하고 나는 가슴이 뭉클해졌다. 가난한 선비 가정에서 떠나지 않고 남아 있는 종들이 기특하게 느껴지는데, 아마도 이런 가례家禮가 살아 있었기 때문이 아닐까 하는 생각을 해본다. 어머니 파평 윤씨는 그야말로 엄하면서도 자애로운 '어른'의 역할을 하고 있었기에, 아버지가 없는 집안이지만 기강이 잘 유지되었던 것 같다. 우리 사회가 교육을 학교에 맡기고 나서부터 어느 샌가 집안에서 '어른'이 사라지기 시작하지 않았던가?

식구들 모두 저마다의 볼 일이 바빠 후다닥 집을 뛰쳐나가는 그곳에 예절과 가법家法이 들어설 자리가 어디 있겠는가? 어른이 사라지면서 가치는 혼란스러워지고 파편화한 개인들은 저마다 기계적·물질적 향락으로 만족을 찾아나서지만, 이전보다 더 행복한 것 같지는 않다. 한 달에 두 번씩 가풍을 몸과 마음에 각인시키는 이 행사는 그들에게 중요한 자부심이었을 것이며 생의 의미이기도 했을 것이다.

부모 자식 간에 존댓말도 어느 샌가 사라져가고, 존경과 친애의 깊이 있는 감정도 느끼지 못한 채 단지 동거하는 관계처럼 느껴지는 세태 속에서 바라본 윤지당의 집안 풍경은, 공자와 주자가 기획한 유학적 기율紀律이 참 아름답기도 하다는 생각을 하게 한다. 이런 예제禮制 안에서 오빠인 녹문과 여동생인 윤지당의 우애와 학문적 유대도 깊어갔을 것이다.

'윤지당'이라는 호를 지어준 사람도 녹문이다. '윤지'는 주자의 '윤신지允莘摯'에서 나온 말이다. '신지'처럼 되라는 뜻이다. 신지의 '신'은 주나라 문왕의 부인이었던 태사의 친정 고향이고, '지'는 주나라 문왕의 어머니였던 태임의 친정 고향 이름이다. 즉, 태사와 태임을 본받으라는 의미가 담겨 있다. 고대의 성군인 문왕을 낳고 내조한 위대한 두 여인을 스승으로 삼는 저 '호'에는 유학적 가치관이 뼛속 깊이 아로새겨져 있다. 신사임당의 '사임'이 태임을 본받으라는 뜻이었던 것과 맥락이 같다.

사임당이 현모양처의 가장 이상적인 모델처럼 대우받는 것에는,

호의 의미처럼 태임과 겹치는(대유학자 율곡을 낳아 길렀으므로) 이미지가 강렬했던 점도 있었을 것이다. 그러나 윤지당은 아쉽게도 자손이 없었다. 그러니 그가 신사임당보다 더 철저히 유학적 실천을 했다손 치더라도 '태임'이나 신사임당이 했던 '현모賢母'의 역할을 수행하지 못한 점 때문에 평가절하될 수밖에 없었다. '윤지'나 '사임'은 모두 태임을 닮으라는 뜻인데, 윤지당은 아들을 낳지 못했고, 사임당은 아들을 낳아 훌륭하게 길러냈다. 그 차이에서 윤지당은 사임당처럼 '국민적 위인'이 되기는커녕 후손에게도 잊힌 존재로 오랜 세월을 묻혀 있어야 했다.

한편 윤지당은 자신의 호와 관련해 이런 의미심장한 발언을 한다.

"태사와 문왕이 하신 일이 각기 달랐던 것은 분수가 달랐기 때문이다. 그러나 본성을 끝까지 파고들면 서로 같은 것이니, 이는 이치가 하나이기 때문이다. 태사와 문왕이 남녀의 처지가 서로 바뀌었다면 두 분은 그 성별에 따라 맞는 일을 했을 것이다."

그는 남녀의 차이는 '분수'의 차이이며, 본질적 차이는 없다고 말한다. 윤지당의 당당한 의견을 듣노라면 유교국가의 가부장제가 여성을 철저히 억압했다는 주장에 고개를 갸웃거리게 한다.

어린 시절 윤지당이 공부하는 모습을 보면 정말 예쁘다. 형제자매들은 어머니 곁에 모여 앉아 경전과 역사책의 뜻을 토론하고 고금의 인물과 정치의 잘잘못을 논평하기도 한다. 윤지당도 그런 대화에 참여해 자신의 주장을 펼쳤고 시비를 가려냈다. 동생인 임정주는 그때의 그녀를 이렇게 기억한다.

"누님은 많은 말씀을 하지 않으셨어요. 가만히 듣고 있다 천천히 한마디 하는데, 그것이 좌중의 시비를 일거에 정리하는 말이 되고는 했죠. 그러면 형님들이 듣고 계시다 '저 아이는 대장부로 태어났어야 했는데…… ' 하면서 아쉬워하시고는 했습니다."

오빠 녹문은 그녀에게 《효경孝經》과 《열녀전列女傳》, 《소학小學》과 사서四書를 읽게 했다. 그러면 윤지당은 밤마다 낮은 소리로 책을 읽었는데 어찌나 끈덕지게 글자를 들여다보는지 종이가 뚫릴 것 같았다고 한다. 그러다 모르는 것이 있으면 녹문에게 가서 일일이 물어 궁금증이 풀린 뒤에야 넘어갔다. 이런 열성이 그녀의 학식 수준을 당대 여성의 범위를 넘어서게 한 것이리라. 공부에 대한 그녀의 이야기를 들어보자.

"나는 어릴 때부터 성리의 학문이 있음을 알았어요. 조금 자라면서 고기 맛이 입을 즐겁게 하듯 학문이 맛있었습니다. 그만두려 해도 그만둘 수 없을 만큼 나를 끌어당겼죠."

이런 공부의 결과 그녀는 40편의 글을 써 세상에 남긴다.

윤지당은 여성도 성인이 될 수 있을까 하는 문제를 놓고 깊이 고민했던 것 같다. 공자나 주자의 대체적 가르침은 남성을 향하기 때문이다. 스스로 성인이 될 수 없다면 학문 자체가 의미 없는 것 아닌가? 그는 성인이 보통사람과 다름없다는 사실을 힘주어 말했다.

"보통사람과 성인은 모두 태극의 이치를 얻어 본성으로 삼은 존재입니다. 가끔 물욕과 기질이 가린 바에 따라 지혜로운 사람과 어리석은 사람, 어진 사람과 못난 사람이 갈라질 뿐이지 부여받은 본성은 똑같습니다. 남자와 여자도 마찬가지입니다. 하늘로부터 똑같은 본성을 받았습니다. 내가 비록 안연이 배운 것처럼 배울 수는 없다 하더라도, 성인을 사모하는 뜻은 못지않게 간절합니다."

성리학이 남성 유학자의 전유물이라고 생각했던 관념을 그는 깨고자 했다. 윤지당은 평생의 학문과 실천을 통해 여자도 성인이 될 수 있다는 생각을 보여준 셈이다. 어느 날 그는 칼 한 자루에 '비검명匕劍銘'을 썼다.

힘을 내라 칼이여[勖哉匕劍]
나는 아녀자가 아니다[無我婦人]
너의 날카로움 더욱 힘을 내라[愈勵爾銳]
숫돌에 새롭게 갈아낸 듯이[若劃新發]

윤지당을 '조선의 블루스타킹bluestocking'이라고 부르는 이도 있다. 블루스타킹은 카리 우트리오Kaari Utrio의 《이브의 역사》에 나오는 말이다. 18세기 유럽 사교계에 등장한 일군의 여인을 가리키는 말인데, 경멸의 의미가 들어 있는 표현이다. 외모를 꾸미는 데 치중하던 당시 사교계 여성들과 달리 예술·과학·철학 같은 지적 영역에 관심을 가진 여성들이었다. 그들은 대부분 못생기고 옷차림도 엉성했으며 멋이 없는 안경을 쓰기도 했다. 그들 중에서 튀는 누군가가 푸른 스타킹을 신고 돌아다니자, 이런 유형의 여인 전부를 '블루스타킹'이라고 부르기 시작했다고 한다.

윤지당은 여성들의 지적 성장을 억제하던 사회 분위기 속에서 신념을 가지고 공부에 매달려 한 경지를 이뤄냈다. 조선의 선비들은 물론 그에게 손가락질하지는 않았지만, 그의 성취를 유학의 학문적 계보에 넣는 일에는 인색했다. 그가 더욱 폭넓고 깊이 있는 사유에 이르기에는 접할 수 있는 지식이 제한되어 있었을지도 모른다. 그는 조선 속에서 남성이 되고자 한 것이 아니었다. 여성이 마땅히 지닌 인간적 본성을 제대로 닦아 성인이 되고자 했다.

윤지당은 어느 날《중용中庸》을 읽다 문득 오빠 녹문에게 편지를 쓰기 시작했다.

> 제 생각으로는《중용》27장에서 "돈독하고 후덕하며 예를 존숭한다"고 한 것을 '존심存心'의 범주에 넣어야 할 것 같은데, 주자는 '숭례崇禮'만 따로 '치지致知'의 범주에 넣었습니다. 주자가 왜 그렇게 했는지 모르겠습니다. 또《중용》28장에 고문考文·동궤同軌·동문同文·동륜同倫이라고 한 뜻은 무엇인지요?

다음날 그녀는 먹을 것 몇 가지를 챙겨 넣은 뒤 편지를 공주로 보냈다. 얼마 후 오빠의 답장이 왔다.

> 돈독하고 후덕함은 마땅히 '존심'의 범주에 넣어야 하고, 예를 존숭함은 '치지'의 범주에 넣는 것이 옳습니다. 그리고 동궤(같은 궤도를 씀)의 의미는《중용혹문中庸或問》을 참고하면 됩니다. "주나라 사람들은 수레를 소중히 여겼는데, 수레의 너비가 여섯 자 여섯 치였다. 땅에 나타나는 바퀴자국의 너비가 한결같았다. 수레를 만들 때는 모두 여기에 합치해야 중국 전 지역을 다닐 때 통하지 않는 곳이 없게 된다"는 이치를 말한 것입니다. 수레바퀴처럼 문文과 인륜이 통일되어야 함을 의미합니다.

"주자가 왜 그렇게 했는지 모르겠습니다"라는 윤지당의 표현은 당시 성리학자들의 정서로 보면 발칙한 것일 수 있다. 그러나 그는 성인의 반열에 오른 선배라 할지라도 비판적 읽기로 학문의 예봉을 세워야 한다고 믿었을 것이다. 이 정도의 질문을 해내려면 치열한 지식의 축적과 정리가 필수다. 그리고 동생의 질문에 일일이 친절히 답하는 녹문의 답장도 인상적이다. '동궤'에 대한 그의 설명은 머리에 쏙 들어오지 않는가? 그는 '공부의 신' 한 명을 가정교사처럼 늘 곁에 두고 있었던 셈이다.

윤지당은 열아홉 살 때 원주 출신 선비 신광유와 결혼했다. 남편의 백부에게 아들이 없어 양자로 들어가는 바람에 윤지당은 생모와 양모, 두 시어머니를 섬겼다. 스물일곱 살 때 남편을 잃고 난 뒤 신광우, 신광조 등 두 시동생의 가족과 함께 살았다. 시동생들은 그를 어머니처럼 섬겼다. 마흔 살 때 윤지당은 시동생 신광우의 장남인 신재준을 양자로 데려왔다. 젖먹이 때부터 키웠던지라 친자식 못지않게 애정을 기울였다. 그런데 이 양자마저 스물여덟 살에 숨을 거둔다. 당시 얼마나 절망적이었던지 그녀는 녹문에게 이런 편지를 보낸다.

> 오라버니, 이제 저를 죽은 누이로 여기십시오.

이 편지에 녹문은 크게 놀라 크게 질책하는 답장을 보낸다.

> 누이는 성인의 글을 읽어 사리를 아는 사람인데 어찌 외아들을 따라 죽겠다는 것입니까? 오히려 나의 병이 끝내 회복되지 못할 것 같으니 이

제부터는 나를 죽은 오빠라고 여기고 다시는 서로 문안도 하지 맙시다. 하지만 만약 누이를 다시 보지 못하고 죽으면 비통함이 어떠하겠습니까?

이 편지를 읽고는 나도 눈물이 핑 돌았다. 오빠가 윤지당을 얼마나 사랑하는지, 절절함이 손에 잡힐 듯하기 때문이다.

답장을 보낸 지 열흘 남짓 지난 뒤 녹문은 정말로 숨을 거두고 말았다. 윤지당의 심정이 어떠했을까? 제문에서 그녀는 이렇게 말한다.

오장이 무너져 찢어질 것만 같고, 피가 솟아 얼굴에 덮어쓸 것만 같습니다. 예전에 내가 먼저 죽을 줄 알고 죽은 뒤에 만약 오라버니의 글 몇 줄을 얻어 묘소에 표시해두면 저승에 가서도 광채가 날 것이라고 말했는데, 내가 오라버니의 제문을 쓰고 있다니 참으로 기구한 일입니다.

형제와 아들을 잃은 그는 〈인잠忍箴〉(참음에 관한 경계)을 쓴다.

타고난 운명이 기박해 네 가지 궁박함[鰥寡孤獨](홀아비 · 과부 · 고아 · 독신) 중에서 세 가지나 갖추었으니 나처럼 박명한 사람이 몇이나 될꼬? 하지만 하늘이 나에게 주신 운명이 이처럼 혹독한 것은, 나로 하여금 마음을 쓰고 성질을 참아 내가 할 수 없는 바를 보내려 하기 때문일까, 아니면 죄가 너무 무거워 벌을 받느라고 이 지경에 이른 것일까? 나로서는 알 수 없지만 원망하거나 탓하지는 않으리라. 이 생애에 어긋남이 많아 죽는 것이 오히려 즐겁기는 하지만, 그래도 이번 생에서 무엇으로

> 편안하게 할 것인가를 묻는다면 '인지위덕忍之爲德'(참음이 덕이 된다)이라고 하리라.

윤지당의 글 중에서 철학자의 면모를 드러내는 것은, 여섯 편의 설說과 두 편의 경의經義다. 설은 〈이기심성설理氣心性說〉, 〈인심도심사단칠정설人心道心四端七情說〉, 〈예악설禮樂說〉, 〈극기복례위인설克己復禮爲仁說〉, 〈치란재득인설治亂在得人說〉, 〈오도일관설吾道一貫說〉등이 있는데, 당시 성리학자들의 쟁점이었던 문제들을 논리적으로 풀어내고 있다. 또 대학경의와 중용경의는 경전의 중요 구절을 분석하고 자신의 견해를 덧붙인 것이다.

그녀의 글에는 당대 학문의 흐름을 바꾸는 혁신적 견해는 보이지 않으나 논점을 짚고 정밀한 사유를 펼쳐가는 점에서 남성 유학자의 수준에 뒤지지 않는다. 다만 규방일 틈틈이 혹은 밤에 시간을 내 하는 연구이고 학문이었는지라 그 성취가 더욱 가파르게 나아가지 못했던 것은 아쉬운 일이 아닐 수 없다. 그가 요즘 학계에 있었다면 이 땅의 철학의 면모를 일신하는 대학자가 되지 않았을까? 그가 쓴 여성인물전《송씨부宋氏婦》에는 자신의 꿈과 자부심을 드러내는 자전적 요소가 가득하다.

> 일찍이 시댁의 종형제들이 남편과 더불어 장래 포부를 말하면서 논란한 적이 있었다. 그중 한 사람이 "나는 율곡 선생의 도덕과 영예를 흠모한다"고 하자 남편도 여기에 맞장구쳤다. 사람들이 나간 뒤 한씨가 물었다.

"여러 형제들의 일을 어떻게 생각하시는지요?"

남편은 "괜찮지!"라고 했다. 한씨가 빙긋이 웃자 남편이 왜 웃느냐고 물었다.

"제 생각에는 율곡이 율곡일 수 있는 것은 그분의 도덕 때문입니다. 가령 율곡 선생께서 빈천해 두메산골의 초라한 집에서 사셨다 하더라도 그 도덕에 무슨 흠이 되겠습니까? 비록 영달해 존귀하게 되셨다 하더라도 달라지는 것이 뭐가 있겠습니까? 지금 여러 형제들께서 그 도덕만 말씀하셨다면 참으로 그 도덕을 흠모하는 것이 되겠지요. 하지만 도덕과 더불어 영예를 함께 말씀하셨으니, 이것은 도덕을 흠모하는 것이 아니라 실은 마음속으로 그 존귀함을 부러워하는 것입니다. 당신이 그것을 괜찮다고 하시니 잘못된 것이 아닌지요?"

이 말을 듣고 남편은 그녀의 식견에 크게 감탄했다. 그는 분발해 학문을 닦아 대학자가 된다.

남자들이 겉으로는 '도덕'을 숭상하는 것처럼 떠들지만, 실은 세속적 욕망에 눈이 어두워 진실로 삶의 가치와 학문적 열정을 잃고 있는 세태에 대한 통렬한 풍자다. 조선 남성들은 어느 철학자 여인으로부터 이런 가차 없는 비판을 만난 것이다. 지금은 그렇지 않은가? 윤지당이 지금 대한민국에 태어났다면 사내들의 위선과 어리석음에 대해 어떤 주먹을 날릴까? 이런 미인들이 제대로 발언하는 시대가 되기는 한 것일까?

규방 밖의 삶을 갈망한 조선의 베스트셀러 작가, 이씨 부인

"여보. 내가 군수로 있는 김제의 기막힌 이야기요. 당신이 이것을 한 번 잘 정리해주오."

남편 안개가 편지를 보냈다. 그의 아내는 그 내용을 정리해서 다시 남편에게 보냈다. 이런 사연이다.

> 김제에 큰 흉년이 들어 백성들이 저마다 흩어져 100가구가 넘던 곳이 열 가구로 줄었다. 고씨 성을 가진 선비 부부도 굶주림을 못 견뎌 서로 헤어지기로 했는데 문득 아내가 말했다.
>
> "지금부터 빌어먹어야 할 것이니 집 안에 있는 짐승을 돌볼 겨를이 있겠습니까? 오래된 가견家犬을 죽여 하루라도 그대를 배불리 먹일까 합니

다."

그때 남편이 말하기를 "말 못하는 짐승이라고 우리의 부덕을 모르겠는가. 나는 차마 그리 할 수는 없소."

그러자 아내가 말했다.

"그대의 선한 심성을 어찌 제가 모르겠습니까. 제가 부엌 안의 기둥에다 개를 헐겁게 매어 놓을 터이니, 그대는 밖에서 그것을 눈 딱 감고 당기시기만 하면 될 것입니다."

차마 아내에게 개를 잡으라고 말할 수 없었던 남편은 "알았다"면서 밖에서 새끼줄을 당겼다. 그러고 들어가보니 개가 아니라 바로 그의 아내가 목줄에 매달려 숨져 있었다.

남편은 이 내용을 정리해 상소로 올렸다. 이 비극적인 스토리를 정리한 안개의 아내가 완월당玩月堂 이씨(1694~1743)다.

그녀는 180권, 요즘 방식으로 편집하면 최소 20권에 달하는 방대한 대하소설을 썼다. 조선에 전문적인 소설가라니. 그것도 남성도 아닌 여성이라니……. 그녀의 존재는 많은 학자조차 고개를 갸웃할 만큼 낯설고 신비했다. 어떻게 이런 인물이 탄생할 수 있었을까. 잠깐 그 시절의 거리를 기웃거려보자.

16~17세기 왜란과 호란은 이 땅의 여성들에게 치명적인 상처를 남겼다. 겁탈과 능욕이 지나간 뒤 사내들은 여성을 지키지 못한 미안함과 연민을 보여주는 대신, 그녀들을 규방에 깊이 가두는 질곡桎梏의 사회 체제를 굳혀 나갔다. 당시 조선은 당쟁이 소용돌이치고 있었고 세상의 가치는 혼란스러웠다. 벼슬을 꿰차고 솟아오르던 사내들은

어느 사이 급전직하로 추락해 집으로 돌아오거나 귀양길을 걸었다. 속으로 차오르는 고독감과 지적 열정을 감당할 수 없었던 여성들은 밤마다 독서에 탐닉하며 좌절감을 달랬다. 세상에 대한 갈증과 규방 속의 갑갑함, 그리고 갈피 잃은 사회에 대한 염증 때문이었을까. 요즘의 일일 드라마와도 같이 엿가락처럼 이어지는 장편소설이 선풍적인 인기를 끈다. 한자를 체계적으로 배우지 못한 독자가 많았기에 국문으로 쓰인 것이었다. 이런 흐름을 타고 소설을 베낀 필사본을 빌려주는 세책가貰冊家들이 등장했다. 책을 빌려가는 고객은 주로 도시의 부녀자였고 궁중 여인들도 즐겨 찾았다. 당시의 필사본 책 말미에 적힌 글귀들을 보자.

> 보신 후 유치하지 말고(슬쩍 하지 마시고) 본댁으로 전할 차(책가게에 돌려주세요).

> 부디 낙장은 마옵소서(책 찢어내지 마세요).

> 오자도 많고 낙서도 많은데 세책비貰冊費만 높구려. 세책으로 놓으려면 깨끗한 것을 놓으시오.

이런 글귀 이외에도 세책가들이 적어놓은 대여료도 보이고, 또 책을 종이 노끈으로 묶어둔 것도 있다. 당시 세책 풍경에 대한 글은 비교적 흔하다. 효종의 비인 인선왕후는 시집간 숙명공주에게 쓴 편지에서 이렇게 말하고 있다.

《수호전》에 나오는 소설들은 잘 돌려보았느니라.

왕실 여인들은 구입하기 어려운 책을 구하면 아예 궁중 나인을 시켜 필사를 해서 소장했다. 소설책을 많이 가지는 것은 그녀들 사이에서 큰 자랑이었다. 궁인의 필체를 궁체라고 하는데, 이들의 필사본은 정자체, 흘림체, 반흘림체 등 다양한 한글 서체를 선보이고 있다. 영조의 후궁이었던 사도세자의 어머니 영빈 이씨는 왕성한 소설 소비자로 손꼽히기도 했다. 그녀는 중국 소설에 나오는 이야기를 판화로 제작해서 화첩을 만들었는데, 그 서문에서 당시 유행하던 소설 74편을 줄줄이 꿰고 있었다. 영빈 이씨가 누구였던가. 궁궐의 공노비로 궁녀가 되어 영화를 누렸지만 자식이 뒤주 속에 갇혀 죽는 기구한 운명을 맞았던 그 여인이다. 영빈 이씨가 사도세자의 죽음에도 비교적 덤덤한 태도로 임할 수 있었던 것은, 그녀의 마음 한쪽을 채워주는 저 소설의 힘이 있었기 때문이 아니었을까.

이 같은 소설 열풍의 중심에 한 여성이 있었다. 바로 18세기 초 인기 작가로 떠오른 완월당이다. 전주 이씨로 알려져 있는 이 여인을 '완월당'으로 호명한 것은 전적으로 나의 객기다. 그러나 나름으로 짐작의 근거가 아예 없지는 않다. 당시 그녀의 베스트셀러 작품이었던 180권짜리 대하 장편소설 《완월회맹연玩月會盟宴》은 줄여서 '완월'로 불리기도 했다. 이 소설을 쓴 부인은 당시 관행을 따라 '익명'에 숨어 있어야 했지만 당시 한양의 맹렬 독자들은 그녀의 존재를 알음알음 알고 있었다. 호사가의 습관이 그렇듯 인기 작가를 잘 알고 있다는 점을 과시하기 위해 혹자는 그녀를 '완월부인'이라고 호칭했고, 혹자는 아예 호처럼 '완월당 이씨'라 부르기도 했다. 완월 애독자는 세책가나 같은 취향의 친구를 만나면 "완월부인이 새로 납셨나?"라며 신간을 탐색했다.

대표작을 작가의 호칭에 쓰는 일은 그리 낯설지 않지만 그녀가 완월부인이 된 것은 그런 이유 때문만은 아니다. 《완월회맹연》의 의미는 '달놀이 모임에서 결혼을 맹세하다'라는 뜻이다. 거기에서 완월玩月만 떼내면 '달구경'이다. 달은 여성을 의미하는 은유이기도 하고, 이 세상과는 다른 세계를 가리키기도 했다. 음양의 이치를 따지는 조선에서는 특히 이런 비유가 울림이 있었다. 소설이란 당시의 여성 독자에게 규방의 질곡에서 벗어나고픈 열망이 반영된 상상의 해방공간이었다. 따라서 달구경은 '여자들의 놀이'를 가리키는 은어였고, '상상의 희롱'을 뜻하는 은유적 표현이기도 했다. 그리고 생리주기를 뜻하는 '달거리'라는 말이 있듯이 대략 한 달에 한 권씩 생산되는 작가의 놀라운 생산력에 대한 경탄을 포함하고 있기도 했다. 보름달이 다시 뜨면 소설 한 권을 뚝딱 써내는 그녀를 향해, 당시 여성은 부러움의 시선으로 '매달 만날 수 있는 즐거움'의 의미로 완월이라고 부른 것이다. 완월당은 대체 어떤 여인이었던가. 그녀의 비문에는 이렇게 씌어 있다.

> 정부인 이씨는 세종의 서자인 영해군 당의 후손이다. 대사관을 지내고 이조판서에 추증된 이언경의 딸이기도 하다. 시부모를 섬김에 효도와 순종으로 했고 남편을 대함에 온화함과 공경으로 했고 자식을 가르침에 엄했고 화목함은 친지들에게 두루 미쳤으며 여자 선비의 풍모가 있

었다. 갑술년(1694)에 태어나 계해년(1743)에 죽었으며 3남 1녀를 두었다. 장남 안관제는 지금 정랑이고 차남 안대제는 현재 사서이며 삼남 안겸제는 현재 감사로 있다. 딸은 오언첨과 결혼했다.

돌아간 사람의 일생을 정리하는 간략한 글로, 당시 사회가 권장하는 윤리적 측면의 칭찬 일색이다. 여기에서 눈여겨볼 대목은 '여자 선비'라는 말이다. 왜 그녀를 가리켜 '선비'라고 불렀을까. 선비가 갖춘 예의범절을 지녔기에 그렇게 불렀을 수도 있겠으나, 그녀가 지닌 비범한 '학문적 성취'를 가리켰을 수도 있다. 명문가의 집안에서 태어나 여성이지만 어린 시절부터 호학好學해 상당한 수준의 지식세계와 표현능력을 갖춘 '작가'의 면모를 여기에서도 엿볼 수 있지 않을까.

아버지 이언경은 호를 천유재라고 했으며 병문상으로 이름을 날렸다. 승정원에 있을 때 하루 10여 건의 상소문을 초했는데 글마다 간결하고 정확했다. 완월당의 어머니 안동 권씨는 남편과 동갑내기로 규방에서 글을 익혀 《논어論語》·《맹자孟子》·《주역周易》·《예기禮記》, 《춘추春秋》와 같은 경전에 밝았고 한시·사부詞賦·문장 등의 한문학 작품, 《사기史記》·《명사明史》 등의 역사서, 《세설신어世說新語》·《전등여화煎燈餘話》·《삼국지연의三國志演義》·《수호지水湖志》 등의 소설까지 두루 섭렵한 지식인이자 독서광이었다.

이언경의 묘비명은 좌의정을 지낸 조태억이 썼는데 그 어머니 남원 윤씨는 이언경 부부와 친밀한 이웃이었다. 조태억은 어머니를 가리켜 여자 선비의 풍모가 있었다고 말하며 완월당의 비명과 같은 표현을 썼다. 남원 윤씨는 《서주연의西周演義》라는 책을 국문으로 십수 편을 베껴 놓았는데 그 중 한 권이 빠져서 내내 몹시 서운했다고 아들 조태억이 기록해놓았다. 윤씨 또한 소설광이었으며 그것을 베껴 써서 보관하는 당시의 독서 유행을 따르고 있었다는 것을 알 수 있다. 윤씨와 친했던 완월당의 어머니 또한 소설을 베끼는 일을 즐겼을 것이며, 그런 분위기는 자연스럽게 완월당에게도 전수되었을 것이다.

완월당은 어린 시절 큰 병에 걸려 몸이 무척 약했다. 바깥출입을 거의 못하고 방 안에서만 지냈던 것도 그 때문이었다. 그녀는 1남 8녀 중 막내딸이었고, 서모에게서 태어난 동생이 하나 있었다. 그녀가 태어났을 때 아버지와 어머니는 마흔두 살이었고 언니 일곱 명은 모두 시집을 간 상태였다.

완월당은 어머니를 통해 언니의 결혼생활과 세상 이야기를 들었다. 그녀보다 두 살이 많았던 오빠 이춘제 또한 몸이 약해 골골했지만 그래도 여동생을 많이 아끼는 든든한 후원자였다. 오누이는 어머니를 통해 소설을 접하게 됐고 그중에서도 완월당은 몇 개의 소설을 베껴 써보면서 한번 소설을 써보고 싶은 욕망을 지니게 됐다.

중국 소설은 신기하기는 하지만 대개 허황하고 우리와 풍속이 달라 실감이 나지 않는 점이 마음에 들지 않았다. 소설을 필사하면서 그녀는 그대로 베끼지 않고 가필과 윤색으로 이야기를 더욱 재미있고 긴박감 있게 만드는 것을 즐겼다.

그녀가 맨 처음 쓴 소설은 열다섯 살 무렵에 쓴 〈완월루玩月樓〉였다. 당시 몇 번이나 읽었던 《소씨전蘇氏傳》과 《사씨남정기謝氏南征記》를 짜깁기한 것이었다. 사건 전개도 비슷하게 꾸몄고 등장인물의 이름만 살짝살짝 바꿨다. 소녀 완월당의 소설을 읽은 어머니가 깜짝 놀란 표정을 지었다. 물론 기존 소설보다 좀 엉성했지만 어린 딸의 상상력과 문재文才가 예사롭지 않았기 때문이다. 무엇보다 자신 나름으로 인물을 해석하고 이야기의 흐름을 조절하는 힘이 느껴졌다. 어머니 권씨는 딸의 소설을 읽으며 당시 유행한 구성과 인물에 관해 조언했다. 이를 계기로 완월당은 본격적으로 자기만의 소설을 쓰기 시작했다.

규방에서 지루하게 사는 삶에서 상상으로나마 탈출해 또 다른 삶을 살고 싶은 욕망이 터져 나왔다. 그녀는 상상으로 꾸민 '가문'의 4대를 글 속에서 직접 살아보고 싶었다. 〈완월루〉에서 '완월'을 가져와서 완월회(달구경 모임)를 만들고, 거기에서 장래 결혼을 약속하는 잔치를 벌이도록 해 이야기의 거대한 복선으로 삼았다. 《완월회맹연》이 바로 거기에서 탄생한 것이다.

어린 동생이 소설 창작에 실력을 드러내자 열렬한 팬이 된 것은 그녀의 언니들이었다. 언니들은 친정으로 인편을 보내 완월당이 쓴 소설을 보내달라고 성화했다. 막내 여동생의 이야기 속에는 자신들이 언뜻 털어놓았던 시댁의 사건과 이웃의 특이한 사람에 대한 것도 슬쩍슬쩍 숨어 있었다.

완월당이 처음에 썼던 두 권짜리 《완월회맹연》은 여전히 다른 소설들을 모방한 것으로 스스로도 실패작이라고 여겼다. 그녀가 절망적인 기분으로 내던진 이 작품을 다시 쓰려고 마음먹은 것은 부친 이언경이 숨진 1710년으로, 당시 완월당은 열일곱 살이었다. 이때의 정황이 오빠 이춘제가 쓴 제문에 보인다.

내가 옛날에 시묘살이할 때 자주 동생과 함께 새벽과 저녁으로 산 위

> 에 올라갔는데 동생은 넘어져 다쳤는데도 아랑곳 않고 묘소까지 갔다가 풍기風氣로 병이 들어 환형幻形을 구분하지 못했다. 그 당시에 보았던 것이 마치 몸에 있는 듯 아파서 나중에 이야기가 나오기만 해도 눈물을 줄줄 흘렸다. 내가 옛날에 시를 지으며 돌아다닐 때 누이의 집을 떠나려 하는데 헤어질 무렵 통곡을 해 누이의 울음소리가 바깥까지 들렸다.

완월당은 아버지의 묘로 가다가 혼령이 씌인 듯한 상황에 빠졌다. 부친을 잃은 상실감과 불안감에 병약한 몸이 통제를 잃고 무너진 것이리라. 오빠와 잠깐 헤어지는 상황에서도 마치 부친과 영이별이 떠오른 듯 다시 눈물을 줄줄 흘리는 모습에서 히스테리에 가까운 그녀의 예민한 감수성이 생생하게 느껴진다.

그녀가 다시 소설을 잡으려고 생각한 것은, 이제 막막해진 살림살이를 걱정하는 마음에서 글을 써서 세책이라도 해 생활의 방편으로 삼으려는 마음이 작용했는지도 모른다. 그녀는 다시 《완월회맹연》을 쓰기 시작했다.

2년 뒤인 1712년 겨울, 오빠 이춘제가 결혼을 한다. 그때까지 그는 완월당의 소설을 꾸준히 읽어주며 소설 공간의 스케일을 키우는 데 도움을 주었다.

1716년, 당시 스물세 살이던 완월당이 안개와 결혼하면서 소설 작업은 일시 중단된다. 맏아들 안관제가 태어났지만 남편은 아직 벼슬을 하지 못한 상태로 생활이 몹시 어려웠다. 이때 완월당은 자신이 쓴 소설 세 권을 들고 장안의 소문난 세책가를 찾아갔다. 함께 간 시종 난이가 책을 내밀자 세책가가 물었다.

"이것이 어느 중국 소설이더냐? 처음 보는 것인데 이걸 누가 사가겠느냐?"

"그런데, 한 번 읽어보시라니까요. 책을 펼치기만 하면 재미있어서 눈을 못 뗄 걸요."

"이런 허풍스런 년을 봤나. 내 그렇게 말하는 자들을 숱하게 봤다만, 몇 장 넘기면 다 들통날 일을 어찌 그렇게 함부로 과대해 말한단 말이냐!"

"이것은 그런 게 아녜요. 우리 마님이 소싯적부터 글솜씨가 남달라 벌써 집안에서는 여러 사람이 속권續卷을 달라고 성화구만요."

"부인이 직접 쓰신 거란 말이냐? 어디서 베껴 쓴 것이 아니고?"

"아이고, 한번 읽어보시면 알 테니까……."

세책가는 돌아서서 책을 훑어봤다. 몇 장을 넘기더니 '어험! 어험!' 공연히 헛기침을 했다. 그러더니 침을 꿀꺽 삼켰다. 그러면서 난이를 향해 노려보며 물었다.

"이게 정말 마님이 직접 쓴 것이란 말이냐? 이건 여자가 쓸 만한 이야기를 넘어섰는데? 어디다 대고 거짓부렁을 일삼는단 말이냐! 그건 그렇다 치고……. 이것이 지금 몇 권까지 씌어 있느냐? 책세冊貰는 내가 두둑하게 줄 테니 있는 대로 모두 가져오너라."

이것이 완월당이 조선의 문단文檀에 데뷔하는 장면이다.《완월회맹연》이 큰 인기를 모은 까닭은, 비록 중국 무대를 배경으로 하지만 조선의 정치 상황을 은근히 떠올리게 하는 맛에다 여성의 눈으로 본 당대의 가정사가 촘촘하게 그려져 있기 때문일 것이다. 게다가 그녀가 언니들의 이야기를 토대로 불어넣은 악인들이 아주 실감나는 인물이란 점도 한몫했을 것이다. 그런 가운데에서도 생활의 예법과 어른에 대한 공경, 무한한 인격으로 선을 실천하는 선인을 배치함으로써 작품에 안정감을 부여했다. 잠깐 그 완월의 세계로 들어가보자.

우선 악인은 완월당의 소설을 손에서 떼지 못하게 하는 긴장감의 추진체다. 이 작품이 그려내는 인물 중에서 가장 매력적이고 인상적인 캐릭터는 소교완이 아닐까 한다. 이 여인은 아름답고 지적이며 세련되었지만 가슴속에는 악의 불덩이가 들끓고 있다. 특히 윗사람에게는 당대의 예의범절을 그대로 준수하는 깍듯한 태도를 보이다가 아랫사람에게는 전혀 다르게 포악해지는 이중적 태도, 처음에는 양순하고 이성적인 태도를 유지하다가 서서히 못된 여자로 바뀌어가는 모습은 사람을 사로잡는 힘이 있다. 특히 자신의 자식이 후계자가 되지 못하고 양자 정인성이 후계자가 되고 난 뒤 불붙는 적개심과 질투는 '계모 이야기'의 원형적인 질감을 유지한다. 폭력과 살인까지도 서슴지 않는 극단의 상황이 그녀의 출렁거리는 내면에 의해 펼쳐진다. 소교완이 자신의 나쁜 아들 정인중에게 끝없이 선善의 길을 권유하는 모성을 보이는 점도 특기할 만하다. 복잡하고 냉혹하면서도 인간적인 약점을 지닌 이 인물은 세계 소설사에서도 보기 드문 개성을 지녔다고 볼 수 있다.

소심한 모리배인 장헌의 개성도 눈에 띈다. 세상의 권력에 따라 비굴하게 눕고 일어서는 인간형으로 현대적인 풍자의 맛을 지녔다. 그는 혼인을 약속한 정씨 집안이 쇠하자 일거에 배신한다. 그가 이런 배신을 일삼는 것은 상황을 모면하고 힘에 편승하려는 소심함에서 비롯된 것이다. 소교완이 강하고 이성적인 악인이라면, 장헌은 야비

하고 약한 악인이다.

여씨는 주변적인 인물이지만 양념으로 꼭 필요한 악인이다. 얼굴이 못생긴 데다 성격도 몹시 포악하다. 국구 여형수의 손녀라는 위세를 믿고 물불을 가리지 않는다. 남편이 사랑해주지 않는다고 죽이려 들고 남편이 결혼했다는 소문을 듣고 달려와 시아버지를 발로 차서 넘어뜨리기도 한다.

이들 악인의 이름에는 풍자가 섞여 있다는 시선도 있다. 장헌의 호는 미수인데 이는 남인의 영수로 완월당의 집안인 서인과 첨예하게 반목하던 미수 허목을 은근히 연상시키며, 정인중은 소론에 의해 대표적인 노론 역모꾼으로 지목된 정인중(1722년 임인옥 역모에 연루된 인물로, 소설 속의 정인중과 한자는 다르다)을 떠올리게 한다.

선인의 색깔도 다양하다. 정인성은 전형적인 성인형의 반듯한 인물이지만 정인광은 비굴함을 용서하지 못하는 비분강개형 선인이다. 이런 중심인물들이 사건을 엮어나간다.

완월당은 이 소설이 장안에서 베스트셀러가 되자 궁중까지 알리고 싶어 했다. 당시 소설의 최고급 독자는 궁인이었기 때문이다. 그들로부터 쏟아지는 속권 요청을 듣고 싶었다. 그녀의 이런 시도가 성공했던 모양이다. 1966년 창경궁 낙선재문고를 정리할 때 쏟아져 나온 책 중에서 가장 눈길을 끌었던 작품이었으니까 말이다.

그녀가 과연 이 엄청난 양의 소설을 모두 썼는지는 알 수 없다. 그녀가 쓴 미완의 소설을 후대의 작가가 보완해 완결했을 수도 있다. 17세기 격심의 붕당 시절에 핍박 받던 여인의 신분으로 정치적인 통찰과 풍자를 새겨 넣어가며 이토록 생생하고 광대한 이야기를 뿜어냈다는 사실은 도저히 낮춰 평가할 수 없다.

당시 《완월회맹연》은 지금의 텔레비전 연속극처럼 일상의 삶을 조곤조곤 풀어내면서 세상의 광기와 풍랑을 담은 조선시대의 드라마다. 제인 오스틴Jane Austen과 에밀리 브론테Emily Bronte 자매, 아니 조앤 롤링Joan Rowling이 와서 봐도 "아이고, 언니!" 하고 무릎 꿇을 어마어마한 여성 작가가 조선에 있었다는 사실, 그리고 지금은 쓸쓸히 역사 속에 잠들어 있다는 사실을 어떻게 생각하는가?

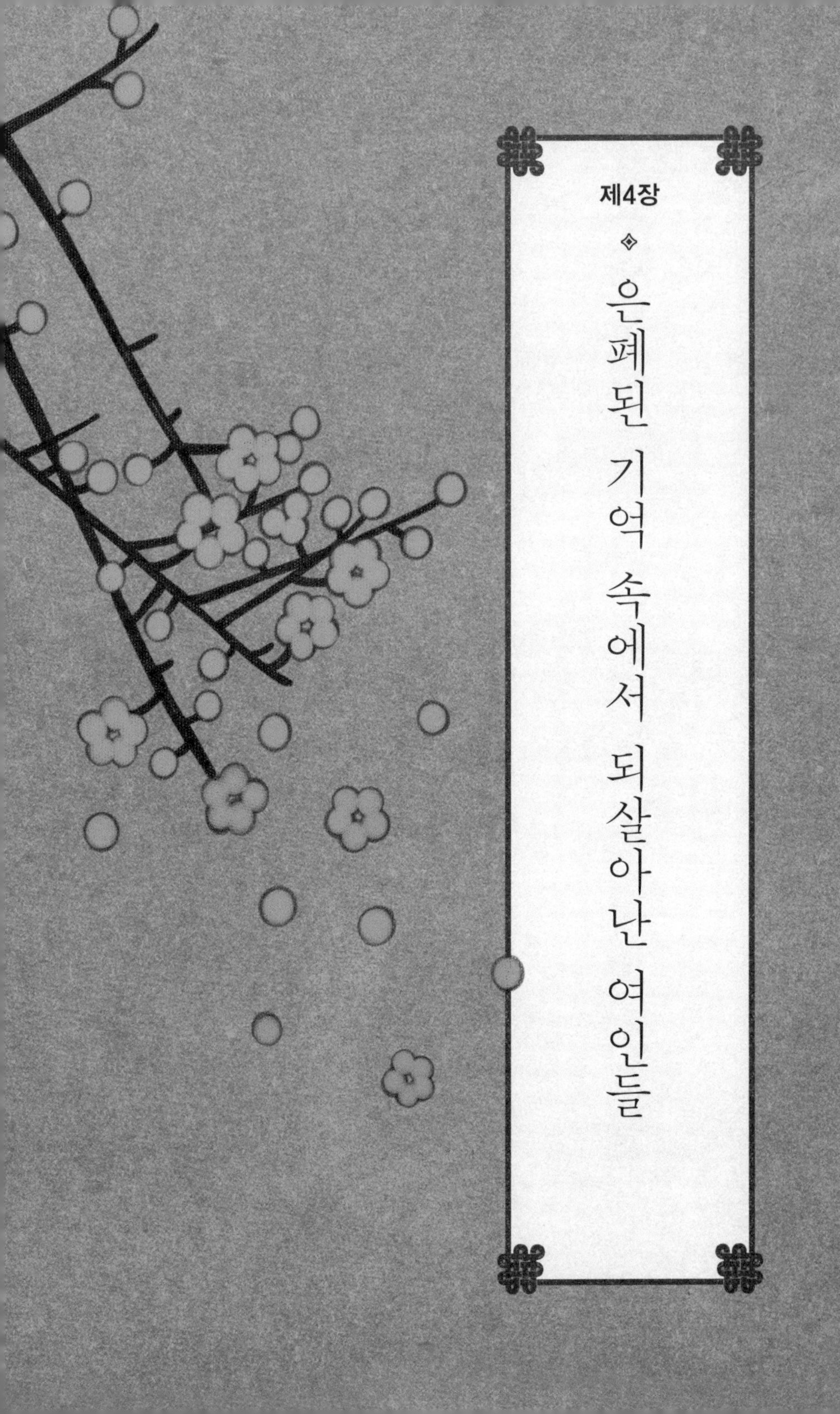

제4장

은폐된 기억 속에서 되살아난 여인들

임금에게 남편을 고발한 여인, 초월

1972년. 뮌헨올림픽이 테러로 중단되고 비상계엄이 선포되는 뒤숭숭하던 시절, 한 신문이 조선 기생 이야기를 무려 엿새에 걸쳐 실었다. 조선 헌종 대에 참판과 대사간을 지낸 동암 심희순의 첩이었던 용천 기생 초월楚月(1832~?)이 그 주인공이었다. 이 깜찍한 '소녀'는 임금에게 무려 21,000여 자에 달하는 상소문을 올린다. 신문은 안동 김씨 용암 김병시 집안에서 소장한 상소문 필사본을 입수해 보도했다.

보도가 나가자 정보기관에서 자료를 공개한 용암의 방계 자손인 김병호 씨를 찾아와 상소문을 건네줄 것을 요구한다. 조선시대 기생의 상소문을 왜 당시 권력이 급히 챙겨갔을까? 그 내용이 너무 신랄하고 통렬해 '조선'의 국정을 비판하는 것이 아니라, 박정희 정부(그해에 10월, 유신이 선포되었다)를 비판하는 듯한 착시를 불러일으켰기 때문이다. 정권이 불편하게 생각할 만큼 대담한 쓴소리를 내뱉은 기생 초월은 대체 무어라 말했을까.

나는 초월을 조선 최고의 기생이라고 말하고 싶다. 황진이나 매창처럼 심심풀이 야담집이 즐겨 다루지도 않았고, 역사적 언급도 찾아보기 어려운 이 여인은 존재 자체가 수수께끼다. 그녀는 상소문에서 스스로 열다섯 살이라고 밝혔고, 동암이 중국에 사신으로 갔다 돌아오는 길에 관기로 있던 그녀를 첩으로 삼아 서울로 데려왔다고 한다.

그녀는 자신을 평양 용천 기생이라고 말한다. 평양과 용천은 상당히 거리가 있는데 두 지역을 함께 지칭한 까닭은 무엇일까? 아마도 용천 기생이었던 그녀를 심희순이 평양 기방에 잠시 머무르게 했다 거기서 다시 빼내온 것이 아닐까 추측해볼 수 있다.

용천은 대대로 걸출한 인물이 쏟아진 곳이다. 《동의보감東醫寶鑑》을 쓴 허준·장기려 박사·함석헌 선생이 이 지역 출신이다. 대담하고 고집 있는 성품은 초월에게도 고스란히 있었던 듯하다.

상소에서 밝힌 그녀의 이력은 이렇다. 유복자로 태어나 생후 1년 만에 모친을 잃고 천애고아가 된다. 외사촌 집에 맡겨져 설움을 당하다 열 살 무렵에 관기로 입적한다. 그녀는 천출이어서 누구나 꺾을 수 있는 노류장화路柳墻花가 되었지만 손님들에게 행실이 건방지고 오만했다고 한다. 말이 패악悖惡스러웠고, 자연을 벗 삼아 술을 마시고는 미친 듯 노래 부르며 시름을 잊었다고도 한다.

기개를 지녔으나 그것을 제대로 펴지 못한 어린 기생의 가슴 속에서 들끓는 번뇌는 그녀의 표정에 기묘한 그늘과 알 수 없는 경멸을 드리웠을 것이다. 그것이 평양을 찾은 사내들을 더욱 매료시켰는지 모른다. 그러나 그녀의 응어리진 생각과 천재적 통찰력, 그리고 타고난 의기義氣는 뜻밖의 행운을 맞아 터져 나올 기회를 맞는다. 서장관 심희순의 눈에 들어 한양 대갓집에 어린 마님으로 들어앉은 것이다. 그는 달라진 팔자를 이렇게 표현한다.

> 고대광실에서 살게 되고, 붉은 난간과 그림 같은 누각 속에 노닐며, 비단 옷과 장식을 온몸에 감고, 바다와 땅의 맛있는 음식을 먹으며, 거처와 잠자리와 출입이 뜻대로 되지 않는 것이 없었습니다.

아끼던 신하에게 첩실이 생겼다는 소식을 들은 헌종은 그녀에게 숙부인淑夫人(정3품 당상관의 적실 아내에게만 내리는 작호) 직첩을 선물한다. 왕이 내린 붉은 패를 받던 날 그녀는 모골이 송연하고 먹고 자는 일이 불안했다고 말한다. 삶이 이렇게 바뀌는 것이 두렵기도 하지만, 그런 '편법'이 거리낌 없이 시행되는 것이 놀라웠다. 그녀는 말한다.

> 법전에는 사족士族의 딸에게만 내릴 수 있는 부인 직첩을 천출인 제게 내린 것은 천 번 만 번 부당하고 불가한 일입니다. 저는 서울에서 멀리 떨어진 곳에서 노는 계집이었고, 나라에 한 치의 공도 없는데 직첩을 내려주시니 어찌 감당하오리까? 전하께서 재삼 생각하시어 이것을 거두어주소서.

조선시대에는 '받아들이지 않으려면 머리를 쳐 달라'는 뜻으로 도

끼를 지니고 올리는 상소인 지부상소持斧上疏가 있었는데, 초월은 이 지부상소에서 한술 더 떠 '거열車裂'을 요구한다.

> 엎드려 원하노니 신의 죄를 결정지어 네 수레에 팔다리를 매어 찢어 죽이는 형벌을 내려 종로 큰길 위에 조리를 돌려 만 사람이 한마디로 죽여 마땅하다는 소리를 하지 않는 사람이 없도록 한 뒤 서소문 밖에서 능지처참해 만 사람의 칼머리 아래 놀란 혼이 돌아보지 않게 하소서.

초월의 이런 태도를 어떻게 봐야 할까? 치기 어린 기생 출신의 여인이 부린 만용이라고 봐야 할까? 아니면 작심하고 그간 보아온 적폐積弊를 바로잡으려고 팔을 걷어붙인 소녀의 충정으로 봐야 할까? 갑자기 들이닥친 호강을 일거에 뒤엎을 이런 말을 내놓은 그의 심중을 자세히 알 수는 없다. 더구나 자신에게는 '백마 탄 왕자'임에 틀림없었을 남편 심희순에 관해 독설과 야유를 퍼붓는 대목은, 상소문을 읽어 내려가던 헌종의 입에 웃음을 자아내게 했을 것임이 틀림없다. 남편을 흉보려면 이쯤은 해야 속이 시원하지 않을까?

> 제 남편 희순의 죄를 아뢰겠습니다. 재상의 손자이고 선비의 아들인 그는 사람됨이 미욱해 가난한 사람을 업신여기고 무단히 타인을 냉대하는 태도가 있습니다. 옛 글을 배우는 데도 힘쓰지 않아 보리와 콩을 구분하지 못하는 숙맥이요, '고기 어魚' 자와 '노나라 노魯' 자도 헷갈릴 만큼 무식합니다. 지각이 없고 소견이 좁아 말이 통하지 않으니, 밥통이나 다름없습니다. 그릇에 담긴 밥이 높으면 생일인 줄 겨우 알고, 동녘에

해가 뜨면 날이 가는 줄 겨우 알 뿐입니다.

심희순은 당시 최고의 지식인 추사 김정희가 말년에 아끼던 제자였다. 이 상소를 추사가 심희순을 칭찬한 편지와 곁들여 읽으면 흥미로울 것이다.

> 제자(심희순)가 보내주신 대련 글씨는 결코 압록강 동쪽(우리나라)의 기운과 품격이 아닙니다. 청나라의 김농이나 정섭처럼 하늘의 기세가 흘러 꿈틀거리며 매우 교묘한 솜씨라 할지라도 이를 넘어설 수 없으니, 나(추사) 같은 사람은 60년 동안 전력해서 한두 가지는 얻은 것이 있다고 생각했는데도 이것을 보니 얼마나 뒤떨어졌는지 알 수 없구려.

실로 어마어마한 칭찬이다. 물론 수사修辭라는 것은 느껴지지만 노인 추사가 얼마나 심희순의 재능을 높이 보는지 짐작하는 데 어려움이 없다. 그런데 심희순의 첩인 초월은 1년도 채 같이 살아보지 않았는데 어떻게 알았는지 그의 다른 면을 적나라하게 까발린다. 사람을 깔보는 태도에 대한 지적은, 아마도 그가 이 상소문을 볼 수 있었다면 뜨끔한 구석이 있었을 것이다. 그런데 그의 무식을 강조하는 대목에서는 열다섯 살 어린 첩의 귀여운 치기가 느껴져 실소했을지도 모른다. 초월의 남편 흉보기는 계속된다.

> 이 같은 위인이 마음 둔 데는 높아 겨우 스무 살 무렵에 과거의 등용문에 오르고 백일도 못 차 대간과 옥당에 올라 천은이 망극함에도 다만

국록만 탐내고 부모가 길러준 은혜는 돌보지 않으면서 축첩만 일삼아 집안에 음률이 그치지 않고 건달가객과 벗 삼아 낭자하게 술판을 벌여 밤낮을 가릴 줄 모릅니다. 콧방귀나 텅텅 뀌고 팔뚝을 쓱쓱 내밀며 큰소리나 치는 호기만 드높아, 옆에는 보이는 사람이 없고, 술잔이나 들면 방자해 망측하기 이를 데 없습니다. 나들이에는 준마를 타고, 가벼운 비단옷을 들쳐 입어 행색이 휘황찬란하니 거리의 시정배와 천한 백성, 가난한 선비들이 부러워 입을 다물지 못하면서도 한편으로는 손가락질하며 어찌 저럴 수 있느냐고 합니다. 재상 심상규의 손자로 벼슬이 하늘처럼 높으니, 아무도 감히 당해낼 수야 없지만, 나라가 위태로운데 세간의 질고疾苦도 도무지 모르고, 크고 작고 무겁고 가벼운 일과, 옳고 그르고 길고 짧고 모나고 둥글고 굽고 곧고 먼저 해야 할 일에 대해 전혀 몰지각하니 국록을 축내는 큰 도적이 비단 이 한 사람이 아니고 온 조정이 다 이 같으니 누가 착하고 누가 악하겠습니까? (중략) 저의 남편의 기군망상欺君罔上의 죄는 하늘과 땅 사이에 하도 커 어떻게 처치해야 할지 알지 못하와, 천 번 죽어도 오히려 가볍고 만 번 죽어도 아깝지 않으며, 천 번 칼로 찌르고 만 번 귀양 보내도 못 다할 듯 하온데 어찌하리까?

"천 번 칼로 찌르고 만 번 귀양을 보내도 못 다할 것 같다"는 말은 진심이었을까? 그건 아니었던 것 같다. 만난 지 1년도 되지 않았고 막 사랑이 돋아났을 열다섯 살이 그럴 리 있겠는가? 초월은 그 뒤에 왕께서 혹여 용서하신다면 삭탈관직해서 시골로 내쳐 10년을 기한으로 두문불출 책을 읽도록 조치해달라고 말한다. 그 10년의 속셈에는 너무 잘나고 바빠 얼굴 뵈기도 어려운 낭군을 살뜰히 모실 꿈도 숨겨 놓았을 것이다. 상소문의 초두를 극렬한 남편 비방으로 잡은 것은, 그 뒤의 살벌한 시폐時弊 고발의 비장한 분위기를 높이기 위한 나름의 장치였을 것이다.

그녀의 정확한 현실인식과 사회 각 방면에 대한 설득력 있는 사례들은 이 상소문이 혼자 쓴 것이 아니라는 심증을 갖게 한다. 조선 말기 매관매직, 환곡, 군포, 송사, 암행어사, 지방비서관들, 교졸의 비리가 적나라하게 드러나 있다. 아마도 그가 이 글을 쓰기 전에 지인들에게 상당한 취재를 하지 않았을까 하는 생각이 든다. 여덟 살 때 용천에서 본 흉년의 실상은 아마도 그녀의 기억에서 그대로 튀어나온 것이리라.

> 주리고 목마른 것이 뼈에 사무쳐 얼굴이 퉁퉁 붓고 가죽이 누렇게 들떠 염치불구하고 문전걸식해도 제대로 얻어먹을 수 없습니다. 길에는 굶어 죽은 주검이 엎어져 있고, 들과 구렁에는 송장이 널린 것을 보았습니다. 그래도 그때는 간혹 인심이 순박하고 두터운 곳이 많았는데 요즘은 풍년을 당해도 세태가 각박합니다.

이 대목에서 초월은 있는 자는 더욱 갖게 되고, 없는 자는 더 가난해지는 세태를 성토해 눈길을 끈다.

이번 글에서는 초월이 당시 임금이었던 헌종을 정면으로 비판하는 대목을 모아 살피기로 한다. 초월은 먼저 임금의 술버릇을 까발리며 쏘아붙인다.

전하께서는 밤늦게 술을 마셔 눈이 게슴츠레하고 옷고름을 매지 못할 만큼 몸을 가누지 못하면서 익선관도 벗어버리고 왼손으로 창녀의 치맛자락을, 오른손으로 지팡이를 짚고 난간에 기대서서 "사대부집 조선 대사마 대장군 여기 있다"고 노래를 부르시니 전하의 출신이 사대부 집안에서 태어난 분보다 못해 하시는 말씀입니까.

헌종은 아버지 효명세자가 비명非命에 간 기억을 가지고 있었다. 할아버지였던 순조는 왕위에 피로감을 느낀 데다 그의 아들 효명의 야심과 지혜를 높이 사 대리청정을 맡겼다. 효명은 대대적인 왕권 강화와 조정 권력 판도의 물갈이 작업을 의욕적으로 추진한다. 그러다 3년여 만에 죽음을 맞는다. 그 뒤 잠깐 순조가 다시 왕위를 맡았다 돌아가고 여덟 살이던 헌종이 등극한다. 그게 1834년이었다. 이런 기억은 헌종에게 왕이라는 신분이 지닌 불안과 질곡을 깊이 느끼게 했을 것이다. '차라리 사대부가 되어 자유롭게 발언하고 행동할 수 있었으면' 하고 동경했으리라. 그런 마음이 술버릇에 우러난 것 아닐까? 이런 궁궐 내의 소문은 밖으로 알려져 왕을 우스갯거리로 삼는 빌미가 됐다. 초월은 감히 그것을 지적하고 나선 것이다.

초월은 헌종이 술에 취해 왼손으로 부여잡았다는 창녀의 치맛자락에 대해서도 그냥 넘어가지 않는다. 그 창녀는 평양 기생이었던 운희雲喜였다. 초월도 평양에 머무를 때 운희를 만날 기회가 있었다. 초월은 그녀를 한마디로 '만고의 요물'이라고 말한다. 봇물 같은 욕설이 쏟아진다.

> 말이 간악하고 능란해 겉과 속이 달라 구미호나 다를 바 없고, 말쑥한 때깔과 구슬 같은 얼굴, 향기로운 모습에 살포시 팔자 눈썹을 찡그리고 앵두 같은 입술을 반쯤 벌려 석류같이 이를 내보이며 천태만상의 교태를 지니고 있습니다.

공자가 경계했던 교언영색巧言令色 그대로다. 초월은 평양에서 운희를 만났을 때 다음과 같이 훈수를 했다고 한다.

"고향을 떠나지 말고 분수를 지켜 규중에서 자식이나 잘 길러라. 그러지 않으면 비명에 죽을 것이다."

자신은 서울 서방을 만나 떠나면서 이런 충고를 하다니……. 듣는 운희는 콧방귀를 뀌었음직하다. 여하튼 운희는 그 말을 싹 무시하고 뒤에 궁궐로 들어가 헌종의 총애를 듬뿍 받는 중이었다. 그런데 초월은 여기서 치명적인 말을 내뱉는다.

> 전하는 잘 모르시겠지만, 운희는 남병철이 좋아하던 나머지이니 전하와 남병철이 동서가 되는 셈입니다.

남병철은 조선 후기의 대표적인 천문학자다. 그의 어머니는 안동 김씨 영안부원군 김조순의 딸이고 아내는 영흥부원군 김조근의 딸이니 당시 안동 김씨를 업은 실세였다. 아우 남병길과 함께 반대 정파에 속했던 김정희를 사부로 모셨고, 그의 실사구시론實事求是論을 학문 영역에서 실천했다. 추사의 《완당전집阮堂全集》에는 남병철에게 보내는 편지가 5편이 있고, 아우 병길은 편지글 모음인 《완당척독阮堂尺牘》의 서문을 썼을 만큼 추사와 친분이 깊었다. 남병철은 규장각에 있으면서 서양의 과학서를 연구했고 천문시계를 제작하기도 했다. 그가 기생 운희의 전 서방이었고, 헌종이 그 다음 서방이라는 소리다.

추사가 남병철에게 보낸 편지에는 헌종이 쓴 글씨에 대한 이야기가 나온다. 아마도 남병철이 왕에게서 받은 것을 품평해 달라는 뜻으로 추사에게 보냈을 것이다. 추사는 헌종의 글씨를 보고 "열백 번 살필수록 아득히 천 년을 뛰어났으니 어찌 한 가닥 압록강 이내에 그치오리까"라며 칭찬을 아끼지 않는다. 추사의 이런 평가를 남병철은 다시 왕에게 전했으리라. 이럴 만큼 헌종과 남병철은 각별한 사이였다. 두 사람이 '얄궂은 동서'가 된 셈이라는 이 상소가 남병철을 곤란하게 한 흔적은 찾아보기 어렵다. 일소에 부쳤을까? 초월은 이어 왕비의 마음고생에 대해 살피고 왕을 꾸짖는다.

> 남자는 장가들고 여자는 시집가 정답게 사는 것이 군자나 소인이나 마찬가지인데, 전하께서는 홍紅 중전中殿을 죄 없이 홀대하니 까닭을 모르겠습니다. 중전은 덕행이 주나라 문왕의 어머니 임사와 같고, 친정 부모를 떠나 깊은 궁궐로 들어와 전하를 섬기고 아랫사람을 거느림에 예절을 다 갖추는데 무슨 까닭으로 멀리 하십니까? (중략) 중전은 식음을 전폐하고 어두운 방에 길게 누워 스스로 죽으려 하나 죽지도 못하고 있사옵니다. 부부인(중전의 친정 모친) 안씨가 천지신명과 부처님 전에 전하와 중전이 화합해 동궁세자를 탄생하게 되면 당장 죽어도 여한이 없다면서 비는 판이니 어찌 뼛속에 사무치지 않습니까?

궁궐의 사정을 이토록 잘 파악할 수 있었던 것은 항간의 소문을 들은 바도 있겠지만 심희순에게 들은 바가 많았기에 가능했으리라. 신하의 첩이 나서서 왕을 향해 옆에 끼고 있는 기생을 당장 내다버리고 왕비와 합궁해 세자를 낳으라고 종용하는 판이니 기이하기도 하고 우습기도 하다.

헌종은 궁궐 안에서 군기軍紀를 세우는 뜻으로 창경궁의 춘당대春塘臺 일대에서 병사들의 편을 갈라 모의전투를 했다. 이 또한 왕권의 불안감이 드러난 것이라는 짐작이 간다. 조선 초기 이후 문약文弱으로 흐른 조정의 분위기를 바꿔보고 싶은 왕의 뜻이었으리라. 그런데 궐 바깥으로 사냥을 가거나 하면 대신들이 마치 변고가 나기라도 한 것처럼 뜯어말리고 간쟁했다. 그러니 아쉬운 대로 궁궐 안에서 전쟁놀이를 펼쳤던 것이다. 초월은 이 일을 잘근잘근 씹는다.

> 몰지각하고 분별없는 풋내기들을 총위영 교졸로 뽑아 한 달에 대여섯 번씩 진 치는 놀이를 하십니다. 전하께서 스스로 대장이 되고 서의순을 부장으로 삼고 이흥식으로 중군을 맡게 해서 깃발과 창검이 휘황찬란하게 번쩍이고 말 달리는 소리와 다투는 소리가 궐문 밖까지 들립니다.

이렇게 말하고 난 뒤 그는 민성民聲을 전해준다.

> 그런데 백성들이 뭐라고 하시는지 아십니까? "이번에는 전하께서 이기셨다는군. 그런데 무슨 전쟁을 한 거지? 병자호란이야, 아니면 임진왜란이야?"라고 한답니다.

왕정시대에 군주에 대한 비웃음을 이토록 신랄하게 왕의 코앞에 들이댄 사례가 또 있을까?

왕에게 어퍼컷 연타를 날리고 사회 부패상을 사정없이 고발한 이 맹랑한 소녀는, 상소의 말미에 편지에서 쓰는 것처럼 추신까지 덧붙인다.

> 그런데 남대문 밖 한림원에 두 처녀가 사는데, 언니는 마흔이나 되고 동생은 서른이라고 합니다. 이들은 대신 김 아무개의 현손녀로 조실부모하고 남자 형제나 일가친척, 외가의 겨레붙이도 없어 무너진 세 칸 초가집에서 비바람도 가리지 못한 채 사는데 시집도 가지 못했다고 합니다. 전하께서 혼처를 주선하게 해주시면 혼수는 신이 마련해보겠습니다.

의리 하나는 끝내주는 여인이다. 수레로 몸이 찢겨 죽는 형벌을 각오하고 하는 말끝에, 왕에게 '소개팅'을 해달라고 하지 않는가? 이 애교 어린 마무리는 앞에서 했던 심각한 발언들에 슬쩍 물을 타는 듯한 느낌을 준다.

상소문에 들어 있는 치열하고 깊이 있는 현실 인식과 다양한 취재 능력, 생생한 글쓰기 솜씨가 과연 열다섯 살 기생에게서 나올 수 있는 것인지는 여전히 의문이다. 초월이라는 여인에 대한 연구와 상소문 원문의 감정과 고증작업이 더 필요한 것이 사실이다. 하지만 왕조시대의 언로에 대해 다룬 《상소》(도서출판 세기, 1997)는 두 권에 걸친 다양한 조선 상소문 중 초월의 글을 맨 앞에 실었을 만큼 의미를 부여하는 상황이다.

심희순의 첩실을 바라보면서 그의 스승 추사의 '연애 사건'을 겹쳐 생각하게 된다. 초월이 이 상소를 올릴 때인 1846년 추사는 제주도 귀양살이 속에서 환갑을 맞았다. 2년 뒤 해배解配의 운명을 모른 채 암담한 삶을 계속할 무렵이었다. 추사가 심희순을 만나 사제의 인연을 맺는 것은 대략 북청 유배(1851) 언저리다.

추사가 심희순을 각별하게 대한 까닭은 그의 조부 심상규와의 악연을 의식해서라고 짐작한다. 심상규는 연경 유학파로 추사에게 글을 부탁하기도 하고 학문적 교유도 했던 젊은 날의 동지였지만, 정쟁이 격렬해지면서 추사는 정치적 반대세력이었던 심상규를 탄핵하는 데 앞장선다. 오랜 유배를 거치면서 추사는 정치의 무상함을 깨달았던 것일까? 늘그막에 문득 심상규의 손자를 맞아 마음을 툭 터놓고 지내게 된다.

그런데 심상규의 손자가 스물여덟에 첩 때문에 망신당했듯, 추사 또한 마흔셋(1828)에 기생 때문에 곤욕을 치른다. 추사는 생부인 김노경이 평안감사로 발령난 뒤 평양으로 놀러가 한동안 머무른다. 그곳의 돌과 유적을 살피려는 금석학적 관심이 컸기 때문인데, 마침 장소가 장소인지라 아내 예안 이씨는 속으로 걱정한다. 아니나 다를까. 추사는 그곳에서 이름 높은 죽향과 연애를 하게 된다. 그는 죽향에게 멱투화약覓偸花約(여인과 동침할 기회를 몰래 엿봄) 운운하는 시를 쓴다. 이 소문이 추사의 여동생 이실李室의 입을 통해 아내 예안 이씨에게 전해진다.

추사는 부랴부랴 두 번에 걸쳐 해명 편지를 보낸다. 시치미 떼기, 손사래 치기, 딴청부리기 끝에 그는 "흰 머리 가득한 사람이 그런 일이 있었다 한들 우스운 노릇 아니겠느냐"며 늙은 척한다. 아내는 말없이 속아줬다. 천하의 애처가로 소문난 그가 인생에 먹칠을 할 뻔한 위기였다. 추사가 심희순의 그 소문을 들었을 때, 평양 시절 생각이 났던 것은 아닐까? 이렇듯 인생은 돌고 돈다.

초월은 그 뒤에 어떻게 되었을까? 심희순은 상소문에 전혀 영향을 받지 않은 듯 이후에도 승승장구한다. 그런데 초월에 대한 후일담은 보이지 않는다. 만약 이 상소문이 왕에게 접수된 것이었다면, 왕은 그 자리에서 그것을 일소에 부쳤을 것이다. 군주의 도량으로 어린 아녀자의 비좁고 격한 의견을 용서했을 것이다. 하지만 그의 나머지 생은 그저 한 번의 '주의'만으로 그치지 않았을 것 같은 생각이 자꾸 든다.

수백 년간 간직한 미투리 여인의 편지, 마혜

미투리 한 켤레가 있다. 삼으로 지어 '삼신'이라고도 불리는 신발이다. 죽은 한 남자의 가슴 위에 그 신이 얹혀 있었다. 그의 아내가 자신의 머리카락을 잘라 며칠 밤을 새며 만든 것을 거기에 놓아준 것이다. 가만히 생각해보라. 죽어가는 남자를 위해 미투리를 만드는 여인의 마음을. 왜 하필 신발이었을까? 가난한 살림이어서 그녀가 할 수 있는 것은 제 몸에 붙은 것들을 활용하는 일뿐이었다. 미투리는 그가 건강을 되찾아 세상을 활보하기를 바라는 염원의 대리물이었을 것이다.

그러나 그것만은 아닐지도 모른다. 신발은 발과 신이 서로 꼭 맞는 궁합을 함의하지 않던가. 신데렐라의 유리구두는 그래서 성적인 뉘

앙스도 숨기고 있다. 그가 힘을 차려 다시 사랑을 하고 싶은 열망이, 저 미투리 속에 간절하게 꿈틀거리고 있었을 것이다. 그러나 희망은 사라지고 남자는 끝내 눈을 감아 버렸다. 이승에서 그것을 신겨 함께 하고자 했던 꿈들을 접어, 이제 저승에서나마 꿈으로 달려오라고 가슴에다 얹어 두었을 것이다.

여기, 족보에서도 지워진 이름 하나가 있다. 그 이름을 평생 떠받들며 살았던 여인 하나가 있다. 남편과 아내는 바쁘고 어지러이 살다가 황망하게 돌아갔고, 그들을 기억하던 주위의 지인知人 몇 명마저 사라져 버리자 세상의 관심으로부터 까마득히 멀어졌다. 무덤조차 잊혀졌다.

철성(고성) 이씨 집안의 둘째 아들 이응태는 1556년에 태어났다가 1586년에 죽었다. 우리 나이로 서른한 살까지 살았다. 그에게는 원늬(성원이를 이렇게 불렀다)라는 아들이 있었고, 원늬 엄마라 불렸던 아내가 있었다. 그때 아이를 임신 중이었던 아내는 이응태가 자리에 누웠을 때 그 옆에서 미투리를 만들었다. 남자는 다시 일어나지 못하고 세상을 떴고, 아내는 통곡하며 한글로 된 편지를 써 죽은 남편의 가슴에 얹었다.

그 무덤이 덮였고, 400여 년이 지난 1998년 봄까지 신원 미상의 분묘로 삭아 내리고 있었다. 그러다 안동의 어느 공사장에서 임자를 알 수 없는 무덤을 옮기는 과정에서 여인의 편지와 머리카락 미투리가 발견되어 뒤늦게 후세 사람의 마음을 뭉클하게 했다. 사무친 사랑의 말과 슬픔이 많은 이에게 여운으로 남아 소설이 등장하고 뮤지컬도 나왔다. 2007년 11월에는 잡지《내셔널지오그래픽》에 스토리가 소개되기도 했다.

키 큰 사람을 6척 장신이라 부른다. 전통적으로 우리나라에서 키를 재는 방식은 발에서 코까지였다고 한다. 그렇다면 6척은 180센티미터 정도이며 거기에 이마를 포함한 10센티미터를 더하면 190센티미터가 된다. 이처럼 이응태는 6척 장신이었고 신체가 건장한 사내였다. 그런데 그가 그렇게 젊은 나이에 생을 마감한 까닭이 무엇일까? 사람들은 아내가 자리에 누운 남편 옆에서 미투리를 삼고 있는 장면을 연상하며, 질병을 앓았을 것이라고 추측했다. 물론 전염병이 흔하고 병명도 모른 채 죽어가는 이들이 많았던 시절이니 그럴 가능성이 없지 않다. 안동에 살던 부친과 주고받은 편지 속에 "이곳에 역질이 도니 나중에 오라"는 사연이 있는 것으로 보아 개연성이 더 커진다. 그러나 나는 다르게 생각한다. 무과시험을 준비하고 있었던 무인 집안의 덩치 좋은 사내가 그렇게 맥없이 죽어갔을 거라고 생각하고 싶지 않기 때문이다.

이응태의 아버지는 이요신으로, 그는 슬하에 2남 2녀를 두었다. 요신은 군자감 참봉과 첨지중추부사를 지냈다. 두 딸에 대한 기록은 남아 있지 않다. 두 아들은 몽태와 응태다. 형 몽태는 동생의 주검 위에 부채를 넣어주고 조시弔詩를 남겼다. 동생에 대한 절절한 사랑이 느껴진다. 부친 이요신의 형제는 없었을까? 나는 요신 아래 순신이 있었다고 생각한다. 즉 이순신이라는, 응태의 숙부가 있었을 것이다.

당시에는 유학이 득세하면서 희신, 우신, 요신, 순신으로 이름을 짓는 유행이 있었다. 선산 김씨의 족보에도 김요신과 김순신이 보이고, 충무공 이순신의 가문에도 그런 이름이 등장한다. 마찬가지로 철성 이씨도 요신과 순신이라는 항렬 이름을 썼을 것이다. 충무공과 거의 비슷한 시대에 안동에서도 이순신이란 동명의 무인이 있었을 것이라는 짐작은 흥미로운 일이다. 요신堯臣과 순신舜臣은 요임금의 신하와 순임금의 신하를 의미하는 말이다. '요순시대堯舜時代'라는 말로 남아 있는 두 임금은 유학의 덕치를 이룬 전형적인 성군이다. 충무공의 집안은 원래 문신으로 유학적인 기풍을 사모해서 그런 이름을 지었을 것이라고 생각되지만, 원래 무인 집안이었던 이응태의 부친은 왜 그런 이름을 갖게 되었을까?

이 문제에 대해선 18세기 경북 선산에 살았던 노상추라는 무인이 증언(그는 68년간의 일기를 남겼다)한다. 노상추는 문관이 되고 싶었지만 과거에 합격할 수 없었기에 붓을 꺾고 무예를 익혀야 했던 사람이다. 그는 무반도 양반이라는 자부심을 지니고 있었지만, 마음 한편에는 늘 자격지심이 똬리를 틀고 있었다. 노상추는 무반을 무시하는 유학자에 대해 이렇게 말했다.

"선비가 문필로 사람을 화에 빠뜨리는 것은, 상인이 이욕을 추구하는 것보다 더 화를 불러일으키는 것이다."

이응태의 집안 또한 문신에 대한 열등감이 있었을 것이다. 비록 문文이 여의치 않아 무武에 종사했지만 가문을 캐어보면 당당한 문신 집안이었다고 외치고 싶었을 것이다. 숙부 이순신은 몽태와 응태에게 어떻게 해서든 문과에 급제하라고 권했을 것이다. 이런 상황이 임진왜란 직전의 조선을 이룬 하나의 풍경이다. 무武를 뼛속 깊이 경멸하는 그런 분위기 속에서 문약文弱의 병폐는 깊어갔을 것이다.

이응태는 과거에 급제하기 위해 6년 동안 한양을 오갔다. 무인이 되면 딱 좋을 풍채를 지닌 그는 집안을 일으키기 위해 문과에 합격하려 재수, 삼수를 거듭했지만 여의치 않았다. 스무 살에 장가를 들었던 그는 과거 출장 중에 어린 첫 아내의 부음을 들었다. 젖먹이 아이도 함께 잃었다. 이후 스물둘에 다시 두 번째 결혼을 했으나 그녀도 병이 들어 오랫동안 일어나지 못했다. 아내가 병석에 있는 동안 이응태는 한 여인을 소실로 들였다. 이후 두 번째 아내와 사별한다. 세 번째 아내. 삼으로 신발 만드는 솜씨를 지녔던 그녀를 응태는 마혜麻鞋라고 불렀다. 그녀는 어린 나이에 첫 남편과 사별한 뒤 수절을 결심하고 살고 있었으나, 숙부가 다리를 놓아 새로운 삶을 시작하게 되었다. 스물다섯 살의 응태는 스물두 살인 이 여인을 만나면서 인생이 다르게 느껴졌다. 두 아내와의 불행했던 결혼을 잊어버릴 만큼 여인은 다정다감하고 부지런했으며, 지혜로웠다.

임진왜란은 조선의 결혼풍속을 바꿨다. 왜란 이전에는 남녀가 결혼하면 남자가 장가(장인장모의 집)를 가는 것이 일반적이었다. 상류층도 대개 처가살이를 했고, 자연히 처가는 상당한 영향력을 지닌 권력중심이었다. 전쟁은 남존여비와 남성우월주의를 득세하게 했다. 남자가 장가가는 일 대신 여자가 시집(시부모의 집)오는 제도가 점차 자리를 잡았다. 이런 풍속의 변화는 유학이 생활로 뿌리내리는 과정과도 같은 맥락을 이루었다. 군왕 또한 왕실 외척의 발호를 차단하고 왕권을 확립하기 위해 '장가' 가는 일은 시늉만 내고, 왕비를 시가로 맞아들이는 쪽으로 결혼제도를 고쳐나갔다.

임란 이전이었던 당시, 이응태는 경북 진보군(청송군) 흥보에 있는 마혜의 집에서 살게 되었다. 마혜는 응태에게 과거시험을 포기하고 농사를 지어볼 것을 권유했다. 이미 가세가 기운 잔반殘班으로 굳이 희망도 없는 급제에 매달리느니 튼튼한 육신으로 곡식을 생산하는 것이 훨씬 낫지 않겠느냐고 설득한 것이다. 이응태는 어린 시절부터 출세에 대한 집안의 염원을 귀에 못이 박히도록 들어온지라 꿈을 포기하기가 쉽지 않았다. 하지만 아내는 헛된 욕심을 버리고 조금이라도 소득을 올리면 집안 또한 행복해질 수 있지 않겠느냐며 설득했다. 그는 이렇게 중얼거린다.

"하긴, 수백 냥이 벌써 과거에 들어가버렸으니 더 이상 쓸 돈도 없도다. 앞으로 굶어 죽는 것을 면하기도 어려울 것이다. 공명이라는 것이 무엇이기에 사람을 이토록 헐벗게 한단 말이냐. 참으로 가소로운 일이 아닌가."

이응태는 바지를 걷고 일터로 나갔다.

처음 합환合歡의 침실에 들던 날, 마혜는 그에게 접힌 종이 하나를 건넸다. 펼쳐보니 예쁜 글씨로 쓴 언문시였다. 남편에게 주는 한 편의 연시였다.

자내(부부가 부르던 호칭)가 어찌 해 내게로 왔는가
꽃이 피는 일처럼 눈부신 일이오
내가 어찌 해 자내에게로 가는가
꽃이 지는 일처럼 애틋한 일이네
우리 목숨껏 서로에게 꽃이 되었으니
피는 일도 지는 일도 곱게 가기를

자내에게 나에게 이 밤은 처음의 밤
나에게 자내에게 이 밤은 마지막 밤이러니
꽃 피던 처음 마음 오래 잊지 맙시다
꽃 지는 날 오래오래 그리울 것이리

"어찌 이렇게 글을 곱게 짓는단 말이오? 참으로 언문을 잘 기워내는 사람이로다."

웅태가 칭찬을 하자 마혜가 말한다.

"내가 시를 쓴 것이 아니라 자내가 내 손을 움직이고 내 기분을 붙들어 저런 얘길 해준 것입니다."

"오호, 그러니까 내가 자내의 마음을 흔든 것이로군."

"나무가 흔들리는 것은 나무의 마음이 아니라, 바람 때문이 아닌가요? 내 오늘 평생 그리움을 이뤘으니 죽어도 아깝지 않은 날입니다."

"아, 들을수록 고마운 말이지만, 이 기쁜 날 어찌 그런 말을 하오? 이제 내가 자내를 평생 평안하게 모시리다."

농사일을 하느라 분주하던 어느 가을날, 새참을 이고 온 마혜는 밥사발 아래에 작은 종이를 접어놓았다. 웅태는 그것을 슬쩍 집어 허리춤에 넣었다가 아내가 가고 난 뒤 꺼내 읽었다. 아주 빼곡히 써내려간 언문 편지였다.

자내가 아침 일찍 일터로 나갈 준비를 할 때부터 나는 자내를 만나러 가는 기쁨에 들뜹니다. 어찌 자내 같은 사람을 내 사람으로 만들어주었는지 천지신명께 감사할 따름입니다. 등 뒤에서 넓고 높은 자내의 어깨를 보고 있노라면, 나는 마치 큰 탑 아래에 서 있는 듯 경건해진답니다. 자내의 뒷모습보다 더 믿음직한 풍경이 있을까요. 그것을 바라보는 나보다 더 행복한 여자가 있을까요. 자내가 가고 난 다음, 새근새근 잠들어 있는 워늬를 보면서 자내를 떠올린답니다. 그 뺨, 그 입술, 그 이마, 그 눈썹을 가만히 눈으로 따라가며 자내 생각을 하지요. 오늘도 그러다가 밥 때를 조금 놓쳤답니다. 그리운 마음이 밥짓기보다 승하니 이를 어쩌지요?

응태는 편지를 다시 고이 접어 품에 넣었다. 워늬의 모습과 마혜의 모습이 함께 푸른 하늘에 사물거렸다. 홀로 히쭉 웃어보았다. 일이고 뭐고 다 팽개치고 집으로 달려가고 싶어졌다.

어느 날 안동에서 처가살이를 하고 있던 형님 이몽태로부터 전갈이 왔다. 만조카인 성회의 관례冠禮(성년식)를 치르는데 일을 주관해서 좀 맡아 달라는 부탁이었다. 몽태는 이 일을 계기로 처가살이를 끝내고 안동의 본가로 들어갈 참이었다. 응태는 손님을 초대하고 음식을 준비하고 자리를 마련하는 일로 바빴다. 그런데 갑작스런 변고가 생겼다. 식사를 하고 돌아간 손님 네 명이 잇따라 복통을 앓다가 즉사하는 일이 생긴 것이다. 손님들의 친척이 관청에 이 사실을 신고했다. 일을 맡아보았던 이응태가 결박된 채 끌려갔다. 그는 결백을 주장했지만 심문 과정에서 무수한 곤장을 맞았다. 끝내 억울함을 호소하다가 초주검이 되어 돌아왔다.

집에 돌아와 누운 그는 아내의 손을 잡고 눈물을 주르륵 흘렸다. 마혜는 든든하고 굳센 남편이 쉽게 돌아가지 않을 것이라고 믿었다.

그가 일어날 수 있다면 목숨이라도 바치고 싶었다. 어떻게 손을 써야 할지 모르는 상황인지라 그저 옆에 앉아 바라만 보았다. 그러다가 문득 어떤 생각이 들어 머리카락을 잘랐다. 아껴둔 삼줄을 꺼내 남편이 신을 신발을 삼기 시작했다. '자내 얼른 일어나 내가 만든 미투리를 신고 다니게' 그런 마음이었다. 눈물이 떨어져 삼과 머리카락을 엮던 손이 젖었다.

미당 서정주의 시 〈귀촉도〉는 마치 이 장면을 직접 본 듯 사실적으로 그리고 있다. 안동의 미투리가 발견되기 전에 쓰인 이 시는 마혜 스토리가 민간의 전설로 이미 떠돌고 있었음을 느끼게 한다.

> 신이나 삼아줄 걸 슬픈 사연의
> 올올이 아로새긴 육날 메투리
> 은장도 푸른 날로 이냥 베혀서
> 부질없는 이 머리털 엮어 드릴걸

그런 정성을 뒤로하고 남편은 일주일 만에 피를 토하며 숨을 거두었다. 마혜는 혼절했다. 깨어나 부르짖다가 다시 넋을 잃었다. 응태의 죽음은 집안으로서는 원사冤死임에 틀림없었지만 아직 혐의가 채 풀리지 않은 상태라 함부로 억울해 할 수도 없는 상황이었다. 가족들은 입을 꾹꾹 다물고 눈물만 죽죽 흘리며 장사를 치렀다.

마혜는 남편의 유품을 정리하다가 오래전에 써둔 글을 보았다.

> 옛날 이름난 유학자들은 무부武夫를 비루한 무리라고 업신여겼지. 어느

기생은 궁궐에서 노골적으로 무부를 무식하다고 비웃기까지 했다지. 나는 무부의 자식으로 태어나 벼슬에 나아가지도 못했지만 마음의 예의염치를 속에 스스로 새겨 자신을 바르게 하는 유가의 법도를 지키며 살았노라. 어찌 문반들이 우리 무인을 쉽게 폄훼할 수 있겠는가.

깊은 콤플렉스가 느껴지는 응태의 글이 마혜의 누선을 자극했다. 그녀는 평상시 남편에게 자주 쓰던 언문 편지를 썼다. 하지만 이번엔 마지막 편지다. 그 육신에 닿은 이 서신을 읽는다면 그가 꿈에라도 찾아오지 않겠는가. 그녀는 작은 종이에 끝없는 마음을 차곡차곡 담았다.

그대 늘 내게 말씀하기를
둘이 머리 희도록 살다가 함께 죽자 하시더니
어찌하여 나를 두고 그대 먼저 가시나요
나와 자식은 누구에게 의지하며 어떻게 살라 하며
다 제쳐두고 그대 먼저 가시는지요
그대 나를 향해 마음을 어떻게 가졌고
나는 그대 향해 마음을 어떻게 가졌나요
늘 그대에게 내가 말하기를
함께 누워서 가만히 생각해보오
남들도 우리같이 서로 어여삐 여겨 사랑하리
남들도 우리 같을까요 하며
그대에게 말했는데

어찌 그런 일을 생각지 않고

나를 버리고 먼저 가십니까

그대 여의고 아무리 해도

내가 살 일이 없으니

곧 그대에게 가고자 하니

날 데려가소서

그대 향해 마음을 이렇게 실으니

찾을 사람이 없으니

이렇게 서러운 뜻이 끝이 없으니

이 내 몸과 마음은 어디다 두고

자식 데리고 그대 그리워하며 살라고 하는지요

이따가 내가 쓴 이 편지 보시고

내 꿈으로 와서 자세히 말해주소서

내 꿈에서 편지 보신 뒤의 말씀 자세히 듣고 싶어서

이렇게 써서 넣었어요

자세히 보시고 내게 말해주소서

그대 내 몸 속에 든 자식 나거든

보고 말해줄 일 말해주고 그렇게 가시지

임신한 자식 낳거든 누구를

아버지 하라고 하십니까

아무리 한들 내 마음 같을까

이런 천지 같은 한이라

하늘 아래 또 있을까

그대는 한갓 거기에 가 계실 뿐이지만
아무리 한들 내 맘같이 서러울까
써도 써도 끝이 없어
다 못 쓰고 대강만 적습니다
이 편지 자세히 보시고
내 꿈에 자세히 보이시고
자세히 말해주소서
나는 다만 그대 볼 거라고 믿고 있으니
이따 몰래 봅시다
어찌 하나
슬프기 그지 없어
이만 적습니다

병술년 유월 초하룻날 집에서 아내가

육신은 저기 보내지만 어쩌면 영혼은 돌아올 것 같아서, 다급하게 채근하는 마음으로 편지를 썼다. 이제 막 눈 감은 남편에게 살짝 꼬집어 윙크하는 사람처럼 이따 몰래 보자고, 내 편지 읽은 것 자세히 말해달라고 거듭거듭 당부하는 이 여인. 신발은 한지에 고이 쌌다. "내 머리 베어내어 만든 신발이니 자내 저승길에 발 부르트지 않고 신고 잘 가소서. 원래는 나와 함께 이승에서 더욱 오래 살면서 함께 다닐 때 신으라고 만들었는데, 이 신 신어보지도 못하고 자내 그렇게 불쑥 가버렸네. 어쨌거나 기분 좋이 신고 총총 가소서" 이렇게 사연을 적었다. 종이가 모자라 윗부분의 빈 공간에 세로로까지 촘촘히 쓴 글에서 마혜의 다급하고 애절한 정황이 그대로 짚인다.

한편 이몽태는 결국 자신의 일로 동생을 죽인 죄책감에 시달리면서 이응태의 마지막을 보냈다. 이몽태의 경우도 기구하고 어지럽기는 마찬가지였다.

울면서 아우를 보낸다[泣訣舍弟]
아우와 함께 어버이를 모신지[共汝奉旨甘]
이제 삼십일 년[于今三十一]
갑자기 이 세상 떠나니[奄然隔重泉]
어찌 이렇게 급한가[迎原何太疾]
땅을 친들 그저 망망하고[拍地之茫茫]
하늘에 외쳐도 대답이 없구나[呼天之默默]
외로이 나만 내버려두고[孤然我獨留]
죽어서 뉘와 더불어 함께하는가[汝歸誰與匹]
자네가 남기고 간 어린 자식[汝留遺後兒]
내 살았으니 그래도 보살필 순 있네[我在猶可護]
바라는 바는 어서 하늘에 오르는 것[所望好上仙]
삼생은 어찌 멀지 않겠는가[三生何不遠]
또 바라는 건 부지런히 도움을 내려주어[亦望勸有助]
부모님이 오래 장수하시는 것[親庭壽萬億]
형이 정신없이 곡하며 쓴다[舍兄神亂哭草]

그는 또 자신의 부채를 무덤에 넣어 주며 거기에 이렇게 썼다.

그대의 곧음은 대와 같고

그대의 깨끗함은 흰 종이 같네

내가 쓰던 이 물건을

영원히 가는 그대에게 보내네

형이 곡을 하며

1624년(인조 2년) 이괄이 반란을 일으켰다. 이괄은 이응태의 조카뻘이다. 가문이 역적 집안으로 몰리자 철성 이씨는 고성 이씨로 이름을 바꾼다. 철성 이씨 사위를 둔 가문들 역시 역적 집안을 꺼려 족보에서 빼는 경우가 많았다. 그래서 "살아서는 고성, 죽어서는 철성"이라는 말이 문중에 떠돌기도 했다.

이응태의 묘지가 사라진 것은 철성 이씨 가문의 수난과 관련이 있을 수도 있고 개인적인 사연이 있을 수도 있다. 하지만 그의 무덤 주위에 아른거리는 마혜의 순애보와 미투리 두 짝으로 남은 못 다한 사랑 이야기는 400여 년 시간을 성큼 걸어 우리 가슴을 꾸욱 누르며 다시 지나간다. "남들도 우리같이 서로 어여삐 여겨 사랑하리?" 잠자리에서 철부지처럼 묻는 마혜의 곱고 애절한 목소리가 귀에 사무친다. 사랑은 늙는 법이 없다.

미천하게 태어나 고귀하게 죽은 여인, 숙빈 최씨

두견새 울던 달 밝은 봄밤, 용구龍龜 뫼자락을 올라 저 너머 추월秋月 능선의 푸른 벽을 물들인 붉은 두견화 바라보노라면, 어린 가슴에도 서러운 울음이 터져 그냥 죽을 듯하더이다.

1670년 전라도 태인현(지금의 정읍시 태인면)에서 태어난(스스로도 기억이 안개 속같이 아련할 뿐이오) 나는, 세 살 되던 해 한가위 날에 일대를 휩쓴 역병疫病으로 서른다섯 살이던 아비를 잃고 그 이듬해 섣달에 어미 홍씨마저 같은 병으로 숨을 거뒀지요. 형제붙이들이 있었으나 며칠을 굶주리다 구걸을 하러 떠났을 거외다. 추운 방에서 울음소리 낼 기력도 없이 기진맥진 쓰러져 있던 나는, 지나가던 용흥사 스님 범려梵侶의 눈에 띄었고, 그가 절로 업고 가서 날 살려냈지요. 1,300년 전 백제 침류왕 때 인도승 마라난타가 세웠다는 그 절이었소.

범려는 동리에 물어 '최崔', '효孝' 자, '원元' 자라는 내 아버지의 이름 석자를 알려주었지요. 나는 그 이름을 잊어버리면 내 생이 어디론가 사라져버릴 것 같은 두려움으로 아비의 함자를 마음에 새기고 새겼습니다. 나를 품어주던 어미의 기억과 나를 업어주던 아비의 기억은 지옥 같은 비명 속으로 대개 흩어져 버렸지만, 한없이 어질었던 아비의 꺼칠한 손길과 눈물범벅의 내 얼굴을 가끔 문었던 어미의 치맛자락에서 풍겼던 까닭모를 서러운 비린내 같은 것은 잊히지 않더이다.

용흥사에서 머문 날들은 나름으로 행복했소. 왕벽산 치마바위를 보면 어미의 치마가 떠올라 울었소. 절에서 허드렛일을 하고 남는 시간에는 겁 없이 산을 쏘다녔지요. 꽃들을 꺾으며 새소리에 취해 멀리까지 갔다가, 그만 길을 잃었던 날도 있었소. 한참 울고 있을 적에 저만치에 범려가 허겁지겁 달려오는 모습이 보였지요. 나중에 범려는 내게 '복숭'이란 이름을 지어주었소. 도화桃花처럼 얼굴이 유난히 희어 붙여준 것이었지요. 어느 날 추월산 보리암에서 큰스님이 오셔서, 여자에게 도화는 도화살桃花煞을 부를 수 있으니, 순하고 복되도록 '복순'으로 바꾸라고 했지요. 큰 스님은 아무래도 어려운 절살이에 내가 붙어 있는 것이 버거우니 나주에 가서 어떻게 해보라는 말씀을 하셨소. 그는 마침 나주목사와 면식이 있는지라 그의 행차 때 나를 데려가 보겠다고 했지요. 나는 절을 떠나야 한다는 말에 범려를 붙잡고 울었지만 부질없는 짓이었소.

일곱 살 때였소. 1674년 동진천 물소리가 좋던 어느 여름에 갈재를 지나 큰 다리 위에서 그 행차를 만났더이다. 늠름한 백마에는 큰 벼슬아치인 듯한 사내가 타고 있었고, 그 뒤의 가마에는 여인과 아이 하나가 타고 있었지요. 사내는 큰 스님을 반겼고 두 사람은 무슨 얘긴가를 오래 나누더이다. 이후에 나는 여인이 타고 있던 가마를 따라가게 되었지요. 큰 스님은 내 등을 한 번 두드린 뒤 자신이 걸고 있던 염주 목걸이를 벗어주더이다. 그러고는 미소를 지으며 돌아섰지요. 나는 눈물이 왈칵 돋았지만 결코 울지는 않았소이다. 가마 안에선 내 나이 또래의 소녀 하나가 빤히 내려다보고 있었지요. 곁에 앉은 여인이 말하는 걸 들었습니다.

"놀랍지 않으냐? 너와 무척 생김새가 닮은 아이로구나!"

뭐랄까, 그 순간 내게 닥친 어떤 운명의 힘을 느꼈지요. 저 눈부시도록 환한 귀공녀가 나의 평생의 빛이 될 것이라는 것을. 나는 평생 소녀의 몸종이 되기로 결심했소이다. 그 짧은 순간에 말이지요.

말을 타고 있던 이는 영광군수 민유중 어른이었더이다. 그때 어른들 사이에 어떤 말이 오갔는지는 모르지만, 나는 잠깐 군수 관아에 머물렀다가 나주목 관아로 옮겨가 공노비가 되었지요. 바지런히 움직이면 귀염도 받고 먹을 것도 끊이지 않으니 이렇게 좋을 수가 없더이다. 이곳은 고려 성종 대에 전국 12목 중의 하나로 정해졌고(조선에 와선 20목으로 늘어났소) 전라도 남쪽에선 가장 큰 고을이었소. 나는 금학헌琴鶴軒이라고 불렸던 나주목사 내아內衙(살림집)에서 허드렛일을 했지요. 나중에 알고 보니 나주목사가 둔촌 어른의 친척인지라 나에 관해 말을 넣었다 하더이다.

금학헌의 기억은 곱게 남아 있소. 부임할 때 거문고 하나와 학 한 마리를 싣고 갔다는 송나라 조변趙抃의 뜻을 담은 금학琴鶴의 뜰에는 늙은 매화나무 등걸이 있었지요. 당대 나주목사를 지낸 오재 조정만은 광주목사였던 자수 이희담과 이곳을 노닐며 아름다운 시를 남겼다 하오.

> 매화나뭇가지 초승달이 창문 비단 장막 위로 솟아오르네[梅梢新月上窓紗]
>
> 옛 손님이 다시 오니 세월이 느껴지네[舊客重來感歲華]
>
> 공문서는 제쳐두고 시를 덥석 붙잡으니[掃却簿書詩便就]
>
> 그대 아는가 꿈이 되살아나듯 붓이 꽃피네[知君曾夢筆生花]

오재의 시가 아니더라도, 어린 눈과 귀로 맞았던, 딱새 날아 앉는 고운 아침과 대숲 속에서 뱁새 재재대는 맑은 저녁을 잊지 못합니다.

하지만 그곳에 오래 있지는 못했습니다. 조정에서 생각시(견습나인)를 뽑아 올리라는 명이 내려왔고, 그에 나주목은 생각시가 될 소녀와 함께 무수리로 나를 올려 보냈더이다. 생각시는 대개 나인들 중에서도 지근거리에서 수발을 드는 지밀궁녀와 침방, 수방궁인이 될 사람들로 키우는 견습나인이었는데, 궁녀들 중에서는 높이 치는 자리였지요. 따라서 중인中人은 되어야 들 수 있었소이다. 천둥벌거숭이처럼 살아온 나 같은 천출賤出이자, 문자 앞에서도 까막눈인 어리석은 것은 감히 쳐다볼 수 없는 것이었소이다. 나는 김씨 성을 지닌 침방針房 생각시와 함께 한양으로 올라가게 되었지요. 그래도 왕이 계신다는 궁궐로 들어가게 된다는 말에 새만 한 가슴이 벌렁거리고 눈앞이 아득해져 한동안 정신을 차릴 수 없었소이다.

나중에 왕이 된 내 아들(영조)이 그렇게 부끄러이 여겼다는 궁녀의 밑바닥, 무수리를 아시는지요. 고려 때 이 나라 공녀들이 원나라에 공출될 때 처음에 몽골의 궁궐에서 했던 일이 바로 이 일이었지요. 무수리는 그곳 말로 '소녀'라는 뜻인데, 고려 소녀들을 가리키다 보니 물을 떠주는 심부름을 시키는 존재로 뜻이 변했지요. 이 말이 유행해 고려와 조선의 왕실에서도 쓰게 된 것인데, 한자로는 '수사이水賜伊'라고 쓰고 무수리라 읽었습니다.

궁녀들은 지위고하가 분명한 벼슬이었고 그 내부의 체계가 서릿발처럼 엄했습니다. 왕명을 받들고 내전의 재산을 관리하는 제조상궁 아래에 내전 창고 관리책인 아리꼬상궁이 있었고, 긴밀한 수발과 곡읍哭泣(초상 때 울며 곡하는 일)을 담당하는 대령상궁(지밀상궁), 육아를 담당하는 보모상궁, 그리고 궁녀의 상벌과 내부 군기를 관장하는 감찰상궁이 있었지요. 이분들은 궁녀들 사이에 하늘이었습니다.

그 아래에 부엌을 담당하는 내소주방, 외소주방, 생과방 궁인들이 있었고 빨래를 담당하는 세답방 궁인이 있었어요. 그리고 세수와 등촉 때 수발을 전담하는 특수직 궁인도 있었지요.

맨바닥으로 내려오면 상궁의 처소에서 일하는 각심이(방자)가 있었고, 후궁의 살림을 맡았던 손님이라는 출퇴근 나인이 있고, 또 전직 기생 출신으로 궁중 내의원에 소속된 약방 기생(의녀)이 있었습니다. 약방 기생은 비빈들의 해산을 돕는 조산원이었지만 잔치 때는 원삼을 입고 화관을 쓰고 색동한삼을 손가락에 끼고 춤을 추는 무희로 변했지요. 나는 바닥 중에서도 정해진 바 없이 막일을 하는 무수리였습니다. 혹자는 내가 각심이였다고 말하기도 하지만, 나는 상궁의 처소에서 일하는 사람이 아니었고, 그냥 궁궐 이곳저곳에서 필요한 대로 불러 막일을 했던 소녀였소이다. 무수리는 원래부터 궁중붙박이였으며 출퇴근을 하게 된 것은 먼 뒷날의 이야기라 하오.

하지만 나는 내 일이 부끄럽지도 서럽지도 않았지요. 아비, 어미 없는 자식으로 자라났지만 세상을 미워하거나 한탄해본 적이 없었던 나는, 나를 도와준 모든 사람들이 더없이 고마웠고 한번 은인이었던 이를 잊지 못했습니다. 용흥사 범려, 추월산 큰스님, 영광군수 민유중 어른, 늘 다감하게 나를 챙겨준 나주목사 부인, 그리고 또 한 사람. 침방 생각시로 들어간 김나인. 김나인은 어느 날 지밀상궁께 내 이야기를 꺼내 참으로 곱고 착한 아이라고 말을 해주었습니다. 지밀상궁은 나를 유심히 보기 시작했고, 한 번 보면 잊지 않는 내 재주를 아껴 문자를 깨우치도록 도와주었습니다. 침방에 손이 필요할 때 생각시들과 함께 일하도록 배려도 해주었지요. 그때 김나인의 어깨 너머로 바느질과 수놓는 것을 배웠습니다. 지밀상궁은 내가 해놓은 바느질을 보시고는 깜짝 놀라시며 "아니, 언제 이토록 재주가 늘었단 말이냐?"하고 묻기도 했답니다. 행복하던 때였지요. 많은 나인들이 나와 얘기를 나누는 걸 좋아했지요. 궁궐서 일어나는 이런저런 소식들도 얘기해주고, 예쁜 노리개도 갖다주곤 했습니다. 찬간에서 음식 조리를 도울 때, 나만큼 뒤치다꺼리를 잘 해주는 사람이 없다고 내소주방 나인이 칭찬했지요.

영조가 훗날 내게 "옛날 지위가 낮을 때 어떤 일이 가장 힘드셨나요"라고 물었을 때, 나는 아들의 마음을 알았습니다. 내가 궁중의 막일을 하는 무수리였다는 것을 무척이나 서럽게 여기고 있다는 것을요. 그래서 나는 오히려 침방에서의 자부심을 이야기해주었지요.

"그때 누비옷을 만드는 일이 어찌나 까다롭고 어려웠던지, 어미가 무척 고심을 했답니다."

궁중에서 누비옷을 만드는 일이 침방에서는 상급上級의 일이었기에 내게 그것을 맡길 만큼 나의 실력이 빼어났다는 자랑을 숨겨놓은 말이었는데, 임금은 그 말을 듣고는 잠깐 침묵했다가 눈물을 비쳤지요. 자신의 어의御衣에 아로새겨진 누비가 어미의 피땀에서 나왔다는 생각을 하니, 그간 무심히 누비옷을 대했던 것이 부끄러워졌던 겝니다. 아들이 그 뒤로는 누비옷을 입지 않았다 하니, 남몰래 가슴이 아팠습니다. 하지만 내 뜻을 다시 밝혀 설명하는 일은 부질없다 싶었습니다. 태생이 빚어낸 아들의 상처를 더 건드리고 싶지는 않았기 때문이지요.

그러던 가운데, 내 생애에서 아마도 가장 기뻤던 날이 왔습니다. 입궁 다섯 해, 내 나이 열두 살이었던 1681년, 그 가마 안에 타고 있던 귀공녀 민씨가 왕의 계비繼妃로 간택이 되어 궁궐에 들어온 것입니다. 7년만의 만남이었습니다. 일국의 왕비였지만 그는 나를 보더니 오랫동안 얼싸안고 눈물을 흘렸지요. 그러고는 일이 힘들지는 않느냐고 묻고, 내 얼굴이 상하지는 않았는지 찬찬히 들여다보았습니다. 나보다 세 살 위였던 그 소녀는 아름답고 단아한 여인의 기품을 갖추고 있었습니다. 인현왕후는 내가 꿈꾸는 삶의 모든 것을 구비한 고결하고 귀한 사람이었습니다. 이제 일국의 왕비가 되었으니 기쁘고 설렐 일만 남았습니다. 잠깐은 진정, 그러한 듯했습니다.

그러나 뭔가 이상한 일이 있었습니다. 그 1년 전인 1680년 가을에 정비 인경왕후가 승하한 뒤 미모가 빼어난 한 나인이 승은承恩을 입게 되었지요. 장씨 성을 가진 이 나인에게 왕은 크게 마음이 동했는데, 모친이었던 명성대비明聖大妃(현종의 왕비)가 장나인 뒤에 있는 정치세력을 우려하면서 공연한 화근을 만들지 않기 위해 그녀를 궐 밖으로 내쳤습니다. 남자의 나이 스무 살, 그리고 여자의 나이 스물 한 살. 전광석화로 일어난 못 말릴 불길을 그 모친이 막아버린 것이었습니다.

뜻을 채 펴지 못한 사랑의 정념이 가득한 왕에게 요조숙녀 인현왕후가 대신 들어왔으니 그녀가 안중에 들어올 리 없었지요. 영문도 모르는 왕후는 자신의 무엇인가가 부족해 왕이 저토록 자신에게 냉담한가를 반성하고 또 반성하며 괴로움을 키워갔지요. 그것을 나는 처음부터 끝까지 다 지켜보았고 알고 있었습니다. 왕후를 위해 무엇인가 돕고 싶었지만 궁궐의 무수리가 할 수 있는 일이라고는 아무것도 없었습니다. 더 없이 행복해야 할 여인에게 닥친 이 까닭 모를 불운이 걷히도록 천지신명에게 얼마나 기도를 했는지 모릅니다. 내가 죽어 왕후의 진실한 아름다움을 왕에게 알릴 수 있다면 그래도 좋았을 것입니다. 헛생각은 늘이다 손가락에 바늘을 찔려가며 혼자서 걱정하고 안타까워하고만 있었지요.

그런데 운명은 더 나쁘게 흘러가고 있었습니다. 1683년 대비가 세상을 떠난 뒤 장나인이 다시 궁궐로 돌아왔습니다. 왕은 왕후를 더욱 멀리했고 상황은 더 얄궂게 변했습니다. 1688년에 장씨가 왕자를 낳은 뒤 정1품 희빈에 책봉됩니다. 왕자 윤昀은 석 달 뒤 원자로 지명되었습니다. 스물 한 살 왕비 인현왕후에게서 아직 얼마든지 아들을 볼 수 있는 상황에서 숙종은 후궁의 아들을 후계로 확정지어놓은 것입니다. 미래 권력의 향방이 정해지자 당파들로 얽힌 정국이 소용돌이

치기 시작하더이다. 1689년 기사년의 환국換局은 끔찍한 것이었습니다. 나라의 존경을 받던 우암 송시열 같은 분도 귀양 중에 사약을 받았고, 인현왕후는 투기妬忌를 이유로 폐출되었지요. 나흘 뒤에 희빈은 왕비가 되었습니다.

나는 정치를 잘 모르고 세상 돌아가는 이치 또한 둔해 깨닫지 못했습니다. 그러나 시중에서 떠돌았다는 "미나리는 사철이요 장다리는 한철"이라는 노래의 의미는 알고 있소이다. 미나리는 민씨요 장다리는 장씨인데, 장다리는 무나 배추에 돋는 꽃으로 한철만 볼 수 있지만 미나리는 늘 볼 수 있으니 결국 민씨가 이겨낼 것이라는 백성의 믿음이 담긴 것입니다. 그것이 어찌 단순히 성씨를 조롱해 만든 유행가이겠습니까. 너무 젊고 피가 끓었기에 거칠고 성급했던 왕의 마음이 어느 날 제자리로 돌아오기를 나 또한 얼마나 빌었는지 모르오. 하지만 나는 여전히 궁궐의 무수리였고, 궐 밖에서 고통 받고 있을 왕후를 위해 할 수 있는 일은 아무것도 없었소이다. 밤중에 홀로 몰래 내주방內廚房에 등불을 켜고 왕후의 무사귀환을 울며 빌 뿐이었습니다.

기사己巳의 광풍이 여전히 매섭던 1692년, 남해 귀양지에서 가시울타리에 갇혀 지내다가 돌아간 서포 김만중을 아시오? 장희빈 문제와 관련해 유배를 갔던 그는《사씨남정기》라는 한글로 된 소설 한 권을 내놓고 죽었지요. 처첩妻妾의 갈등을 다룬 이야기인데 곰곰이 읽어보면 아내 사씨는 인현왕후를 닮았고 첩 교씨는 장희빈과 비슷하다는 것을 느낄 수가 있지요. 당시 이 소설은 입소문이 퍼져나가 널리 읽혔는데, 궁궐까지도 들어왔소. 아무도 이 이야기가 왕의 두 여인에 대한 풍자라고 말하지 않았지만, 행간 속에 숨은 뜻을 모르는 이는 없었을 겁니다. 이야기는, 교씨에게 빠졌던 한림 유연수가 마침내 그 속임수를 깨닫고 정실로 삼았던 그녀를 내치고 다시 사씨를 복위시킨다는 결말로 되어 있습니다. 궐내에 몰래 떠돌던 이 책을 읽고 얼마나 펑펑 울었는지 모를 거외다.

1693년 4월 22일, 이튿날은 민씨의 생일날이었습니다. 폐비가 된지 정확하게 4년이 되는 날이기도 했지요. 그날 밤 잠을 못 이루고 민씨가 기거하던 통명전에 생일상이라도 올릴까 해서 내주방에 불을 켜고 들어갔습니다. 가슴이 복받쳐 눈물이 쏟아졌습니다. 그런데 있을 수 없는 일이 일어났습니다. 감히 상상도 할 수 없는 상황이 눈앞에 벌어졌습니다. 갑자기 어두컴컴한 내주방 저편에 사내 그림자 하나가 비친 것입니다. 깜짝 놀라 찬장고饌藏庫 뒤에 웅크렸지요. 그런데 귀에 익은 말씀이 들리는 게 아닙니까?

"두려워 말거라. 나는 주상이다. 너는 누구이기에 이 밤에 여기서 무엇인가를 하고 있느냐?"

나는 더욱 놀라서 턱이 덜덜 떨렸습니다.

"상감마마 쇤네는…… 그냥…… 쇤네는……."

"허어, 겁내지 말라고 하지 않았는가. 내 너를 추국推鞫하려는 게 아니라, 다만 궁금해 물어보는 것이다."

"예, 황송하옵니다. 상감마마. 쇤네는 무수리이옵니다. 쇤네는 다만, 가엾은 분을 위해 기도를 하고 있는 것이옵니다. 아무것도 모르오나 그분의 진심을 나는 알고 있기에……."

"가엾은 분이란 누굴 말하는 것인가?"

그때 나는 죽었구나 싶었습니다. 왕의 노여움을 불러일으킬 대답일 게 뻔했기 때문이지요. 나 같은 무수리 하나야 빈대 한 마리 죽이는 것보다 더 쉬웠을 것입니다. 그러나 나는 대답을 하지 않을 수 없었습니다. 그리고 그 대답 때문에 죽는다 해도, 나는 그렇게 말하지 않을 수 없었습니다. 그것이 나를 여기까지 오게 한 모든 고마운 이들에게 은혜를 갚는 일이라고 생각했습니다. 있는 힘을 다해 혀를 움직였습니다.

"마마……. 그분은 인현왕후이시옵니다. 폐출된 그분이 다시 돌아오기를, 이미 오래전부터 기도드리고 있었습니다."

그렇게 말해놓고 고개를 깊이 숙였습니다. 더운 눈물이 소나기처럼 쏟아져 바닥을 적시고 있었지요. 왕은 한동안 말이 없었습니다. 그 침묵에 나는 더욱 이쩔 줄 모르고, 다시 이렇게 말했지요.

"마마, 성은이 망극하옵니다. 이 어리석고 어리석은 쇤네를 죽여주시옵소서."

그때 조용한 목소리가 내려왔다.

"왜 죽여달라는 것이냐?"

"상감마마, 마마의 뜻을 거스른바 되었기에 노여우실 것이기 때문이옵니다."

"무수리야, 네 이름은 무엇이냐?"

"예? 마마……."

"너의 이름이 있을 것 아니냐? 그게 뭐냐고 물었다."

"예, 마마. 저를 살려낸 스님이 지어준 이름은 복숭이었고……."

"복숭이, 그래 네 얼굴이 이제 보니 복숭아꽃처럼 희고 곱구나."

"마마……."

갑자기 다시 눈물이 쏟아졌습니다. 종잡을 수 없는 말씀이었기 때문이었지요.

"복숭아, 너는 왜 폐비가 옳다는 것이냐?"

그때 나는 왕께 나와 인현왕후의 옛 인연과 계비 간택 이후 만났을 때의 이야기를 털어놓았습니다. 처음부터 아무것도 선택할 수 없었던 왕비의 당혹스러움과 그럼에도 있는 힘을 다해 기품을 지키고자 했던 그녀의 깊은 생각을 말했습니다. 누구를 미워하기보다는 임금의 과도함을 걱정하는 태도에 대해서도 설명했지요. 그리고 세간에 떠도는 서포의 소설에 대해서도 이야기했습니다.

"복숭아, 정녕 그러했느냐? 내가 무엇인가에 덮어씌워 있었나 보구나."

"아니옵니다. 그게 아니라, 사랑하는 격한 마음이 때로 사람을 몰아치는 것 같습니다. 저 또한 애욕愛慾의 마음에서 한순간도 비켜서지 못하는 어리석은 무수리이옵니다."

"일어나보거라. 너를 찬찬히 들여다보고 싶구나."

내 나이 스물다섯. 그날 밤 내 넋 위로 휘황찬란하게 지나간 빛들은 죽어도 잊을 수 없을 거외다. 세상의 모든 슬픔과 고통들, 의심과 분노와 억울함을 일거에 녹이는 봄바람처럼 살랑거리며 온몸에 불어 들었습니다. 왕은 내 몸에서 도화향기를 맡았다고 하셨고, 나는 왕의 몸에서 서른다섯 살의 육중한 불덩이를 만났습니다. 삶은 죽음 속에 있었고 죽음은 삶 속에 있다는 것을 그때 깨달았습니다. 이윽고 고요해졌을 때 왕은 이렇게 말했습니다.

"너는 아무것도 더 욕망하지 말거라."

인연이란 기이해 그 하룻밤 인연으로 나는 임금의 혈육을 잉태했소이다. 그해 나는 숙원淑媛이 되었고, 아들 영수永壽를 낳았습니다. 부디 오래 살라고 왕이 내린 이름이었는데, 두 달 만에 병으로 잃고 말았더이다. 이듬해인 1694년, 더 악마 같은 일이 닥치는 듯 했습니다. 서인西人이 민씨의 왕후복위 역모를 꾸미고 있다는 발고가 올라왔고, 왕은 그 주동자를 가려내기 위해 우의정 민암에게 대대적인 조사를 지시했지요. 다시 피바람이 불 기세였소. 살벌한 정치의 칼날이 이번엔 인현왕후에게 직접 들이닥칠 수 있는 상황이었습니다. 나는 내 주제가 무엇인지도 잊고, 오직 폐비의 안위만을 빌고 또 빌었지요. 그런데 기적이 일어났습니다. 칼을 휘두르던 우의정이 오히려 하옥되고 장희빈을 업고 설치던 무리들이 일거에 물러나는 게 아닙니까. 왕이 크게 개심을 하신 것이지요.

그해 인현왕후께서 환궁해 피눈물의 상봉을 했습니다. 그 이전에 나는 다시 성상의 은총을 입어 금昑(연잉군, 나중의 영조)을 낳았지요. 왕후는 금을 마마의 자식처럼 품에 안고 돌봐주셨지요. 나는 숙의, 귀인을 거쳐 1699년에 정1품 숙빈이 되었소이다. 2년 뒤 왕후께서 파란만장의 삶을 접었을 때는 아뜩했으나 왕의 따뜻한 보살핌으로 나는 17년을 더 수壽를 누렸소. 1718년 마흔 아홉에 병으로 눈을 감을 때 임금은, 국법을 바꾼지라 나를 왕후로 봉하지 못해 내내 미안했다 하며 내 손을 가만히 잡아주었소. 하지만 나는 그만큼 오른 것도 감지덕지한 사람이 아니오? 궐 바닥을 기며 걸레질을 하던 무수리가 승은을 입어 그토록 높은 자리에 올랐으니, 조선 여자들 중에서 가장 복된 여자가 아니었나 생각하오. 배움이 짧았던 나였지만 무엇이 옳고 그른지는 알 것 같았소. 내내 슬프고 괴로웠던 인현왕후를 위해 내 생애라도 통째 바치고 싶었던 작고 어리석은 여자였소. 죽은 뒤에라도 혹여, 내 얼굴을 왕후보다 아름답게 그리지 마시오.

봄날 꽃잎 같은 삶을 살았던 비운의 왕비, 인현왕후

봄비가 촉촉한 날이었다 하오. 나는 1667년 4월 23일 순화방 수렛골 車洞(현재 중앙일보 사옥 맞은편 빌딩 주차장)에서 고고呱呱의 울음을 울었지요. 어머니 송씨는, 지붕이 활짝 열리며 일월日月이 한꺼번에 하늘에서 떨어져 가슴속으로 들어앉는 태몽을 꾸었다고 하더이다. 그래서 어린 날 나의 초명初名은 '화명和明'이라 했지요. 해와 달이 함께 어울려 환하다는 뜻이라 했습니다. 몸가짐을 신중히 하고 글공부도 익히는 나를 가리켜, 사람들은 4월의 한 떨기 목련이라 했습니다.

내 나이 일곱 살 때 부친 민유중을 따라 호남에 갔다가, 다리 위에서 다섯 살 소녀 하나를 만났더이다. 그 아이에게서 문득 묘한 이야기를 들었더이다. 아이를 낳던 날 그 어미의 꿈에, 가슴에서 해와 달이 솟아올라 한꺼번에 하늘에 비추니 세상이 환하더라는 것입니다. 내가 들은 나의 태몽을 마치 뒤집어놓은 것 같았지요. 이런 우연도 있는 걸까요? 그 아이를 오래 보진 못했습니다. 얼마 뒤 궁궐로 들어갔다는 이야기를 전해 들었습니다.

1680년 숙종대왕의 왕후(인경왕비 김씨)께서 두창痘瘡(천연두)으로 돌아가신 뒤, 1년 뒤인 1681년에 중궁 간택이 있었는데, 대비마마(숙종의 모친 명성왕후 김씨)가 나를 적극 추천했다 하오. 외조부 송준길과 함께 서인의 큰 어른이었던 송시열은 먼 피붙이였지만 뜻이 잘 맞아 형제처럼 지냈는데(양송兩宋이라 불렸다) 그분이 큰 힘을 써주셨다 들었습니다. 덜컥 왕비에 뽑히고 보니, 나로서는 무척 겁이 났습니다. 그때 나는 겨우 열다섯 살이었지요. 대왕은 스물 한 살의 헌걸찬 분이었습니다. 나는 정말 아무것도 몰랐습니다. 다만 해와 날처럼 밝고 맑게 마음을 다해 님을 모시는 것만 생각했습니다.

그러나 처음부터 뭔가 좀 이상했습니다. 왕은 가례가 있던 날에도 침소에 들지 않았습니다. 근엄하셔서 그런가 했는데, 도무지 나의 앞에서 즐거운 기색이 없었습니다. 이 수수께끼를 오랫동안 풀지 못했는데, 나중에야 고개를 끄덕이게 되었습니다. 왕에게는 이미 마음을 깊이 두고 계신 궁인이 있었더군요. 다만 모후母后가 그녀를 싫어해 궁에서 내치는 바람에 마음속에만 깊이 여인을 품고 있었더이다. 3년 뒤(1684년) 대비가 승하하자 왕은 그녀를 환궁시키고 싶어 하는 눈치였습니다. 나는 혹여, 나의 도량과 배려가 임금의 사랑을 되돌리는 계기가 될까 해서 후궁 장씨를 다시 궁인으로 들일 것을 권했지요. 하지만 그것이 어리석은 생각이었음을 깨닫는 데는 오래 걸리지 않았습니다. 나보다 여덟 살이 더 많은, 스물여섯 살의 농염한 여자는 무섭도록 강했습니다.

또 하나, 왕이 나를 선뜻 받아들이지 못한 것에는 원초적인 불안 같은 것이 숨어 있었던 것 같더이다. 왕은 열넷에 즉위했으나 일곱 해 동안 모후의 섭정을 받았지요. 이제 왕권을 추스르려는 그분에게, 대비마마와 양송을 중심으로 한 서인 세력이 버겁고 불편했겠지요. 그에게 나는 왕비로 보이는 것이 아니라, 정파政派를 업고 들어온 왕권 견제의 끄나풀처럼 여겨졌을 것입니다. 마침 궁인 장씨와 소통하는 이들이 모두 남인인지라 왕은 노론을 떠밀어내는 차원에서 그 편에 마음이 더 갔을 것입니다. 억눌린 무엇이 사랑을 더욱 불붙였을 것이고, 또한 장씨의 성숙한 매력이 그것을 더욱 타오르게 했을 것입니다. 이런 자리에서 왕비가 할 수 있는 선택은 거의 없었지요. 다만 견디고 기다리는 것뿐.

후궁 장씨가 아이를 낳고, 임금은 서둘러 원자元子를 정하고자 했습니다. 이때 집권세력인 서인이 들고 일어났지요. 왕은 굴하지 않고 반발하는 신하들을 모두 찍어 넘겼습니다. 임금은 스무 살 때 있었던 남인 대출척大黜陟(경신환국)을 또렷이 기억하고 있었지요. 남인 출신 영의정 허적이 군사용 기름천막을 조부 기념일에 무단으로 쓴 것이 발단이 되어 패초(임금의 신하 비상소집권)를 써가며 집권세력을 서인으로 갈아치운 기억입니다. 그는 집권당이 왕을 압박하는 일에 대해 예민했습니다. 그것은 옳고 그름의 문제를 넘어 군군신신君君臣臣(군주는 군주다워야 하고 신하는 신하다워야 한다)의 대의를 깨는 것이라고 생각했던 것이지요. 왕권이 바로 서야 한다는 신념과, 장씨(그녀는 출산 이후 희빈으로 봉해졌지요)에 대한 정념이 한 덩이로 뭉쳐져 기사년의 환국換局을 밀어 붙였습니다.

그러다 왕의 분노를 폭발시킨 일이 있었습니다. 1688년 10월 27일 장씨가 아들을 낳았을 때는 마침 장렬왕후 조대비(인조의 계비)의 상중이었지요. 당시 서인들은 이를 핑계로 아무도 득남례에 오지 않았습니다. 여전히 대비 복상 중이던 이듬해 4월 23일 나의 생일날, 통명전(왕비의 궁전)에는 축하하는 대신들이 넘쳤지요. 이 이야기를 들은 임금은 피가 거꾸로 솟는 듯한 기분을 느꼈다 하더이다. 신하들이 왕을 조롱하는 일이 극에 이르렀으며, 그 정점에 내가 있다고 생각한 것입니다. 답지한 축하편지를 불태우고 선물은 연못에 파묻었지요. 나는 그날 서궁에 갇혔습니다. 임금은 회의를 열어 "민씨는 폐비 윤씨나 여태후에 견줄 만하다"고 말한 뒤 왕비에서 폐출하겠다고 선언했습니다.

이날 비망기(임금이 현장에서 적어 승지에게 내리는 문서)에는 이렇게 씌어 있었다 하더이다.

> 후비가 투기하는 것은 옛날에도 있었으나 오늘같이 심하지는 않았다. 중궁이 꿈에 들은 선왕과 대비의 말씀이라고 지어내어 감히 말을 하고, 원자가 탄생한 뒤로 원망하고 노여워하는 빛이 많이 있으니 반드시 종사에 화를 끼칠 것이다. 내가 미리 원자를 세운 것도 이를 걱정했기 때문이다. 이런 행동으로는 하루도 국모 노릇을 할 수 없겠기에 폐출하라고 명하는 바이다.

나의 생일날 들이닥쳤던 이 끔찍한 기억을 어찌 잊을 수 있겠습니까. 5월 2일 나는 궐에서 쫓겨나 친정인 안국방 감고당感古堂으로 내쳐졌지요. 비가 죽죽 내리는 봄날, 바람이 불어 목련 아래 잔화殘花 몇 잎이 미친 듯 날아다니고 있더군요. 며칠 뒤 서인庶人으로 격하한다는 어명이 날아왔더이다. 해와 달이 한꺼번에 떨어져 내리는 듯했습니다. 대체 나는 무엇이며 나의 사랑은 무엇이었단 말인가. 왕실의 안주인이란, 봄날 꽃잎보다 더 쉽게 뒤집히는 운명이라는 걸, 그날에야 깨달았지요.

이번에는 꿈 이야기를 좀 하리다. 1686년 대왕은 장씨를 재입궐시킨 뒤, 중궁전과 후궁의 처소가 있던 창덕궁이 아닌, 창경궁에 장씨가 머물 처소를 만들었습니다. 장씨에만 빠져 있는 것을 걱정해 내가 영빈 김씨(서인의 영수인 김수항의 증손녀)를 숙의로 들였으나 대왕은 거들떠도 보지 않았지요. 그 무렵 꿈을 꾸었는데 시부모이신 현종선왕과 명성왕후께서 나타나셨더이다. 그들은 장씨의 일을 크게 걱정하며 이렇게 말씀하셨지요.

"옥정(장씨)은 원래 여우였는데 왕이 사냥터에서 죽이는 바람에 환생해 여기까지 온 것이니라. 하지만 장씨 팔자에는 원래 아들이 없으니 노고하셔도 공로가 없을 것이다."

그 말을 듣고 무척 놀라, 대왕에게 조심하시라는 뜻으로 꿈 속 모후의 말씀을 전했더이다. 아아, 나는 그때 어찌 그리 어리석었는지 모르겠소이다. 내 말을 듣고 있던 왕은 갑자기 얼굴이 붉어지며 팔을 덜덜 떨더니 앞에 있는 차탁을 내리쳤습니다.

"어찌 군왕의 부모까지 팔아 그렇게 남의 말을 하는가?"

내 말을 오로지 투기로 인한 모함으로만 들었던 게지요. 내가 어찌 없는 말을 지어내고 없는 일을 꾸며 대왕께 아뢰었겠습니까. 그렇게 신뢰가 없는 사람이라고, 그간 생각해오신 것이라면 참으로 나의 부덕不德이 한심할 따름입니다.

1694년 감고당에서 나는 죽을 결심을 하고 있었습니다. 폐출된 지 이미 다섯 해 되던 봄이었습니다. 모란이 피어나던 4월 초하루, 무슨 일인지 왕이 남인들을 일거에 몰아내고 서인들로 교체한 환국(갑술환국)이 있었습니다. 하지만 대왕은 폐비를 신원하는 상소를 하는 자는 역률逆律로 다스리겠다고 쐐기를 박았지요. 그 소식을 들은 뒤 나는 더 이상 살아야 할 까닭이 없어진 것 같았습니다. 은장도를 앞에 내려놓고 외조부 송준길의 시를 기억해내 읊조려 보았습니다.

하늘의 운수가 내겐 근심뿐이어서[天數吾猶憾]
사람은 중상모략하고 임금은 뒷전으로 내쳤네[人謀或後君]
외로운 신하가 움켜쥔 눈물 한 줌[孤臣一掬淚]
북쪽 임금 계신 곳을 향해 던져 뿌립니다[灑向北歸雲]

어찌 외할아버지의 심경이 지금 나의 심경과 이리도 같은가. 흘러나오는 눈물을 주체할 수 없더군요. 왕은 아직 완강하고, 이토록 누추하게 생을 연명하느니 차라리 죽어 깨끗해지리라. 다시 시 한 편을 더 읽었지요. 꿈을 기록한다는 뜻의 〈기몽記夢〉이란 시였습니다.

평생 우러른 것은 퇴계선생[平生欽仰退陶翁]

세상 떠나셔도 정신은 여전히 느끼고 통하니[沒世精神尙感通]

오늘밤 꿈속에 주자말씀 전해 들었네[此夜夢中承晦語]

느낌이 오니 산의 달빛이 창문 가득히 환하네[覺來山月滿窓瓏]

꿈속에서 가르침을 받았던 외할아버지처럼 나 또한 꿈속에서 왕을 한번 더 만나보고 죽으리라. 그런 생각을 하며 어느 샌가 살풋 잠이 들었는데 꿈속에 한 백발노인이 나타나 이렇게 말했지요. "마마의 감수憾數(슬픈 운수)는 곧 끝이 나옵니다. 부디 은인자중하시어 옥체를 귀히 여기소서. 사흘만 더 기다리면 기다리던 소식이 올 것입니다."

"노인은 누구시오."

"저는 그저 떠돌이 중일 뿐입니다."

"그래도 함자를 알려주시면……."

"저는 양성 혜능이라 하옵니다."

사흘 뒤, 서궁으로 입궐하라는 어명이 내려왔지요.

나는 꿈 때문에 큰 곤욕을 치른 적이 있었는지라, 감고당의 예언몽에 대해선 일체 말을 꺼내지 않았습니다. 그러나 자진自盡까지 결심한 날, 희망을 가져다준 백발 선사를 잊을 순 없었습니다. 1698년에 전국 사찰에 명을 내려 양성이라는 승려를 찾아 얼굴을 그림으로 그려 궁궐로 보내도록 했습니다. 그림을 살펴보니 울진 불영사에 있는 스님이었습니다. 그는 이미 2년 전 입적을 했더군요. 고마운 마음에 불영사 사방 십 리 안에 있는 산과 전답을 사찰에 시주했습니다.

그 이후에 나는, 기사환국 때 사약을 받은 김수항의 삼남인 김창흡이 전해준 이야기를 들을 기회가 있었습니다. 워낙 놀랍고 믿기지 않는 말인지라 홀로 듣고는 가만히 삼켰습니다. 율곡 이후의 최대 학자로 불리는 그분이 어찌 빈말을 했겠습니까마는, 세상의 귀가 무섭고 인간의 입이 사나우니, 오해만 키울까 걱정한 까닭입니다. 세월이 흘렀으니 이젠 털어놔도 되겠지요. 집안이 풍비박산이 나자 창흡은 영평(지금의 포천)에 은거했는데, 1691년 봄날에 울진 불영 계곡에 들렀다 하더이다. 달 좋은 밤에 그곳에서 양성법사를 만났더군요. 창흡이 시국의 어지러움을 논하자, 법사는 불쑥 이런 말을 했다 합니다.

"실은, 소승이 왕후에게 큰 죄를 지은 일이 있습니다."

창흡이 의아해서 물었지요.

"깊은 산중을 떠도는 승려가 어떻게 왕후와 관련이 있을 수 있소?"

"저는 원래 천축산 신령으로 인간이 되고 싶어 태몽을 통해 들어온 사람입니다. 저는 수행을 통해 몽불번夢不煩(꿈을 꾸지 않음)의 경지를 깨우쳤는데, 스스로 꿈을 꾸지 않는 대신 다른 이의 꿈에 들어가 이야기를 전해줄 수 있는 몽선夢仙이 되었지요. 희빈 장씨가 자색을 무기로 궁궐의 윤기倫紀를 어지럽히는 것을 보고, 인현왕후의 꿈에 들어가 현종(숙종의 부친)으로 현신해 희빈이 예전에 짐승이었다는 것을 말해주었습니다. 그런데 이 꿈에 대한 이야기가 일을 오히려 걷잡을 수 없이 그르치게 하고 말았지요."

창흡이 놀라 물었지요.

"아니, 어찌 남의 꿈에 들어가는 일이 가능하단 말이오?"

"말씀으로 설명드릴 수 있는 일이 아니옵니다."

그러자 창흡이 다음과 같이 말했다 합니다.

"스님의 말에 거짓이 없다면 고민할 필요도 없지 않겠습니까. 다시 왕후의 꿈속에 틈입하셔서 일을 바로잡으면 되지 않겠소?"

이런 대화를 나눴다고 하더이다. 내 삶을 돌이켜보면 꿈의 조화가 참으로 기이하다는 생각이 듭니다.

1694년 4월 12일. 하늘은 화창하고 새소리 가득한데 연못에 모란이 아른거리던 날. 나는 중궁전으로 돌아왔소. 내가 왕비가 되면서 장씨는 국모가 둘일 수 없다는 이유로 왕비의 아래 지위인 빈으로 강등되었지요. 원래의 작호였던 희빈을 돌려받았습니다. 하지만 나의 복위 문제로 서인들이 논란을 벌이면서 노론과 소론으로 쪼개졌지요. 왕비와 희빈의 관계 재설정과 원자의 모친에 대한 예우 문제 때문이었습니다. 정식으로 왕비 책봉을 받은 것은 6월 1일이었지요.

내가 왕비가 된 데는 숙빈 최씨의 목숨을 건 해명이 있었다는 것을 알게 되었소. 내가 해준 것은 아무것도 없는데 숨은 자리에서 그리도 나를 위해 헌신을 해주었다니 세상에 그런 고마운 이가 어디 있겠소. 나의 진심과 진상을 간곡히 대왕에게 아뢰어 그 수많은 오해들을 다 풀어주었다 하니 내 천 마디의 변명보다 더 나은 말씀들이었소. 해와 달이 다시 일어나는 그녀의 옛 꿈이 자꾸 떠올랐소. 이 또한 틀림이 없는 일이 아니겠소. 갑술환국 이후에 숙빈이 낳은 아들을 보며 내 아들처럼 기뻤던 것도, 다른 뜻이 아니라 그녀와 나의 겹치는 태몽의 의미를 생각했기 때문이외다.

왕비로 복위된 이후 8년은 내게 그래도 가장 평온한 시절이었을 것이오. 당시에는 《숙향전》이란 소설이 유행했다오. 나는 그 소설을 베껴 쓰는 일이 즐거웠지요. 숙향은 죄를 지어 인간세상에 귀양을 온 하늘나라 선녀였지요. 어린 시절 숙향은 전쟁을 만나는데 난리통에 부모를 잃어버립니다. 어쩌다 장승상의 수양딸로 들어간 그녀는 승상의 귀여움을 독차지하지만 이내 시기를 받아 그 집에서 쫓겨납니다. 이를 비관해 목숨을 끊으려는 찰나 신선이 나타나서 그녀를 구해주지요. 여기까지 읽다가 나는 깜짝 놀랐습니다. 마치 나의 이야기인 듯한 기분이 들었기 때문이죠. 그러던 어느 날 숙향은 전생에서 하늘나라에 노닐던 꿈을 꿉니다. 꿈속에서 본 장면이 너무나 아름답고 선명해 그녀는 그 광경을 수繡로 놓았지요. 이름 높은 시인이었던 이선이란 사람이 숙향의 수를 보고 반했습니다. 이선은 그녀를 찾아가 사랑을 고백하고 두 사람은 부부가 되지요. 숙향은 이런저런 곡절을 겪으며 살다가 하늘로 돌아갑니다.

우리 시대(17세기 말)에 이런 소설이 유행했던 까닭은 여성들의 자의식이 커졌기 때문이 아닐까 생각해봅니다. 아마도 임금의 세 여인이 벌인 치열한 쟁투가 민간에서도 늘 화제가 되었고 그러면서 삶과 사랑과 정치에 대한 생각들이 다양하게 변주를 이루면서 이야기들이 발전하지 않았을까 싶습니다. 특히 나와 희빈과 숙빈은, 선善과 악惡, 그리고 우정의 현실태처럼 비쳤을 겁니다. 소설 같은 삶을 살아온 나는 《숙향전》을 읽으며 자주 눈물을 흘릴 수밖에 없었지요.

중궁전에 다시 앉았지만, 대왕의 사랑이 완전히 다시 돌아온 것은 아니었습니다. 그분은 다만 이전의 우행愚行이 거듭 미안하다는 말을 했을 뿐, 사랑의 침소로 돌아오지는 않았지요. 내 상처받은 마음을 달래기 위해, 희빈 장씨에 대해 모진 말을 하고 냉랭한 태도를 보이는 것으로 그 미안함을 갚으려는 듯했습니다. 가만히 돌이켜보건대 처음부터 나는 한 번도 그분의 사랑을 받아보지 못한 것 같습니다. 나는 그저 늘 착한 왕비의 역할을 하는 사람일 뿐 여자로 대접받은 기억이 없군요. 아마도 폐비 과정에서 생겨난 감정의 부스러기들이 여전히 남아 있어서 서로가 진실로 마음을 여는 일이 낯설어 졌기 때문일 것입니다. 대신 나는 가끔 승은을 입은 숙빈과 이야기를 나누며 그분의 속내를 짐작할 뿐이었습니다.

다시 희빈으로 돌아간 장씨에 대한 이야기는 하고 싶지 않지만, 그녀의 삶의 기구함 또한 나에 못지않을 것입니다. 물론 그 불같은 성정性情에 상황의 급전직하를 견디기가 무척 어려웠을 것입니다. 왕의 사랑을 회복하고 삶의 안정감을 만회하기 위해 무리한 행동을 했을지도 모르겠습니다. 어느 날 내가 그렇게 당황해서 죽고만 싶었던 그 상황을 그녀도 역시 맛보고 있는 것이니 어찌 내가 그 속을 짐작하지 못하겠습니까.

물론, 나를 없애 스스로 영달하고자 했던 그 마음까지 두둔할 생각은 없습니다만, 지옥을 견디며 바닥을 기듯 살아가는 그 심정에 침뱉어 욕하고 싶은 마음도 없습니다. 내가 다시 왕비가 되면서 원자인 자신의 아들마저 내게로 입적해야 하는 일은 참기 어려웠을 겁니다. 자신에 대한 사랑이 급속히 식어버린 궁궐에서 재기의 희망도 없고 세상의 손가락질만 받는 존재로 살아내야 했던 그녀의 말로를 나 또한 측은하게 지켜볼 수밖에 없었습니다.

내가 복위한 이후, 그녀가 나를 계속 저주하는 굿을 벌인다는 소문을 들었습니다. 나를 가리켜 중전이라 하지 않고 반드시 민씨라고 부른다는 이야기도 들었습니다. 1696년 양주에 있던 희빈 장씨의 부모 묘소에 왕세자를 저주하는 물건이 묻혀 있었다 하더이다. 석물도 파괴되어 있었고요. 묘 부근에서 서인 신여철의 노비인 응선의 호패가 발견되었지요. 수사를 한 끝에, 희빈의 오빠 장희재의 노비 업동이 그 호패를 거기다 가져다 놓았음이 밝혀졌습니다. 말하자면 자작극이었던 셈이지요. 이 사건에 장씨가 개입되어 있었는지는 밝혀지지 않았으나, 이 일은 결국 장희재의 죽음을 부릅니다. 장씨의 일파가 정국을 뒤집기 위해 안간힘을 쓰고 있었던 게 사실로 드러난 것입니다. 장씨의 초조감 또한 극심했을 것입니다. 내가 병에 걸린 2년간 장씨는 한 번도 문병을 오지 않았습니다. 한 하늘을 함께 질 수 없는 원수처럼 생각했을 것입니다.

1701년 8월 14일, 임종을 앞두고 나는 친정붙이인 민진후에게 이렇게 말했습니다.

"지금 나의 병 증세가 지극히 이상한데, 사람들이 모두 '반드시 빌미가 있다'고 말을 하더라."

이 말은 문병 온 사람들의 이야기를 전한 것일 뿐인데, 내가 마치 '반드시 빌미가 있다'라고 말한 것처럼 오해하기도 하더이다. 물론 저 빌미라는 말이 희빈의 저주를 의미하는 것은 틀림없지만, 이 또한 소문과 짐작이 뒤엉킨 것들을 부풀린 것일 뿐, 나의 죽음과 바로 연결시켜 단죄할 수 있는 것은 아니라고 생각하오. 어찌 그런 저주가 신병으로 이어지겠습니까. 인경왕후와 명성왕후가 두창으로 돌아가셨고, 대왕께서도 그 병을 앓은 일이 있으니 증세가 미약하다 해도 역병이 남아 있다가 전염된 것일 수도 있지 않겠소. 다만 사실 여부를 조사해 혹여 있을 억울함을 없애주기를 바란 것일 뿐이외다. 죽음까지도 석연찮게 가고 싶진 않아서 그렇소.

서른다섯 해 내 삶을 돌아보니, 모르겠소. 도무지 모르겠소. 사랑도 알 수 없거니와 미움도 알 수 없소. 스스로 돌이켜, 한 번도 남을 위해 해코지하는 생각과 마음을 먹어본 일 없다고 자부했건만, 무엇이 님을 그토록 분노케 했는지 여전히 짐작하지 못하오. 여자들끼리 그토록 죽기 살기로 싸웠던 그 삶들이 무슨 의미였는지도 모르겠소. 다만 사랑으로 섬기고 사랑으로 견디자 했을 뿐인데, 불구대천의 원수가 되어 죽음까지도 저주의 분을 삭이지 못한 채 가야 하는 인연이 생긴 것도 까닭을 알지 못하오. 태어난 것도 한바탕 꿈이었고 사랑도 절망도 분노도 여전히 한바탕 꿈이었으니 죽음 또한 무상無常을 지나가는 한 겹의 꿈 너울이 아니겠소.

숙빈이여 나는 가노라. 만 사람의 사랑을 받았으나 한 사람의 사랑을 얻지 못해, 가만히 시들어간 한 송이 모란을 위해, 오늘 그대가 조금 울어주겠느뇨?

사랑하는 이를 위해 악녀의 굴레를 쓴 여인, 장희빈

나는 환생을 확신하거나, 윤회에 기대를 걸지 않는 편이다. 하지만 사실을 기록하는 일을 하다보면 가끔은 환생이나 윤회를 전제하지 않고는 생길 수 없는 사건들을 만난다. 장희빈의 경우도 그중의 하나일 것이다. 논란과 이견이 많을 수밖에 없는 '전제'는 일단 접어 두고라도, 그 전제가 생산하는 사실과 사건의 세부적 리얼리티만큼은 포기할 수 없는 게 기록자의 본능이다.

최근에 희빈 장씨의 환생이라고 주장하는 한 여성이 있다는 소문을 들었다. 문제는 그녀가 그 시대에 장희빈의 몸으로 살아보지 않고는 말할 수 없을 만큼의 아주 자세하고 실감나는 이야기를 끝없이 내놓는다는 점이다. 그녀가 누구이든지 간에 한번 만나봐야겠다는 생각을 했다. 진짜 장희빈이든, 장희빈을 아주 많이 연구한 천부적인 연기자이든, 그것은 그녀의 말을 들은 뒤 천천히 판단해도 될 일이 아닌가.

서울의 S대학 4학년 졸업반이라는 그녀를 인사동의 '줄 없는 거문고'라는 카페에서 만난 건 토요일 저녁 여섯 시 무렵이었다. 첫눈에 알아볼 만큼 주위를 압도하는 미색과 눈빛에서 일어나는 형형한 카리스마가 나를 그녀의 앞자리로 끌어당기는 듯했다. 키는 크지 않아 보였지만 늘씬한 느낌을 주었다. 목소리는 부드럽고 따뜻했다. 뜨개질로 짠 듯한 노란 스웨터에 어두운 보랏빛의 입술이 인상적이었다. 모과차를 마셨다. 약간 어색한 인사 뒤의 침묵이 흐른 뒤, 내가 말을 꺼냈다.

"이렇게 와주셔서 감사합니다. 소문을 들었습니다. 전화에서도 간단히 말씀드렸지만……. 아참 뭐라고 불러야 할까요?"

"희빈이라고 불러주세요. 제 이름은 장희빈입니다. 부모님이 지어주신 것이지만, 실은 오래된 인연이 거미줄을 쳐서 생겨난 이름입니다. 옛날 희빈은 성명이 아니라 궁인의 지위를 고유하게 이름붙인 것입니다. '희禧'가 나를 가리키는 것이지요. 큰 기쁨이란 의미랍니다. 흔히 알고 있는 옥정이란 이름을 쓰지 않은 이유는, 그것은 진짜 이름이 아니라 아주 어린 날에 불렸던 초명初名이었기 때문입니다."

"아, 그렇군요. 희빈 씨. 전화에서도 말씀드렸지만 저는 희빈 씨의 전생이 진짜인지 아닌지를 취재하려는 것이 아니라, 희빈 씨가 말하는 그 시대로 시간 여행을 떠나서 희빈 씨와 함께 창경궁을 걸어보고 싶은 겁니다."

“의도가 어떠하시든 상관없습니다. 아마도 이렇게 취재를 하시게 된 데는, 오래된 인연이 얽혀 있을 겁니다. 하지만 그걸 굳이 따져봐야 무엇하겠습니까. 저는 목까지 차오른, 그 숱한 할 말들을 할 수 있으면 원이 없을 것이고, 그것이 기자분께 도움이 된다면 그건 가외의 효용이 아닐까 싶습니다.”

“그래요. 이야기를 어디서부터 해볼까요? 1701년 10월 9일(양력 11월 8일)에 있었던 일부터 좀 설명해주시겠습니까? 참고하시라고《인현왕후전》에 묘사된 그 부분을 가져왔습니다.”

나는 종이를 꺼내 그녀에게 건넸다. 이런 내용이 적혀 있었다.

> 옛 한무제도 죄가 없는 구익부인鉤弋夫人을 죽였거니와 이제 장녀는 오형지참五刑之斬(중국에서 쓰던 잔혹한 다섯 가지 신체형벌)을 할 것이요, 죄를 속이지 못할 바로되 세자의 정리를 생각해서 감소 감형해 신체를 온전히 해 한 그릇의 독약을 각별히 신칙하노라. 궁녀를 명해 보내시며 전교하사, “네 대역부도大逆不道의 죄를 짓고 어찌 사약을 기다리리요. 빨리 죽임이 옳거늘 요악妖惡한 인물이 행여 살까 하고 안연히 천일天日을 보고 있으니 더욱 죽을 죄라. 동궁의 낯을 보아 형체를 온전히 해 죽임이 네게 영화라, 빨리 죽어 요괴로운 자취로 일시도 머무르지 말라.” (중략) “네 중궁인 인현왕후을 모살謀殺하고 대역부도함이 천지에 뚜렷하니 반드시 네 머리와 수족을 베어 천하에 효시梟示할 것이로되 자식의 낯을 보아 특은으로 경벌輕罰을 쓰거늘 갈수록 태만해 죄 위에 죄를 짓느냐?” 장씨 눈을 독하게 떠 천안天顔을 우러러 뵈옵고 높은 소리로 말하기를, “민씨 내게 원망을 끼치어 형벌로 죽었거늘, 내게 무슨 죄가 있으며 전하께서

정치를 아니 밝히시니 인군仁君의 도리가 아닙니다." 살기가 자못 등등하니 상감께서 진노하사 두 눈을 치켜뜨시고 소매를 걷으시며 목소리를 높여 이르시기를, "천고에 저리 요악한 년이 또 어디 있으리요. 빨리 약을 먹이라." 장씨, 손으로 궁녀를 치고 몸을 뒤틀며 발악해 말하기를, "세자와 함께 죽이라. 내 무슨 죄가 있느냐?" 상감께서 더욱 노하시어 좌우에게, "붙들고 먹이라" 하시니, 여러 궁녀 황황히 달려들어 팔을 잡고 허리를 안고 먹이려 하나 입을 다물고 뿌리치니 상감께서 내려 보시고 더욱 대노하사 분연히 일어나시며, "막대로 입을 벌리고 부으라" 하시니, 여러 궁녀가 숟가락으로 입을 벌리는지라. (중략) 상감께서는 조금도 측은한 마음이 아니 계시고, "빨리 먹이라" 해, 연이어 세 그릇을 부으니 경각에 크게 한 번 소리를 지르고 섬돌 아래 고꾸라져 유혈이 샘솟 듯하니, (중략) 상감께서 그 죽음을 보시고 외전으로 나오시며, "시체를 궁 밖으로 내라" 하셨다.

희빈은 소설의 구절들을 무심한 표정으로 읽더니 마지막에는 엷은 미소까지 지었다. 그러고는 말했다.

"그야말로 만든 이야기일 뿐입니다. 저 소설은 인현왕후를 기렸던 노론 계열의 한 사내가 쓴 것이며, 철저히 나를 매도하기 위해 기획된 것입니다. 저런 대목은 나를 모욕하기 위해 쓴 것만이 아니라, 왕의 광분狂奔을 희화화해 제왕 또한 품성이 규제되어야 한다는 점을 넌지시 꼬집고 있는 것입니다.

나는 사약을 받고 죽은 것이 아니라 목을 매는 교형絞刑을 당했습니다. 대왕은 전날인 10월 8일에 승정원을 통해 나의 자진自盡을 명했으나, 그것이 궁궐의 법도가 아니고 관청의 형벌이며 왕세자를 낳은 친모에게 해서는 안 되는 것이라는 승정원의 간언에 따라, 궐 밖으로 보내졌습니다. 궁궐에 땔나무를 대는 한 말직末職의 사내가 부들부들 떨면서 저의 형을 집행했지요. 그때 나는 억울한 기색으로 저토록 펄펄 날뛴 게 아니라, 담담히 눈을 감고 죽음을 받아들였습니다. 아무 말도 하지 않았고요."

"그러면 죽자마자 온몸이 썩어 냄새가 진동해 즉시 궁 밖으로 시신을 내던졌다는 것 또한 옳은 얘기가 아니겠군요."

"형을 당한 이튿날인 10월 10일, 대왕은 내 아들 윤昀을 불러 사흘 밤낮을 곡하는 망곡례를 올리라고 했습니다. 11일엔 세자 부부의 상복에 대해 논의했고, 원래 서자는 3개월 상복을 입게 되었으나 왕명으로 3년 동안 입으라고 명했지요. 묘는 왕실 종친과 예조참판이 직접 나서 장소(양주 인장리)를 택했고, 장례는 후궁장葬인 석 달보다 길고 왕과 왕후의 장례(5개월)보다 하루 빠지는 기간을 지내도록 했지요. 1702년 1월 30일에야 끝났지요. 지극히 예우를 갖추고자 했던 대왕의 배려가 느껴지는 일이었습니다. 15년 뒤인 1717년 인장리의 묘지가 적당하지 않다는 상소가 올라와, 대왕은 다시 1년간 길지를 물색한 끝에 광주 진해촌으로 직접 낙점을 하기도 했지요."

"숙종께서 저렇듯 사후를 배려했다는 것은, 흥분한 상태에서의 즉흥적 결단이 아니었다는 뜻입니까. 그러면, 대체 인현왕후를 저주했다는 취선당 서쪽의 신당神堂은 어떻게 된 일입니까?"

"그것은 누명입니다. 아니, 정치적으로 덮어씌운 오명汚名을 내가 감수한 것입니다. 신당은 왕후와는 관계가 없는 것이었습니다. 그것을 왕후도 알았으며, 또한 대왕도 알고 있었습니다. 1699년 세자 윤이 두창에 걸렸을 때 나쁜 기운을 쫓아내기 위해 차린 것입니다. 대왕의 모친인 명성왕후 김씨도 대왕의 두창굿을 하다 돌아가신 바 있지요. 당시 역병을 쫓는 굿은 관행적인 것이었죠. 물론 대왕과 세자를 위해 굿을 하는 일을 논의할 만한 분위기가 아니었기에 저 혼자 결행을 했습니다만, 대왕께서도 그 사실을 이미 여러 차례 보고받으신 것으로 압니다. 왕후의 죽음과는 3년간의 간극이 있었습니다. 두창이 나은 뒤 진작 없애려 했으나 신중(귀신에 떡을 바치는 제사)을 그만두면 신의 분노를 살 수 있다는 무당의 말에 남겨둔 것입니다. 인현왕후가 돌아가실 무렵, '내 병 증세가 지극히 이상한데 딴 사람들 말에 의하면 무슨 원인이 있을 것이라고 하더라'는 왕후의 말을 문병 왔던 오빠 민진후가 전파했고, 숙빈 최씨가 그 이야기를 확대해 '희빈 장씨가 신당에서 저주굿을 해 왕후가 죽었다'고 대왕에게 간했다 하더이다. 왕후의 인형을 만들어 찌르고 했다는 이야기는 그 후 붙여진 허무맹랑한 낭설입니다."

"숙빈 최씨는 왜 그랬을까요? 숙종대왕은 그간의 맥락을 다 알면서도 왜 희빈을 몰아쳐 죽음에 이르도록 했을까요? 왕후를 저주한 게 사실이 아니라면 말입니다."

"역사는 시간이 흐를수록 맥락은 지워지고 뼈대만 남습니다. 그 뼈대를 중심으로 당시 살아남은 자들이 자기 본위로 써놓은 기록들만 진짜 역사인 것처럼 기억되더군요. 숙빈 최씨는 내가 두려웠던 겁니다. 무수리였던 최씨는, 인현왕후에 대한 대왕의 마음을 돌려놓는 과정에서 승은을 입은 것으로 압니다. 그때 대왕에게 나에 관해 과장된 품평을 날것으로 전달했지요. 그때 그녀는 인현왕후를 복위하는 일이 너무나 간절했기에 왕후를 따랐던 여인으로서 자연스럽게 그런 말들이 흘러나왔을 거라 생각합니다. 그리고 뜻밖에 대왕의 마음이 바뀌는 일이 일어났고, 세상은 뒤집혔습니다. 나는 한 왕실에 두 왕비가 있을 수 없다는 명분으로 세자를 둔 왕비였음에도 다시 후궁으로 물러났습니다. 하지만 숙빈에 대해 어떤 원망의 말도 내지 않았습니다. 왜 그랬는지는 나중에 얘기하고…….

인현왕후가 환궁한 뒤 그녀는 몹시 뿌듯하기도 했지만 나에 대해서는 일말의 두려움을 지녔을 것입니다. 반드시 보복이 있을 거라고 생각했겠지요. 하지만 나는 왕후가 궁으로 돌아온 1694년부터 서거한 1701년까지 숙빈에 대한 말을 거의 입에 올리지 않았습니다. 또한 인현왕후에 대한 말도 마찬가지입니다. 제 오빠 장희재나 다른 인척이나 일부 권신들의 위로 섞인 부추김이 없지는 않았으나, 나는 그것이 빌미가 될 거라고 생각해 말을 삼갔습니다. 왕후를 저주한다든가 기피한다든가 하는 얘기들은 주변을 통해 나왔거나 대왕이 다른 곳에서 짐작이 섞인 보고를 받고 언급한 것들입니다. 나는 내가 인현왕후와 숙빈 최씨와 다른 점이 있다고는 생각합니다. 그건 여자로서 당시 흔히 가지기 쉬운 태도라고 할 수 있는 뭐랄까, 비좁은 자신의 자리에서만 바라보는 것이 아니라, 여러 입장을 고려할 줄 안다는 점입니다."

"우리가 알고 있는 사실과 이렇게 다를 수가 있나요? 아직 숙빈 최씨가 왜 신당에 대해 과장된 얘기를 대왕께 했는지 말씀하지 않으셨는데……."

"예. 인현왕후가 서거하자 최씨는 혼자 남았다는 생각을 하게 되었겠지요. 그간 왕후의 가림막 뒤에 숨어서 보호를 받아왔다고 생각했는데, 이제 세자를 가진 후궁으로서 나와 정면대결을 해야 하는 상황이 됐다 싶으니 겁이 덜컥 났을 겁니다. 궐내 여인들 가운데서도 나는 감히 대적하기 어려울 만큼 총명한 상대로 손꼽혔습니다. 7년 전에 나를 곤경에 빠뜨린 장본인이었으니, 아무리 내가 가만히 있다 해도 마음에 걸렸을 겁니다. 다급해진 가운데, 인현왕후의 문병객 중에 누군가가 '이 병은 빌미가 있다'고 얘기한 것을 왕후가 그의 오빠에게 털어놓았다는 얘기를 듣자, 저 말을 희빈과 연결시켜야겠다고 생각했을 겁니다. 그래서 신당의 저주굿 얘기를 상상으로 만들어낸 것이겠지요."

"그렇다면 이 모든 것을 알고 있었을 숙종은 왜 숙빈의 말에 동조한 것입니까?"

"기자분은 17세기 말과 18세기 초에 관해 정밀한 시대 감각을 지니기 어려울 것입니다. 그 시대는 그 시대를 숨 쉬고 겪어본 사람만이 알 수 있는 것이죠. 대왕 또한 나를 그쯤에서 제거하고 싶었던 것입니다. 이유는 후사後嗣 때문입니다. 후궁으로서 숙빈과 내가 모두 아들을 두고 있었고, 차기는 나의 아들 윤이 맡기로 이미 정해져 있었지요. 왕후가 돌아갈 즈음, 대왕은 자신이 눈을 감은 뒤의 그림을 그려보았을 겁니다. 병약한 윤이 왕위에 오르면, 반드시 내가 수렴청정하는 사태가 될 것이고, 그러면 대왕이 해놓았던 모든 일들이 재평가되는 상황이 올 것이라고 짐작했을 겁니다. 나를 뒷받침했던 남인들이 득세하게 되는 정국도 읽었을 것입니다. 나의 입궁을 막았던 모후(명성왕후)와 나를 내동댕이친 대왕에게 품은 원한을 갚을 것이라고 판단했을 것입니다. 또 명민한 나의 머리로, 결코 숙빈의 아들이 왕위에 오르지 못하도록 할 것이라는 점도 고려했겠지요.

대왕이 씻지 못할 원한을 끼친 두 여자는 인현왕후와 나 희빈입니다. 왕후는 복위를 시켰고 또 자식이 없이 돌아갔으므로 그 후환이 없을 것이고, 나는 운명이 뒤집혔고 자식이 있고 아직 살아 있으니 결코 후환이 없지 않을 것이라 여겼을 겁니다. 숙빈은 대왕에게 아무런 원한이 없으니 그 아들이 왕이 된다 해도 자신의 일들이 격하格下되는 일은 없을 것이라 믿었겠지요. 이런 상황들을 짚어본 뒤, 왕후 사후에 나를 가급적 빨리 제거하고 싶었을 겁니다. 그런 대왕의 생각과 숙빈의 불안에 찬 베갯머리 송사가 맞아떨어진 것입니다."

"아직도 믿기 어렵습니다. 무고巫蠱(저주굿)의 옥獄에서 나온 증언들은 어떻게 된 것인지요."

"세상 사람들은 내가 저주굿을 할 만한 충분한 이유와 근거가 있다고 믿었지요. 후궁으로 강등되었을 때 어리석은 오빠(장희재)가 내게 쓸데없는 쪽지를 보냈습니다. 인현황후를 해치려는 음모가 적힌 것이었는데, 이것이 발각되어 중죄를 물으려 했으나, 내가 세자를 둔 몸임을 고려해 소론 쪽 대신들이 사태를 가만히 가라앉혔지요. 하지만 이 일 또한 내가 기획한 바는 전혀 없는 것입니다. 오히려 그 일을 겪으며, 다시 그런 오해를 받을까봐 더욱 경계를 하게 되었지요.

숙빈이 저주굿을 발고發告한 뒤 대대적인 국문이 시작되었습니다. 신당을 처음 차렸던 무녀 태자방太子房(무당 명칭이자 무당집의 이름이기도 하다)은 1699년에 죽고 없었기에, 아들 이수장과 딸 이정을 족쳤습니다.

그들은 오빠의 첩 숙정과 무수리가 태자방에 와서 빌었다는 얘기를 했고 태자방이 죽은 뒤 새로운 무녀 오례가 그 굿방을 차지하고, 또 제석(굿할 때 비는 신)의 일부를 취선당으로 옮겼다는 얘기를 했지요. 이후 오례와 취선당과 동궁전의 궁인들, 숙정을 압송해서 대대적으로 무릎을 눌러 바수는 압슬형 고문을 가했습니다. 이들의 입에서 원하는 대답을 얻어냈습니다. 그 내용은 신사년(1701) 실록에 나와 있으니 참고하면 될 것입니다."

《조선왕조실록》에는 태자방의 아들인 이수장의 증언이 실려 있다.

> 오례가 굿을 할 때, 활과 화살을 차고 풍악을 울리며 "내가 장차 민閔 중전中殿(인현왕후)을 잡아서 쇠 그물 속에 넣겠다" 하고, 화살을 마구 쏘면서 벽력같은 소리로 부르짖기를, "내가 민 중전을 쏘아서 이미 우물 가운데 던져 넣었다"고 했습니다. 그리고 이어서 "장張 중전中殿(장옥정)이 머지않아 복위할 것이고 사도使道도 미구에 바다를 건너서 올 것이다" 했는데, 이른바 사도란 곧 장희재를 가리키는 것입니다. 또 "이달 그믐 사이에 중전을 죽이지 못하면 다음 달 그믐 사이에는 반드시 죽일 것이다"라고 했습니다.

"그러니까 저 자백이 인현왕후 인형을 만들어 저주의 화살을 쐈다는 혐의를 확인해준 것이군요."

"그렇지요. 저 증언은 지독한 고문 끝에 국문을 하는 쪽이 원하는 대로 답을 해준 것일 뿐입니다. 고문 끝에 대부분이 죽었고, 살아남은 사람은 다시 처형을 했습니다. 나는 그런 굿을 한 적도 없고, 왕후를 저주하지도 않았습니다. 왜냐하면, 왕자를 가진 쪽은 어쨌거나 나 희빈인데 부질없이 조급하게 굴어 화를 자초할 까닭이 없기 때문입니다. 투기심이 많았다고 하나, 그것은 워낙 대왕에게 큰 사랑을 받았던지라, 그것이 뒤바뀌어버렸을 때 으레 그럴 것이라 짐작하는 생각에서 헛것들을 본 것일 뿐입니다."

"이제 아프고 슬픈 이야기를 많이 했으니 좋았던 날들에 대한 얘기를 하는 건 어떨지요? 우선 어린 시절 얘기를 좀 들려주세요."

"나는 기해년(1659) 생입니다. 부친 장형은 역관을 지냈고 사역원 봉사(정9품)의 벼슬에 있었는데 곧 물러나 조용히 살다가 내가 열한 살 되던 해 눈을 감았지요. 아비가 시를 쓰고 거문고를 뜯으며 풍류를 즐겼던 모습이 어린 날의 기억에 남아 있습니다. 어머니는 파평 윤씨로 후처였지요. 전처 고씨 소생의 오빠(희식)가 한 분 있었고, 나와 같은 배에서 난 언니(관상감 직장 김지중에게 출가)와 오빠 희재가 있었지요.

희식 오빠는 식년시 역과에 수석 합격을 해서 종7품에 올랐는데 역병으로 돌아가고 말았지요. 희재 오빠도 무과에 급제해서, 내가 궁궐에 들어가기 전에 명문가 자제들로 구성된 내금위에서 근무했지요. 나의 할아버지 응인은 역관으로 정3품에 올랐던 분이지요. 시를 잘 썼다 합니다. 부친이 돌아간 그해(1669), 나를 가련하게 여긴 오촌 큰아버지 장현이 딸인 6촌 언니가 궁녀로 입궁한 것을 얘기해주며, 내게 입궐할 길이 있다고 알려줬지요. 사실은 어머니가 한때 그 하인이 되어 주인으로 모셨던 조사석(당시 사국史局의 검열 직위, 나중에 영의정까지 오름)이 나를 관심 있게 본 뒤 주문을 넣은 것이었죠. 조사석은 장렬왕후 조씨(인조의 계비)의 사촌동생입니다. 장현은 1617년 역과에 수

석 합격해 효종 대에서 숙종 대까지 40여 년간 명성을 날린 분이었습니다. 역관으로 상업을 일으켜 당시 국중거부國中巨富로 불렸어요. 제가 궁궐에 가게 된 것은 시대의 흐름을 탄 것이었습니다."

"시대의 흐름이라 하심은?"

"당시 조선은 왜란과 호란을 겪은 뒤 안정기에 접어드는 시대였고, 청나라와의 교역이 차츰 활발해지던 시기였습니다. 상업과 산업이 점차 융성해지던 때이기도 했지요. 초보적이지만 근대의 미세한 기운이 감돌던 무렵이었습니다. 장씨 가문이 대표 주자였던 역관 세력은 지위상으로는 중인이었지만, 외국을 오가며 무역에 개입해 부를 축적한 신흥 세력이었지요.

권력을 쥔 명문 가문들은 갈수록 그 힘이 강해지고 있었지만, 반대 당파의 반격이 언제 들어올지 모르는 불안한 집권을 하고 있었습니다. 왕의 의욕과 변덕이 상황을 급변시킬 수 있었기 때문이지요. 그래서 가능한 한 거미줄처럼 왕실과 결혼 인맥을 형성하는 것이 중요했지요.

당시 조선의 왕비와 후궁은, 단순히 한 사람의 여성이 아니라, 한 가문과 한 정파의 상징적인 초석 같은 것이었습니다. 나를 눈여겨본 조사석은 혼맥으로 중요한 역할을 할 수 있는 가능성을 읽었겠지요. 든든한 재력과 뛰어난 재능을 지닌 중인세력을 정쟁의 우군으로 끌어들이려는 계산을 한 것입니다. 돈을 쥔 역관들도 정치적 야심을 품게 되었을 거고요.

그 바람을 타고 나는 머리도 혼자서 못 올리는 어린 나이에 장렬왕후의 대왕대비전 궁녀가 되었습니다. 말하자면 나는 정치적으로 남인들의 야심이었고 지위적으로 중인들의 야망이었습니다."

"그랬군요. 결과는 어느 정도까지는 성공적이었군요? 개인적인 삶은 행복했습니까?"

"1680년 10월 26일, 대왕의 동갑내기 첫 왕비 인경왕후 김씨가 두창으로 눈을 감았습니다. 그해 11월에 혜성이 나타나 사람들을 놀라게 했는데, 이튿날 대비전으로 가는 석교石橋에서 대왕은 물 건너에서 있던 나를 물끄러미 바라보았습니다. 나는 놀라서 황급히 움직이려 했는데, 발이 떨어지지 않았습니다. 다른 궁녀가 내 겨드랑이를 끼고 당겼고 그때야 나는 물푸레나무 뒤에 숨었습니다. 잠시 뒤 핼쑥한 얼굴의 대왕이 물푸레나무 이쪽에서 나타났고 나무에 붙어 있던 궁녀 둘은 화들짝 놀랐습니다. 스물두 살, 그날 나는 황홀하고 두려운 승은을 입었습니다. 스무 살의 대왕은 불안하지만 내심을 깊이 감추는 느낌을 주는 그런 남자였소이다. 시종 말이 없었고, 자신을 무너뜨리려는 듯 내게 파고들었습니다."

"어린 날을 같이 지낸 왕비를 잃은 허한 마음속에, 희빈 씨가 문득 보였군요? 그런데 바로 사랑이 차단당했군요."

"예. 그랬던 것 같습니다. 모후 명성왕후 김씨가 그 사실을 알고 출궁을 시켰습니다. 사실 저는 영문을 몰랐지요. 알고 보니 모후의 사촌오빠 김석주가 경신대출척 때, 저를 입궁시킨 장현당 백부를 몰아낸 사람이었습니다. 내가 대왕의 자식을 낳기라도 하면 후환이 있을 거라고 생각했던 것이지요.

내가 나간 뒤 명성왕후는 계비 간택을 촉구했고, 이듬해 3월에 민씨가 계비로 간택되었지요. 민씨는 서인인 송시열이 민 사람이었고,

명성왕후와 정치적으로 손을 잡고 있었습니다. 이를테면 남인 쪽이었던 나를 내치고 얼른 서인 쪽인 민씨를 붙잡은 것입니다. 하지만 대왕은 이런 선택이 탐탁지 않았습니다. 다만 어머니의 결정인지라 그저 입을 다물고 있었을 뿐입니다. 스무 살에 닥쳐온 사랑의 열기가 아직 끓는 채 남아 견디기가 어려웠을 것입니다. 저 또한 그랬으니까요. 대왕의 두창 기운은 그냥 상사相思의 열병이었는지도 모릅니다. 그걸 치유하신다고 모후가 병이 들어 돌아가시는 일이 생겼으니, 참으로 삶의 굽이는 모르는 거외다.

나는 궐 밖에서 희재 오빠의 집에 머물렀습니다. 어머니도 거기 함께 살았지요. 좌절이 없을 수 없었지만 승은까지 입은 것에 행복해하며 가만히 때를 기다렸습니다. 그런데 모후가 승하하셨다는 소문이 들렸습니다. 그 후 3년, 1685년 12월 6일 대비의 상이 끝난 바로 다음날 급히 입궁하라는 전갈이 왔습니다. 인현왕후가 권해 나를 다시 들이는 것이라 했습니다. 하지만 내가 대왕과 불꽃 같은 재회를 한 다음날 바로, 왕후는 후회막급의 이마를 쳤을 것입니다. 스물일곱 살의 여자와 스물다섯 살의 남자는 제정신이 아니었습니다. 1687년과 1688년은 내 생애에서 가장 뜨거웠던 해일 것입니다. 우린 날마다 사랑을 나눴고, 아무도 말릴 수 없었습니다."

"인현왕후나 집권 서인들의 견제도 있었지요?"

"예. 왕후는 내가 들어온 뒤 바로 후궁을 간택해야 한다고 주장해 서인의 영수인 김수항의 증손녀인 영빈 김씨를 들였지요. 하지만 대왕은 그녀를 돌아볼 틈이 없었습니다. 김수항의 아들인 김창협은 후궁을 순번제로 사랑해야 한다고 상소를 올리기도 했습니다. 그 상소에 보면 '미색에 현혹되어 치우치게 사랑에 빠지는 것을 경계하라'고 주문하고 있으니, 대신들의 눈에도 내가 다른 여인들과는 비교할 수 없을 만큼 빼어나게 아름다웠던 모양입니다.

인현왕후는 처음에는 나를 가볍게 여겼다가 대왕이 자신을 멀리하고 나만 가까이 하니 위협을 느끼기 시작했지요. 내가 전생에 짐승이었다는 꿈을 얘기하기도 하고, 내가 교만하다며 매질을 하기도 했습니다. 그러나 그럴수록 대왕의 마음은 그녀에게서 더 멀리 떠났고, 그 남은 마음까지 모두 내게로 몰아주었지요. 나는 그저 사랑하기만 했습니다. 그 사랑이 너무 극진했기에 다른 아무것도 할 수 없었습니다. 대왕은 중궁전과 후궁의 처소가 있는 창덕궁에서 나를 빼내 비밀리에 지어놓은 창경궁의 처소를 주었습니다."

"두 사람의 사랑으로만 보자면 더없이 아름다운 광경이로군요. 왕자를 낳던 무렵의 이야기를 좀 해주시겠습니까."

"1688년 10월 27일, 왕자 윤(20대왕 경종)이 태어났습니다. 이듬해 1월 11일 대왕은 윤을 원자로 봉합니다. 닷새 후에 종묘사직에 고하고 나를 정1품 빈으로 책봉하지요. 대신들에게 이 조치에 불만이 있으면 관복을 벗고 떠나라고 고하기까지 했습니다. 2월 1일에 송시열이 원자를 철회하라는 상소를 올렸고 대왕은 격분해 그의 죄를 다루라고 승정원에 명을 내렸지요. 하지만 승정원은 왕명을 듣지 않았습니다. 대왕은 아예 승정원을 비롯해 최측근 요직을 모두 남인으로 바꿔 버립니다. 그리고 서인의 영수 송시열과 김수항을 내쳤고 이후에 모두 죽입니다. 이것이 기사년(1689년) 환국의 시작이었지요.

대왕과의 격한 부부싸움 끝에 인현왕후는 폐서인이 되고 나는 후궁에서 왕비로 올라섰습니다. 이제까지 조선에는 없던 일이었습니다. 그리고 내 뒤에도 이런 광영은 다시는 없었습니다. 이후 남인들의 세상이 다시 찾아옵니다. 나의 세상이기도 했지요. 나는 살아 있는 권력이었고, 세상 성공담의 으뜸이었고, 세상 여인들의 부러움이었습니다. 밀려난 서인들은 나에 대한 온갖 악담과 괴소문과 비웃음과 소설을 세상에 뿌렸지만, 그건 그들의 기분이었을 뿐 대개 진실은 아니었지요.

하늘이 내게 허용한 천국은 8년간이었습니다. 1694년 대왕의 마음이 돌연 바뀌어, 세상이 다시 뒤집어졌습니다. 갑술년 환국은 인현왕후와 나를, 정확하게 5년 전에 흔든 운명의 반대 자리로 되돌려놓았지요. 그 뒤의 일들을 다 말하는 것은 부질없고 속절없는 것이외다."

"마지막으로 묻겠습니다. 숙종을 원망하지는 않는지요? 숙종을 진짜 사랑했나요? 숙종은 진짜 사랑한 것인가요? 다시 태어나도 그 길을 갈 수 있겠습니까?"

"대왕이 맴돈 세 여자(민씨, 장씨, 최씨)는 모두 불행했지만, 그래도 진정한 사랑을 받은 사람은 나뿐입니다. 대왕에게는 사랑보다 더 급하고 중요한 것이 있었지요. 이참에 조선 후반기 역사를 좀 들여다볼 필요가 있겠네요.

임진왜란 이후 조선은 국제 정세에 예민해졌습니다. 허술한 국방이 얼마나 왕국을 유린할 수 있는지 똑똑히 보았기 때문이죠. 광해군은 발흥하는 여진족 청나라와 쇠망하고 있는 오래된 조공국가인 명나라와의 사이에서 줄타기 외교로 국가적인 위기를 피하려 합니다. 이에 전통적 사대주의의 명분을 중시하던 신하들이 광해군의 품성 미달을 내세워 갈아치우는 사태가 일어납니다.

반정에 성공한 사대부는 왕조 초기 정도전이 내세웠던 '사대부가 정치하는 나라'의 꿈을 다시 세우며, 절대적인 왕권을 제도적으로 제어하려 합니다. 그리고 그것을 지속 가능하게 하기 위해 다른 정파에게 왕비 자리를 내주지 말아야 한다는 국혼물실國婚勿失의 정략을 세웁니다. 그게 인조의 시대입니다. 내정은 이러한데 청나라는 이 땅을 두 번이나 짓밟고 조선의 모든 자존심을 다 꺾어놓은 뒤 두 나라 간에 군신君臣의 예를 요구하지요. 결국 광해군이 옳았던 것이지요. 집권 서인은 왕비를 통해 정치권력을 유지하지 못하면, 반정으로 이뤄낸 체제의 명분을 잃게 되는 콤플렉스를 지니게 되었다고 볼 수 있죠."

"아, 그렇군요."

"1637년 삼전도(지금의 서울 송파)에서 인조임금이 세 번 절하고 아홉 번 땅에 이마를 찧으면서 항복의 예를 표하던 때로부터 50년쯤 지난 시대가 바로 나의 시대입니다. 청나라는 이제 선진문물을 전파하며 조선과 새로운 관계를 만들어가게 되었고, 조선의 청나라에 대한 관점도 상당히 달라지고 있는 때입니다. 그곳을 오가며 세력을 키운 가문이 바로 나의 장씨 가문입니다. 대왕에게 역관이며 장사꾼이라는 중인 출신의 나는, 발상의 전환을 요구하는 시대의 상징 같은 것이었지요. 인현왕후는 구시대이며 기득권의 핵심입니다. 그리고 최씨는 무수리 출신의 천민이라 할 수 있습니다."

"그러니까 숙종은 세 사람을 정치적 세력의 마필馬匹처럼 운영했다는 뜻입니까?"

"딱 그렇다고 말하기는 좀 뭐하지만 분명 그런 측면은 있지요. 당시 대왕은 군권을 무시하는 신하권력의 농간을 여러 차례 겪습니다. 1685년 이후 남인 계열에서 올라온 내가 대왕과 심각한 사랑에 빠졌을 때 집권 서인들의 반격은 집요했지요. 천재지변이 나면 내가 원인이라고 상소했고, 제왕은 여색을 멀리해야 한다면서 궁에서 축출할 것을 간했습니다. 아들 윤을 낳았을 때 대비의 상중이라는 핑계로 아무도 하례인사조차 오지 않았지요. 세자의 산후조리를 도우라는 어명을 받고 입궁한 나의 생모 윤씨가 덮개 가마를 타고 왔다고 매질을 하고 체포하기도 했지요. 천한 역관 출신이 탈 수 없는 가마이니 불법이라는 논리였는데, 당시 기녀들도 타고 다니는 것이었습니다.

이듬해 초 여전히 대비 상중인데도 인현왕후 생일엔 하객들로 가득 찼습니다. 대왕은 대신들의 이런 능멸에 치를 떨었습니다. 그래서 어떤 당파에게도 지속적인 힘을 주지 않도록 하고, 신하들의 '국혼물실' 전략을 무력화해야겠다는 결심을 했을 것입니다. 서인의 국혼을 흔들고, 다시 남인의 국혼을 흔들어, 고질적인 왕후 권력배들을 약화시켜버린 것입니다.

어떻게 보면, 혼인과 사랑마저도 내팽개치면서, 왕권을 무력화하려는 시스템을 하나하나 깨나간 뛰어난 군주입니다. 그분이 마지막까지 여러 가지 약점이 있는 숙빈 최씨와의 관계를 유지한 것은, 그런 권력적인 계산이 없고 뒤탈도 없는 사랑에 목말랐기 때문인지도 모르겠습니다."

"아, 이제야 숙종의 마음이 좀 짚이는 듯합니다. 그러나 희빈과의 사랑은 진정한 것이 아니었던가요?"

"하나 말씀드릴 게 있습니다. 내게 자결을 명하기 전, 대왕이 밤중에 몰래 나의 침소인 취선당을 방문한 일이 있습니다. 그분은 오랫동안 침묵을 지키다가 이렇게 말했습니다. '너는 너 혼자만이 아니다. 더 오래 살수록 권력의 비루함에 빠지기 쉬울 것이다. 내가 이후에 몇 년을 더 살겠느냐. 그러니 잘 생각해라.' 이 말씀이 무슨 뜻인 줄 알았습니다. 비록 따뜻하게 한 말은 아니었지만, 내게 보여준 마지막 사랑의 언질이었다고 나는 생각하오. 대왕은 윤이 다스리는 후대가 권력 다툼에 휘말려 크게 왕권이 약화될 것을 걱정한 것입니다.

나는 1680년 첫 만남부터 천지가 뒤집어진 1694년까지 15년간 한 남자의 '조선' 전부를 건 사랑을 받았던 여인입니다. 15년간 그토록 미친 사랑을 받아본 여인이 또 있으면 나와보라고 하십시오. 요즘 이 땅에 '썸탄다'는 말이 유행이더군요. 나야말로 그 불확실한 시대를 온몸으로 품어내며 그토록 오랜 시간 일국의 제왕과 '썸'을 탄, 조선의 '썸녀'이외다. 나를 함부로 전형적인 악녀나 요부로 몰아, 저 뜨겁던 날들을 매도하지 마오. 부탁이오."

희빈 씨의 얼굴이 상기되면서 눈시울이 촉촉해졌다. 나는 인터뷰를 더 할 수 없었다. 나중에 한번 다시 만나 그 사랑의 전말을 대하소설처럼 풀어내고 싶은 마음이 불쑥 들었지만, 그 말을 꺼내기도 어려웠다. 여인은 12월의 차가운 인사동 길을 걸어 안국역 쪽으로 총총히 사라졌다.

세상을 흔든 여인들의 불꽃 같은 삶

미인별곡

초판 1쇄 인쇄 2015년 1월 17일 초판 1쇄 발행 2015년 1월 26일

지은이 이상국 펴낸이 연준혁

출판 2분사 분사장 이부연
1부서 편집장 김남철
편집 김하나리

제작 이재승

펴낸곳 (주)위즈덤하우스 출판등록 2000년 5월 23일 제13-1071호
주소 경기도 고양시 일산동구 정발산로 43-20 센트럴프라자 6층
전화 031)936-4000 팩스 031)903-3893 홈페이지 www.wisdomhouse.co.kr
종이 월드페이퍼 인쇄·제본 현문인쇄

값 14,000원
ISBN 978-89-93119-84-8 03900

국립중앙도서관 출판시도서목록(CIP)

미인별곡 : 세상을 흔든 여인들의 불꽃 같은 삶 / 지은이: 이상국. -- 고양 : 위즈덤하우스, 2015
p. ; cm

ISBN 978-89-93119-84-8 03900 : ₩14000

여성(여자)[女性]
한국사[韓國史]

911-KDC6
951.9-DDC23 CIP2015001269